股权质押、
会计信息质量与股价暴跌风险研究

A Study on Stock Pledge,
Accounting Information Quality
and Stock Price Crash

蒋秋菊 著

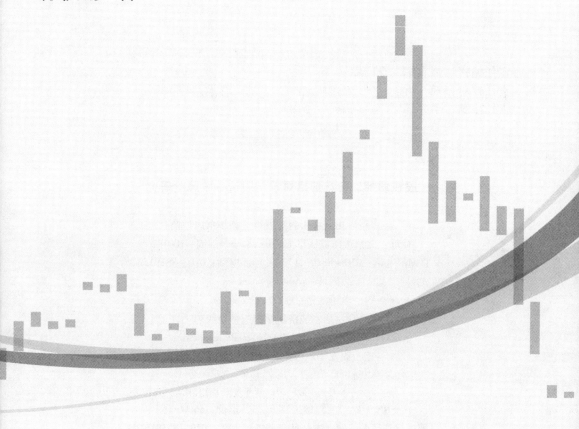

中国财经出版传媒集团
经济科学出版社
Economic Science Press

图书在版编目（CIP）数据

股权质押、会计信息质量与股价暴跌风险研究／蒋
秋菊著 . —北京：经济科学出版社，2019.4
ISBN 978 - 7 - 5218 - 0489 - 8

Ⅰ.①股…　Ⅱ.①蒋…　Ⅲ.①上市公司 - 股权管理 -
影响 - 股票价格 - 研究 - 中国②上市公司 - 会计信息 - 影
响 - 股票价格 - 研究 - 中国　Ⅳ.①F279.246

中国版本图书馆 CIP 数据核字（2019）第 078914 号

责任编辑：谭志军　李　军
责任校对：刘　昕
责任印制：李　鹏

股权质押、会计信息质量与股价暴跌风险研究
蒋秋菊　著
经济科学出版社出版、发行　新华书店经销
社址：北京市海淀区阜成路甲 28 号　邮编：100142
总编部电话：010 - 88191217　发行部电话：010 - 88191522
网址：www. esp. com. cn
电子邮箱：esp@ esp. com. cn
天猫网店：经济科学出版社旗舰店
网址：http://jjkxcbs. tmall. com
固安华明印业有限公司印装
710 ×1000　16 开　16.75 印张　260000 字
2019 年 8 月第 1 版　2019 年 8 月第 1 次印刷
ISBN 978 - 7 - 5218 - 0489 - 8　定价：66.00 元
（图书出现印装问题，本社负责调换。电话：010 - 88191510）
（版权所有　侵权必究　打击盗版　举报热线：010 - 88191661
QQ：2242791300　营销中心电话：010 - 88191537
电子邮箱：dbts@ esp. com. cn）

前　言

近年来，股权质押在中国资本市场迅速发展，得到了社会各界的广泛关注。股权质押是指出质人（资金融入方、债务人、股东）将其持有的上市或非上市公司股权作为质押标的向银行、证券公司、保险公司和信托公司等金融机构或自然人申请贷款，或者为第三方贷款设定质押的融资担保行为。与其他标的资产（比如固定资产）相比，股权具有流动性强和易于变现的特征，而股权质押具有不会稀释股东股权等方面的优势，因此，股权质押易受到股东和金融机构的青睐，成为解决中国企业"融资难"问题和扩展金融机构业务的重要途径。

本书基于中国特有的制度环境，采用沪深 A 股非金融类上市公司 2004～2015 年数据，研究控股股东股权质押的影响因素与经济后果（经济后果包括行为后果与市场后果两方面，行为后果又进一步包括以管理层盈余预测、盈余管理与会计稳健性为代表的会计信息质量，市场后果主要是指股价暴跌风险），具体检验了上市公司层面因素对控股股东股权质押（包括质押决策和质押规模）的影响，并进一步探讨了控股股东股权质押对上市公司会计信息质量（管理层盈余预测、盈余管理与会计稳健性）及股价暴跌风险的影响。

全书共分为 8 章，各章具体内容如下：

第 1 章介绍本书的研究背景与动机、研究问题、研究框架与内容安排、研究贡献及研究意义。

第 2 章是股权质押概述、现状与文献综述。本章介绍了股权质押的基本概念、相关法律规定、国内外股权质押市场现状以及股权质押相关文献。

第 3 章研究控股股东股权质押的影响因素。本章在控制了内外部公司治理和外部环境等因素的基础上，建立 Logit、OLS 和 Tobit 多元线性回归模型实证考察融资约束、资产担保能力和信用等级对控股股东股权质押决策和质押规模的影响。

第4~6章研究控股股东股权质押的经济后果，具体研究控股股东股权质押对上市公司会计信息质量（包括管理层盈余预测、盈余管理与会计稳健性）的影响。

具体来讲，第4章研究控股股东股权质押对上市公司管理层盈余预测策略的影响，主要考察上市公司管理层在控股股东股权质押前发布盈余预测的消息性质、偏差、自愿性和及时性等特征，并进一步研究上市公司管理层在控股股东股权质押期内和解押后的盈余预测策略。

第5章研究控股股东股权质押对上市公司管理层盈余管理行为的影响，主要考察控股股东股权质押前的盈余管理存在性、方式选择（应计盈余管理和真实盈余管理）及特征（盈余管理的方向和幅度），并进一步研究上市公司在控股股东股权质押期内和解押后的盈余管理行为。

第6章研究控股股东股权质押对上市公司会计稳健性的持续、动态影响，分别采用会计稳健性指数（CScore）和 Basu 模型衡量会计稳健性，并从横截面和时间序列角度分析了控股股东股权质押前、质押期内和解押后的会计稳健性。

第7章检验控股股东股权质押对上市公司股价暴跌风险的影响，并从盈余预测质量、盈余管理和会计稳健性三个角度分析了控股股东股权质押影响上市公司在控股股东质押期内和解押后的股价暴跌风险的中介作用机制。

第8章概括本书的研究结论，并指出研究的局限性和未来研究的方向。

全书主要的研究结论如下：

（1）融资约束、资产担保能力和信用评级是影响控股股东股权质押决策的重要因素。

（2）管理层在控股股东股权质押前存在发布"好消息"和"乐观偏差"盈余预测的强烈动机，以帮助控股股东获得股权质押资格和更多的质押资金。

（3）管理层的确存在为配合控股股东股权质押的机会主义盈余管理行为，具体表现为上市公司在控股股东股权质押前的正向应计盈余管理和真实盈余管理行为，且控股股东预计质押规模越大，正向应计盈余管理和真实盈余管理幅度越高。

（4）控股股东股权质押对上市公司会计稳健性能够产生显著影响，表现为质押公司在质押前的会计稳健性低于非质押公司和非质押时期，质押期内的会计稳健性仍低于非质押公司，但比质押前略有提高，解押后的会计稳健性与非质押公司基本一致，但显著高于质押期内的会计稳健性，即上市公司会计稳健性呈现出持续、动态的变化过程。

（5）控股股东股权质押对上市公司股价暴跌风险产生显著影响，表现为与非质押公司相比，处于控股股东股权质押期内的上市公司具有相对较低的股价暴跌风险，但控股股东解押后，上市公司的股价暴跌风险随即提高。这种"质押期内暴跌风险较低，解押后暴跌风险攀升"的情况进一步说明，管理层在控股股东股权质押前实施的机会主义盈余预测和盈余管理行为是为保证上市公司在控股股东质押期间股价稳定运行、维持控股股东"控制权"以及推迟"股价暴跌"发生的一种"缓兵之计"。

本书所研究的管理层盈余预测、盈余管理和会计稳健性都属于会计信息质量范畴，是会计学科的重要研究领域和话题，其中，管理层盈余预测属于上市公司表外信息披露范畴，盈余管理和会计稳健性则属于上市公司表内信息披露范畴，它们都是上市公司信息披露体系的重要组成部分。同时，盈余管理和会计稳健性的本质区别在于，盈余管理是一种有目的的调节盈余的活动，而会计稳健性是一种内生于会计制度的财务报告机制（毛新述和戴德明，2009）；二者的联系则表现为会计稳健性能够增加管理层的盈余操纵成本，因而能在一定程度上抑制盈余管理，但会计稳健性要求公司对收益和损失进行不对称确认（要求更及时、充分地将"坏消息"确认为"损失"），会计稳健性的存在却又可以为管理层低估盈余（特别是"大清洗"）的负向盈余管理提供便利。

与现有研究相比，本书在如下方面进行了改进与创新：

首先，管理层盈余预测是上市公司信息披露的重要渠道之一，盈余预测类型和预测偏差会影响控股股东能否取得质押资格和能取得多少质押融资，那么，受控股股东控制的管理层可能会策略性地发布机会主义盈余预测，来配合控股股东的股权质押行为。本书首次讨论了中国特殊制度背景下的上市公司管理层基于控股股东股权质押动机的盈余预测策略这一重大问题，能弥补现有文献的研究空白。

其次，盈余管理常被管理层用来"粉饰"经营业绩，而目前还没有学者研究上市公司在控股股东股权质押前的盈余管理行为，本书将控股股东股权质押背景下的盈余管理研究从"事后"拓展到了"事前"，进而可以丰富我们对于中国上市公司盈余管理行为的理解，并对现有文献形成有效的补充。

再次，会计稳健性是一项重要的会计信息质量特征，受到了会计理论和实务界的普遍关注，但迄今为止，还没有学者探讨控股股东股权质押对会计稳健性的影响。本书基于中国 A 股上市公司数据首次研究了控股股东股权质押对上市公司会计稳健性的动态影响，在一定程度上能够弥补现有文献的不足，同时也有利于完善和充实会计稳健性的理论体系。

最后，尽管已有学者研究了控股股东股权质押对股价暴跌风险的影响（谢德仁等，2016），但尚未充分揭示控股股东股权质押影响股价暴跌风险的机制与途径，本书的研究可以对现有文献的研究加以深化。

因此，本书的研究兼具理论意义和现实意义。理论意义在于，本研究有助于加深我们对于上市公司代理问题、"内部人"（控股股东和管理层）动机与行为、信息披露等相关理论的理解。现实意义在于，本书为资本市场监管方如何通过规范控股股东股权质押行为来防范质押风险、保护质权人和中小投资者利益进而维护金融市场和实体经济稳定提供了参考。

蒋秋菊

2019 年 6 月

目　录

1　绪论 ……………………………………………………………… 1

  1.1　研究背景与研究动机 …………………………………………… 1

  1.2　研究问题的提出 ………………………………………………… 3

  1.3　研究框架与内容安排 …………………………………………… 7

  1.4　研究贡献 ………………………………………………………… 9

  1.5　研究意义 ……………………………………………………… 10

2　股权质押概述、现状与文献综述 …………………………… 12

  2.1　股权质押概述 ………………………………………………… 12

  2.2　国内外股权质押现状 ………………………………………… 22

  2.3　文献综述 ……………………………………………………… 28

  2.4　本章小结 ……………………………………………………… 35

3　控股股东股权质押影响因素分析 …………………………… 36

  3.1　引言 …………………………………………………………… 36

  3.2　理论分析与研究假设 ………………………………………… 38

  3.3　研究设计 ……………………………………………………… 41

  3.4　实证结果与分析 ……………………………………………… 46

  3.5　稳健性检验 …………………………………………………… 55

  3.6　本章小结 ……………………………………………………… 58

4 控股股东股权质押与管理层盈余预测 ……………… 59

4.1 引言 …………………………………………… 59

4.2 理论分析与研究假设 …………………………… 64

4.3 研究设计 ………………………………………… 67

4.4 实证结果与分析 ………………………………… 72

4.5 稳健性检验 ……………………………………… 81

4.6 进一步研究 ……………………………………… 86

4.7 本章小结 ………………………………………… 92

5 控股股东股权质押与盈余管理 ………………… 94

5.1 引言 …………………………………………… 94

5.2 理论分析与研究假设 …………………………… 98

5.3 研究设计 ………………………………………… 103

5.4 实证结果与分析 ………………………………… 110

5.5 稳健性检验 ……………………………………… 128

5.6 进一步的研究 …………………………………… 132

5.7 本章小结 ………………………………………… 139

6 控股股东股权质押与会计稳健性 ……………… 141

6.1 引言 …………………………………………… 142

6.2 理论分析与研究假设 …………………………… 145

6.3 研究设计 ………………………………………… 151

6.4 实证结果与分析 ………………………………… 156

6.5 稳健性检验 ……………………………………… 164

6.6 本章小结 ………………………………………… 173

7 控股股东股权质押与股价暴跌风险 …………… 175

7.1 引言 …………………………………………… 175

7.2 股价暴跌风险相关文献回顾 …………………… 179

7.3 理论分析与研究假设 …………………………… 182

7.4 研究设计 ………………………………………… 191

7.5 实证结果与分析 ………………………………… 197

7.6 稳健性检验 ……………………………………… 217

7.7 本章小结 ………………………………………… 220

8 研究结论、局限性与未来研究方向 …………… 221

8.1 研究结论 ………………………………………… 221

8.2 局限性与未来研究方向 ………………………… 223

附录 ………………………………………………… 225

参考文献 …………………………………………… 230

后记 ………………………………………………… 256

①

绪　论

1.1　研究背景与研究动机

　　自 2008 年全球金融危机及 2015 年中国 A 股市场出现"千股跌停"以来，一系列关于上市公司股东的股权质押是大股东"变相套现"、上市公司成为大股东"提款机"、股权质押蕴含业绩"地雷"等相关报道引起了社会公众对股权质押的普遍质疑和广泛关注。无论是"超日太阳"违约，还是万科股权之争，以及身陷董事局主席"质押漩涡"的乐视网，我们都不难发现"股权质押"的身影。股权质押（stock pledge），又称为股权质权，是指出质人（资金融入方、债务人、股东）将其持有的上市或非上市公司股权作为标的向银行、证券公司、保险公司和信托公司等金融机构申请贷款，或者为第三方贷款设定质押担保的行为。从法律意义上讲，股权质押属于权利质押范畴，是债务人或者债务人以外的第三人用其股权作为债务人履行债务的担保，在债务人不履行债务时，债权人有权以折价或者变卖、拍卖质押股权的价款优先受偿。可见，股权质押这一担保融资①实际上将债务融资与股权联系了起来，是公司和股东融资的重要手段之一，股权质押实际上也是银行和证券公司等金融机构的一项类贷款业务②，近年来已成为其主要业务收入来源和利润增长点。

---

　　① 担保方式包括保证、抵押、质押、留置和定金五种类型。

　　② 商业银行的类贷款业务主要包括融资融券、股权式质押回购、约定式购回、债券质押式报价回购四类。

　　在英美等成熟资本市场国家，上市公司股权结构通常高度分散，因而不存在能够对上市公司产生较大影响的大股东，大股东股权质押在英美国家并不常见，也是国际学术界对该问题研究较少的原因（闻岳春和夏婷，2016）。相反，股东股权质押成为我国资本市场上较为特有的融资现象，这为我们基于中国特有制度背景研究控股股东①股权质押的影响因素与经济后果提供了天然的试验场所。

　　在股权质押背景下，控股股东的目标主要包括获得质押资格、降低借款利息成本和股权成本②。具体而言：首先，"某全国性商业银行"在《股权质押业务指引》③中明确规定，工作人员在办理股权质押业务时应对"上年亏损且本年无明显好转或本年度、季度亏损或发布半年（或全年）预亏的股票"持谨慎态度或"不予介入"。可见，银行等金融机构质权人在对上市公司股票资质进行审核时会考察上市公司（历史及未来的）财务状况、盈利能力等基本条件。其次，阿斯奎斯等（Asquith et al.，2005）、胡奕明等（2008）研究发现，在传统的商业银行贷款中，银行贷款利率与借款企业的财务状况有关，表现为银行会对财务状况好的企业给予优惠利率，但会提高财务状况有问题企业的贷款利率。随着中国利率市场化改革的推进和深入，贷款定价日益成为金融机构与借款人之间双方谈判的结果。在股权质押中，上市公司业绩越好，越有利于控股股东在与质权人的贷款定价博弈中更具谈判力，从而降低

---

　　① 所谓控股股东，是指对企业的重大经营决策可以拥有实际控制权的股东。根据《中华人民共和国公司法》第二百一十六条第二款规定，"控股股东"是指满足下列条件之一的股东：（1）出资额占有限责任公司资本总额百分之五十以上或者其持有的股份占股份有限公司股本总额百分之五十以上的股东；（2）出资额或者持有股份的比例虽然不足百分之五十，但依其出资额或者持有的股份所享有的表决权已足以对股东会、股东大会的决议产生重大影响的股东。控股股东包括绝对控股股东和相对控股股东。绝对控股股东即通常所说的大股东，是指在公司股权结构百分之五十以上中直接或间接拥有多数表决权（通常占公司有表决权股份总额的百分之五十以上）的股东；而相对控股股东是指在股权分散的情况下，持有公司股权比例低于百分之五十但仍然可以行使对公司事务实际控制权的股东。需要说明的是，尽管《公司法》中对"控股股东"做出了较为清晰的界定，但由于制度背景和研究目的的不同，在研究过程和现实经济中对实际控制程度难以界定，我们参照国内现有研究的普遍做法，采用上市公司第一大股东作为控股股东的代理变量，这虽然会出现一定的偏差，但比较符合我国上市公司目前的整体情况（王化成和佟岩，2006）。同时，我国上市公司股东股权质押信息披露中，5%持股比例构成了需披露其股权质押情况的股东资格和需披露的持股比例的最低限，因此，本研究中的"控股股东"与"第一大股东"为同一称谓，控股股东持股比例也根据第一大股东持股比例确定。

　　② 即通过质押较少的股权获得尽可能多的融资。

　　③ 详见第2章"2.1.2 股权质押业务标准"。

借款利率。再次，股权质押合同中明确规定，股权质押融资额是"质押前 20 个交易日公司股票均价（或质押前 1 个交易日股价）"① "质押股数" "质押率"三者的乘积，由于质押率通常由质权人根据公司资质进行确定，那么，控股股东质押融资额则与质押前的公司"股价"和"质押股数"直接相关。控股股东自然希望在质押同等数量股票的情况下获得更多融资，这将导致控股股东在"质押前"存在对公司"高股价"的强烈诉求；同时，质权人为防范质押品（股票）价值下降而影响其债权利益的实现，设置了"警戒线"和"平仓线"对公司股价进行监测，一旦公司股价跌至"警戒线"，控股股东将被要求补充质押或补充保证金，而一旦股价进一步跌至"平仓线"，如果控股股东无力偿还，则将面临失去控制权的风险。因此，质押合同中有关质押融资额的设定和股价监测的机制设计又将导致处于"质押期内"的控股股东有强烈的动机要求公司股价较为"稳定"，目的是要防范股价急剧下跌导致其丧失控制权。

在我国，上市公司股权结构较为集中，大股东控制的现象比较普遍。控股股东通常有能力凭借其拥有的控制权优势直接担任或任命管理层，决定管理层的薪酬和职位，使得管理层时常会实施一些有助于控股股东最大化自身利益的机会主义行为。结合股权质押的上述机制设计，可以预期控股股东也有动机要求管理层实施一系列的信息披露管理和财务操纵行为，即控股股东股权质押将会影响管理层的信息披露（盈余预测）行为和财务报告（盈余管理）行为，进而影响会计稳健性和股价表现（股价暴跌风险）。因此，股权质押应该成为我国资本市场监管的重中之重，股权质押相关的问题需要我们予以重视。

1.2 研究问题的提出

股权质押看似股东的一种融资行为，实则是控股股东与质权人等多方②的

---

① 在股权质押实务中，有些质权人考察的是质押前 40 个或 60 个交易日内的股价，即不同质权人的股价考察区间存在差异。

② 还可能涉及中小股东和市场监管方。

利益博弈①。图1.1简要描述了控股股东（管理层）② 在"质押前""质押期内"和"解押后"三个时段的策略和行动。

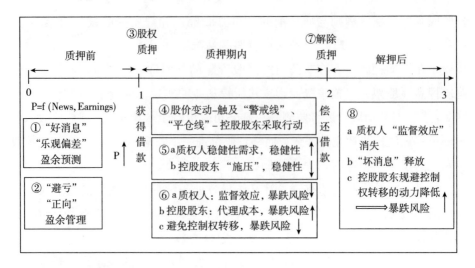

图1.1　股权质押过程中控股股东（管理层）的行为示意

注：坐标轴的刻度（0～3）表示时间的先后，时间轴被划分为质押前、质押期内和解押后三个时段；①～⑧表示上市公司控股股东（管理层）和质权人相应的行为及后果。

在这一博弈过程中，首先，控股股东可能会事先知道质权人会对其持有股权的上市公司股票资质③进行审查，那么，"如何获得质押资格"成为控股股东需要首先考虑的问题。由于质权人对"年度、季度亏损或发布半年（或全年）预亏的股票"的股权质押业务较为谨慎甚至"不予受理"，也就是说，上市公司发生"亏损"或管理层发布"预亏"类型盈余预测会降低控股股东获得质押资格的可能性，因此，上市公司存在实际或潜在"亏损"时，具有质押需求的控股股东便有强烈的动机要求管理层将公司盈余调整到"0"以上。控股股东一旦有机会获得质押资格，接下来需要考虑的问题便是"如何

---

① 对一个博弈的完整表达包括局中人、策略和支付（收益），此处略去对股东和质权人支付函数的说明。

② 本研究将控股股东与管理层视为"利益共同体"，除非特别说明，我们可以将管理层的行为视为控股股东的行为。

③ 详见第2章"2.1.2股权质押业务标准"。

获得尽可能多的质押融资"，在"质押率"事先给定①和"质押股数"既定的情况下，这等同于"如何在质押前推高公司股价"。一方面，信息披露影响公司股价，盈余预测作为上市公司信息披露的重要渠道，就很有可能成为管理层用来配合控股股东股权质押的工具（①）；另一方面，控股股东与质权人存在事前的信息不对称，而信息不对称是盈余管理产生的前提条件，那么，控股股东也很有可能在质押前要求管理层采用特殊的会计方法或构造真实的交易活动进行正向的盈余管理来抬高公司股价（②），由此形成"管理层盈余预测/盈余管理——股价——控股股东股权质押"的运作逻辑。

其次，质权人的首要目标是要保证借出资金的安全，因而不仅会在质押合同中通过设定触发"债务违约"的条款（如"警戒线""平仓线"），以及时监测和跟踪质押品价值的变化，还可能会要求上市公司"及时确认损失、延迟确认收益"，即质权人会要求上市公司提高会计稳健性等方式来保障自身利益（⑤a）；但由于会计盈余与股价显著正相关，采用稳健的会计政策必然会降低公司业绩，从而对股价产生不利影响，股价下跌（特别是暴跌）又会对控股股东的控制权地位构成严重威胁，这恰恰是控股股东不愿意看到的②，因此，理性的控股股东必然会要求管理层采用"及时确认收益、延迟确认损失"为特征的不稳健会计政策（⑤b），上市公司在控股股东股权质押期内实际的会计稳健性将取决于质权人对稳健性的"需求"与管理层对稳健性的"供给"双方力量的共同影响。

最后，质押期内，在质权人"监督效应"的控股股东可能会采用不同性质的策略和行为，进而给公司会计稳健性水平产生影响：一方面，为满足质权人对于高水平会计信息质量（如会计稳健性）的需求，上市公司和控股股东的行为可能会更加"规范"，因而会提高公司治理水平与信息透明度，避免"坏消息"在质押期内的囤积和集中释放，并使得质押期内的暴跌风险较低（⑥a）；另一方面，控股股东在质押期内的行为也可能会更加"隐蔽"，比如，通过"掏空"或"侵占"上市公司的方式提高其还本付息的能力（郝项

---

① 根据我们了解的情况，质押率通常由质权人根据上市公司所在板块确定，因而可以视为事先给定。

② 不能排除部分控股股东借股权质押变相套现、直接主动转让控制权的情况，但这种情况在中国资本市还较少。

超和梁琪，2009），这无疑会提高控股股东与中小股东之间的代理成本，在市场有效的情况下，外部中小股东的"抛售"行为会给公司股价形成下跌压力，从而会提高公司质押期内的股价暴跌风险（⑥b）。但是，控股股东是理性的"经济人"，控股股东质押也不一定必然意味着其对上市公司的"掏空"（吴静，2016），控股股东终究会更加关心其控制权的安全，因而有强烈的动机继续①致力于发布"利好消息"和"正向操纵盈余"等方式来降低质押期内的股价暴跌风险（⑥c）。因此，上市公司在质押期内的股价暴跌风险水平将取决于质权人和控股股东双方力量的较量，该问题及背后的机制有待实证检验。

股权质押赋予股东一个选择权：还款赎回股权，或不还款将股权变相转让给质权人，控股股东在质押期届满时如何选择将取决于这两个选项给大股东带来的收益对比。当公司股价上升时，股权价值大于借款金额，大股东选择还款取得股权是理性的；当公司股价下降时，大股东是否还款则要看股价下跌程度，一旦跌破借款金额，大股东就会放弃股权。这意味着大股东一方面将控制权保留在自己手中，另一方面却将与股权相关的风险悉数转移给质权人。然而，待到控股股东解除质押，质权人监督效应的缺失可能会使得解押后的股价暴跌风险攀升（⑧a）②，"警戒线"和"平仓线"对上市公司股价的监测作用即刻消失，控股股东的控制权也重新恢复到"安全"的状态，这意味着解押后的控股股东对公司股价异常变动的敏感度将有所下降，体现为控股股东一方面可能会允许管理层将上市公司（质押前与质押期内）被"隐藏"和"囤积"的"坏消息"③在解押后集中释放（⑧b），另一方面却没有动机致力于采用"股价维稳"手段来防范股价暴跌（⑧c）。因此，控股股东解押后股价暴跌风险似乎是一种必然。

与图1.1相对应，表1.1汇总了全书待检验的主要研究假设④。

---

① 即延续质押前的"好消息""乐观偏差"的盈余预测策略和继续实施正向盈余管理行为。

② 其原理与图1.1中⑥a的解释相反。

③ 包括质押前和质押期内"乐观偏差"得以"纠正"、应计项目发生"反转"等方面的"坏消息"。

④ 左侧第一列表示对应章节，第三到第五列分别表示控股股东股权质押的三个阶段，但暂不做详细解释。

表 1.1　　　　　　　　　　　全书研究假设汇总

实证章节	时段 经济后果	质押前	质押期内	解押后
第 4 章	盈余预测	好消息、乐观偏差	好消息、乐观偏差	偏差纠正
第 5 章	盈余管理	正向	正向	应计反转
第 6 章	会计稳健性	低	低	高
第 7 章	股价暴跌风险	—	低	高

1.3　研究框架与内容安排

本书研究控股股东股权质押的影响因素和经济后果，研究框架如图 1.2 所示。

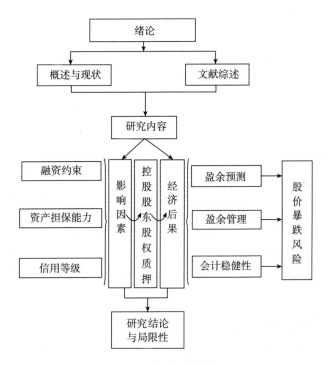

图 1.2　全书研究框架

基于图 1.2 的研究框架，全书做如下内容安排：

全书共分为 8 章，各章的简要内容如下：

第 1 章为绪论，介绍研究背景与动机、研究问题、研究框架与内容安排、研究贡献及研究意义。

第 2 章为股权质押概述、现状与文献综述。本章首先对中国股权质押业务流程、业务标准和法律规定进行了概述，然后回顾了国内外股权质押现状，最后对股权质押相关文献进行了较为全面和系统的综述。

第 3 章是控股股东股权质押影响因素分析。本章构建 Logit、OLS 和 Tobit 回归模型，在控制了内外部公司治理和外部环境因素的情况下实证检验上市公司融资约束、资产担保能力、信用评级对上市公司控股股东股权质押的影响。

第 4 章研究控股股东股权质押与管理层盈余预测策略的影响。本章根据股权质押机制设计和相关信息披露理论来构建研究假设，主要研究了管理层在控股股东股权质押前发布盈余预测的消息性质、预测偏差、自愿性和及时性等方面的特征。在进一步研究中，还探讨了质押期内和解押后的盈余预测策略以及质押前市场表现对股权质押公司管理层盈余预测策略的影响。

第 5 章研究控股股东股权质押与盈余管理的影响。本章从应计和真实活动盈余管理两个角度研究控股股东股权质押前的两类盈余管理的存在性及特征，并分析了控股股东股权质押规模对盈余管理幅度的影响。在进一步研究中，还探讨了质押期内和解押后的盈余管理方式选择、质押前市场表现以及会计准则变迁对股权质押公司盈余管理的影响。

第 6 章研究控股股东股权质押与会计稳健性的影响。本章采用会计稳健性指数（CScore）和 Basu 模型进行多元回归分析，实证检验股权质押对控股股东股权质押前、质押期内和解押后的会计稳健性的持续、动态影响。在进一步研究中，还探讨了会计准则变迁对股权质押公司会计稳健性的影响。

第 7 章研究控股股东股权质押对上市公司股价暴跌风险的影响。本章采用 Logit、OLS 等多元回归分析和中介效应检验程序，实证检验管理层盈余预测、盈余管理和会计稳健性在控股股东股权质押与股价暴跌风险之间的中介作用。

第 8 章是全书总结，包括研究结论、局限性与未来研究方向。

1.4 研究贡献

本书采用中国上市公司 2004～2015 年间年度和季度数据，综合分析了控股股东股权质押的影响因素和经济后果，发现控股股东股权质押受到控股股东（上市公司）融资约束、资产担保能力和信用等级等方面因素的影响。同时，控股股东股权质押对上市公司管理层盈余预测、盈余管理、会计稳健性和股价暴跌风险也会产生显著影响。具体而言，本书研究发现：（1）管理层在控股股东股权质押前存在强烈的动机发布"好消息"和"乐观偏差"盈余预测来帮助控股股东获得质押资格，并通过抬高公司股价的方式帮助控股股东在同等条件下获得更多的质押融资；（2）控股股东股权质押会引发管理层在控股股东质押前同时实施正向的应计和真实活动盈余管理，且控股股东预计质押规模越大，应计和真实活动盈余管理程度越高；（3）与非质押公司相比，质押公司在控股股东股权质押前具有较低水平的会计稳健性，质押期内的会计稳健性水平（比质押前）有所提高，但仍然低于非质押公司，而解押后的会计稳健性水平（比质押期内）略有提高但与非质押公司无显著差异；（4）与非质押公司相比，质押公司在控股股东股权质押期内具有较低的股价暴跌风险，但解押后的股价暴跌风险较高。本书的研究不仅为全面理解控股股东质押动机、影响因素和经济后果（包括行为后果和市场后果）提供了新的经验证据，也为我们深入探讨中国特有的制度环境下内、外部公司治理和财务报告行为提供了新的研究视角。

与已有研究相比，本书的主要贡献体现在如下方面：

第一，关于控股股东股权质押受哪些因素影响、控股股东股权质押与管理层盈余预测、与会计稳健性之间存在怎样的关系，目前尚未有学者对这些问题进行研究，本书首次研究了控股股东股权质押的影响因素及其对管理层盈余预测策略和会计稳健性的影响，弥补了前期研究的不足。

第二，在控股股东股权质押与盈余管理之间的关系这一问题上，前人的研究还存在很多不足，表现为前人主要关注了股权质押公司在应计和真实活动两类盈余管理方式上的"事后"选择行为，也没有区分盈余管理方向（向上和向下）和程度，且主要采用上市公司的年度数据。然而，关于管理层在控股股东股权质押前的盈余管理问题却鲜有学者加以研究。鉴于控股股东对上市公司管理层能够施加重要影响，这使得公司管理层会选择在控股股东质押前竭力推高公司股价以帮助控股股东获得质押资格和更多的质押融资，并在质押期内努力维持公司股价以帮助控股股东维护控制权。基于此，本书首次运用中国上市公司季度数据，在控制了"质押当期"和"质押期内"盈余管理动机基础上，检验了控股股东股权质押前的两类盈余管理行为，拓宽了控股股东股权质押与盈余管理相关关系的研究，有助于启发学者更全面和深入地从"时间序列"的"纵向维度"分析控股股东股权质押对于上市公司盈余管理的影响及其背后的原因。

第三，关于控股股东股权质押与上市公司股价暴跌风险关系的研究方面，目前也仅有谢德仁等（2016）对该问题展开了研究。在控股股东股权质押与股价暴跌风险关系上，本书不仅论证了股权质押与股价暴跌风险间的关系，还从管理层盈余预测质量、盈余管理和会计稳健性三个角度分析了它们对于控股股东股权质押与股价暴跌风险二者间关系的影响机制和作用途径，因而对现有文献形成有益的补充。

1.5　研究意义

本书兼具理论和现实意义。首先，理论意义包括：（1）丰富了质权（债权）人保护和债务融资方面的文献；（2）为识别上市公司控股股东动机影响下的财务报告行为及后果的研究提供了新的视角；（3）对"上市公司基于控股股东股权质押动机下的盈余管理""管理层机会主义盈余预测策略"和"会计稳健性"及"股价暴跌风险"这几个重要的问题加以检验，有助于我们深入理解会计信息在资本市场中的价值和管理层财务报告行为的经济后果，研究结论对于如何制定合理有效的业绩预告披露政策规范上市公司管理层盈余预测行为，以及如何通过建立和完善上市公司的公司治理机制等制度建设来规范上市公司控股股东的股权质押行为，并保护质权人和中小股东利益提供了有益的参考。

由于股权质押的质押品是股票而非一般的质押品，它连接了商业银行、证券公司、上市公司和普通投资者等众多利益相关者，对股权质押的研究具有非常重大的现实意义。具体而言，本书的现实意义在于：（1）我国是一个以银行信贷为主导的国家，长期以来，我国都存在银行偏好于向国有企业提供贷款，而对非国有企业产生"信贷歧视"的现象，本书关于"控股股东股权质押影响因素"的研究为我们探讨"股权质押是否是与我国信贷市场中存在的'信贷歧视''融资难''融资贵'等制度原因相关"提供了经验证据。（2）在我国股权集中、国有股"一股独大"这一特殊制度背景下，上市公司管理层的信息披露行为与财务报告行为必然受到控股股东的影响，而控股股东按照"自身利益最大化"原则进行决策，因此，控股股东的股权质押行为必然对上市公司产生举足轻重的影响，对该问题展开研究十分紧迫和必要。（3）股票交易的快速性和集中性使得股权质押所蕴含的股价变动风险极易迅速扩散，若控制不当，个别公司控股股东的质押风险可能演变为整个资本市场的系统性风险，甚至导致市场崩盘。因此，研究与控股股东股权质押相关的风险及其产生机制，对于进入转轨时期的中国金融体制改革，加强我国金融行业风险控制和防范金融系统风险，具有十分重要的现实意义。

❷
股权质押概述、现状与文献综述

控股股东进行股权质押受到哪些因素的影响？管理层是否会为了配合控股股东股权质押而实施机会主义信息披露（如盈余预测）策略？控股股东股权质押是否会强化管理层的盈余管理动机？控股股东股权质押是否会影响上市公司会计信息质量（如会计稳健性）？控股股东股权质押与股价暴跌风险之间存在怎样的关系？这些问题一直以来都是公司治理领域研究需要回答的问题，但目前学术界对股东股权质押影响因素、经济后果和作用机制的理解还不够全面和深入，相关实证研究还比较匮乏，研究结论不尽一致。对于处于转型时期的中国资本市场和上市公司而言，如何完善现代公司治理机制、缓解上市公司和股东"融资约束"，防范股权质押风险，以及如何保护质权人、投资者等利益相关者的利益等问题亟须解决。

2.1 股权质押概述

人类历史上的"质押"最早出现在古罗马时期，"信托让与"可谓质押的前身。"信托让与"是指当事人将其所有的某物的所有权转让给他方，并约定原物归还的行为。股权质押最早出现于西方国家，并在 20 世纪 70、80 年代开始流行的 MBO（管理层收购）或反收购中得到了充分利用，管理层为了获得公司的控股地位，通过向金融机构质押其所拥有的公司股权的方法来增持公司股票，从而创造了大量总经理变成董事长的成功案例（张先忧，2008）。股权质押作为股东（或债务人）对于债的担保方式，在英国、德国、荷兰、日本、印度等国有着广泛运用。

1. 质押与抵押

质押与抵押是现代经济基本的法律关系和担保方式。二者的区别在于：（1）标的物不同。质押以动产和权利为标的物，其中，权利质押的标的物包括债权、证券、知识产权、股东权等财产权利。（2）抵押品通常不发生转移，即抵押品仍然由抵押人占有；而质押品必须从债务人转为债权人占有，通过交付、转移权利凭证和变更登记实现法律意义上的担保物转由担保权人占有。质押与抵押的根本区别也在于是否转移担保财产的占有。通常，质押标的包括动产、不动产和权利，相应地，质押包括动产质押、不动产质押和权利质押①。

2. 我国上市公司股东股权质押融资优势与劣势

在证券市场规模迅速扩张的背景下，我国上市公司股东股权质押也经历了空前的发展。相关数据资料显示，1999 年 7 月 6 日鲁北化工（600727）的控股股东将其持有的该公司股票质押给天同证券作为对公司发行企业债券的担保，拉开了我国上市公司股东股权质押的序幕。到 2015 年底，两市共有 1923 家上市公司的大小股东完成了 23531 次股权质押，共涉及 7458.72 万亿只股票，参考市值达 9.55 万亿元。据 WIND 数据统计，截至 2015 年底，沪深两市共有 2827 家上市公司发行了 2909② 只股票，总股本 4.3 万亿股，总市值 53.13 万亿元。可见，已有近 70% 的上市公司股东进行过股权质押，质押股票市值占所有公司总市值的比例接近 20%，股权质押业务的发展必然会对证券市场和国民经济产生显著影响。

股权质押融资在我国上市公司中之所以如此受到追捧，其市场规模巨大，且超过 2/3 的公司股东存在频繁质押③，其原因在于：

一方面，对于上市公司及质押股东而言，股权质押相比于传统的债务和股权融资方式存在诸多优势：一是不稀释股权，不会引发公司控股股东变更

---

① 我国物权法列举了下列权利可以出质：汇票、支票、本票；债券、存款单；仓单、提单；可转让的基金份额、股权；可转让的注册商标专用权、专利权、著作权等知识产权中的财产权、应收账款等法律、行政法规规定可以出质的其他权利。

② 包括 A 股 2808 只和 B 股 101 只。

③ 通常情况下，控股股东因为其股权价值更高而易受到金融机构的青睐，因此，股权质押通常是企业控股股东的行为。上市公司和非上市公司都存在股权质押现象，除非特别说明，本书研究的是上市公司控股股东的股权质押行为。

（股价未触及"警戒线"或"平仓线"时）。二是与直接出售股票相比，股东以质押股权的方式进行融资可以免于承担相应的税负，同时还可以继续享有从上市公司分红的权利。三是审批程序较少，获取资金较快。股权质押不需要经证监会或证券交易所审批，仅需上市公司公告和质押股东（持股比例高于5%）在相关机构登记即可，相比较需要审批的增发、配股、公司债等融资方式，股权质押资金到位更快。四是监管层对资金规模和用途的规定较少，有助于上市公司在融资环境恶化的情况下补充资金来源。

另一方面，对于金融机构而言，股权质押贷款作为一种新型的金融理财产品，可以缓解大量的信贷资金积存压力，提高金融机构的资产使用效率，并为其提供新的利润增长点。同时，与其他类型的抵押和质押贷款的标的物（如房屋建筑物、土地、厂房、机器设备等固定资产和无形资产）相比，作为质押标的的股权更具流动性和易变现性，即变现能力更高，便于银行和证券公司等金融机构在质押股东无法偿还时以较快的速度通过股权处置保障自身利益，加之金融机构在面临激烈竞争的情况下急于开展新业务，由此使得股权质押不失为一种不错的选择。

此外，在当今的中国，资本市场发展尚不成熟，银行信贷歧视[1]严重，民间融资[2]规模有限，中小企业融资环境[3]十分恶劣的情况，也给股权质押提供了较为广阔的发展空间。股权质押的上述融资优势使其易于受到两类股东的青睐：一是具有生产经营资金需求，但难以通过银行贷款等传统融资渠道获取资金，而为了补充短期流动性，又不想被动减持股份的股东；二是具有资金需求，但由于股份性质（限售股、个人解禁限售股等）、身份（董监高、5%以上大股东等）暂时无法通过融资融券业务、约定购回业务等满足其资金需求的股东。

然而，股权质押也存在一定的风险。一方面，质权人面临着质押股东潜

---

① 布兰迪德等（Brandt et al.，2003）、方军雄（2007）研究指出，银行信贷仍占据着整个金融体系的核心，且银行对中小型民营企业普遍存在的"信贷配给"和"信贷歧视"问题仍未得以根本解决。

② 民间融资常因具有高信贷成本、高信用风险、易于引发纠纷、扰乱金融秩序和导致社会不稳定等方面的问题而受到政府和相关金融监管部门的抑制。

③ 中小型民营企业"融资难""融资贵""信贷可得性"较低的现象也仍然普遍存在。

在的道德风险、质押物价值变动风险和法律风险（刘媛，2013）。其中，道德风险是指股东可能通过质押实现"提前套现"而在质押期届满时不愿意偿还借款的可能；质押物价值变动风险是指质押期内出现由上市公司内部因素（经营、投资、筹资活动等）或外部因素（政策变动、利率变动、竞争状况及投机行为等）所引起的股权价值变动而导致质押物价值变动、影响质权人收回出借资金的风险；法律风险是指因法律法规的不完善①而导致质权人利益无法充分保障的风险。另一方面，质押股东却面临着质押后"股价暴跌"和"控制权转移"的风险。前者是指公司股价短期内出现"断崖式"急剧下滑的现象，后者是指质押期内股价暴跌触及"警戒线"或"平仓线"，或质押期届满股东无力偿还资金而面临的股权被质权人处置，甚至丧失控制权的风险。

2.1.1　股权质押流程

股东进行股权质押至少需要依次经历以下六个阶段，具体流程见图2.1。

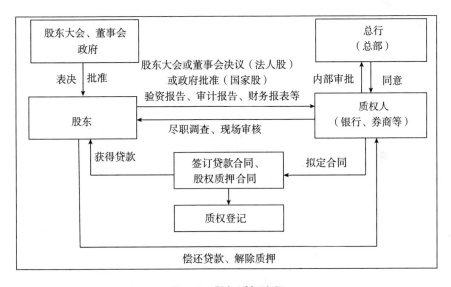

图 2.1　股权质押流程

第一阶段，股东大会或董事大会表决。根据我国《公司法》规定，上市公司股东将其持有的股票对外质押的，需经出席会议的股东所持表决权 2/3 以上通过。股东然后向质权人提交"董事会同意出质的决议"[①] 并提出申请，同时提交近期财务报表、审计报告、验资报告、对外欠款、担保、款项用途及还款来源等信息。

第二阶段，质权人对质押项目进行初步评估和审查。包括确定股权是否存在瑕疵，确定股东相关信息是否完整、真实和具有可实施性，查阅和核验企业验资报告、审计报告和近期财务报表等相关信息。同时，质权人还会了解该质押股东的资信状况、资金用途、还款来源等，并对上市公司进行尽职调查和现场审核。

第三阶段，质权人将股东提供的材料、尽职调查报告提交内部审批。股东通过质权人核准后，质权人对股权估价（有时引入第三方评估机构），根据净资产、股价、质押率确定融资额度、股权质押期限、利率、警戒线及平仓线等质押条款。

第四阶段，质权人与股东签订贷款合同和股权质押合同，质权人发放贷款，股东获得融资。同时，我国《证券法》规定，公司任一股东所持上市公司 5% 以上股份被质押，属于重大事件，上市公司应当立即发布临时报告进行披露。

第五阶段，质权登记。我国《物权法》规定，股权质押要生效，还需要到证券登记结算机构或工商行政管理部门办理股权质押进行登记，质权登记时设立。

第六阶段，股东还款，解除质押。

2.1.2　股权质押业务标准

我们以"某全国股份制商业银行"为例，简要说明质权人在受理上市公司股权质押业务的参考标准，具体如表 2.1 所示。

[①] 出质股份是国家股的，需出具政府有关部门同意质押的批准文件。

表 2.1　　　　　　　　　　　某商业银行股权质押业务标准

Ⅰ 基本类型：

支持类	谨慎类	不受理类
(1)主板和中小板股票中的优质蓝筹股及行业龙头上市公司股票； (2)金融类上市公司股票	(1)股票流通总股本小于5000万股的股票，上年亏损且本年无明显好转或本年度、季度亏损，或发布半年（或全年）预亏的股票； (2)市值不超过40亿元、上市时间低于2年、最近报告期末净资产低于10亿元以及最近一个报告期利润同比下降超30%的创业板股票； (3)超过同行业平均静态市盈率1.5倍以上的股票； (4)过去6个月股价波幅（最高价/最低价）超过300%的股票； (5)近1年内完成IPO或借壳上市的股票以及审计机构对上年度财务报告给出非"标准无保留审计意见"的股票	(1)已公告即将进行重大资产重组造成的停牌股票、或正在实施重大资产重组造成的停牌的股票； (2)最近6个月内标的股票的上市公司曾出现监管机关等对其的重大处罚，或标的股票的上市公司及其实际控制人、公司高管，正接受证监会或司法机关立案调查的公司； (3)存在上市公司为被告人的未决诉讼、作为被申请人的仲裁，且金额达到最近一期审计的合并报表净资产的50%的公司股票

Ⅱ 其他要求：

限售期		集中度	质押率
支持类	谨慎类		
无限售流通股的项目；对有充足、稳定经营性回购资金来源的法人股东融资人，适度支持限售解禁日不超过13个月，且不晚于产品到期前3个月的限售流通股项目	限售解禁日期超过13个月的限售流通股项目	单笔业务质押的股票规模不超过总股本的10%；同一股票质押累计占比不超过20%	限售股的质押率从严

1. 融资人/出质人

（1）企业及实际控制人、主要管理人员近2年无违法记录；（2）如果融资人为自然人，融资人须在近 2 年无不良信用记录和无违法记录。

2. 可质押股票

3. 股权质押合同与原理

在股权质押合同中，质押双方通常需要就一些条款达成一致，包括初始交易价格、质押率、质押回购利息、警戒线、履约保障比例（警戒线，平仓线）等。

（1）初始交易价格。初始交易价格（金额）是股东通过质押股权可从质权人获得的融资额。

（2）质押率。又称为折扣率，是股东获得的贷款金额与质押股票市值之比，实际上是质权人依据质押股票质量及借款人的财务和资信状况给予的一个折扣比例。一般情况下，公司质量越高，质押率越高。

2015 年 3 月，中国证券业协会在其颁布的《证券公司股票质押式回购交易业务风险管理指引》中第十六条明确规定，证券公司应当综合考虑融入方资质、标的证券种类、交易期限、近期价格涨跌幅、估值情况、流动性情况、所属上市公司的行业基本面等因素对质押率实行差异化管理，具体要求有限售条件股票的质押率应低于无限售条件股票的质押率，交易期限长的股票质押率应低于交易期限短的股票质押率。现实情况中，金融机构通常根据公司资质设定质押率，蓝筹股质押率最高，中小板、创业板和新三板公司次之。具体而言，主板上市公司质押率一般为 40%，中小板和创业板上市公司质押率一般为 30%。例如，华泰证券对于（流通股）主板股票的基准质押率设定为 55%，中小板为 50%，创业板为 45%。

（3）质押回购利息。股东获得股权质押融资后需要按期偿还的利息即为质押回购利息。

上述质押条款相关计算公式如下：

初始交易金额 = min（出质人申请日前 20 个交易日标的证券收盘价算术平均值，出质人申请日前 1 交易日标的证券收盘价[①]）×标的证券数量×质押率 (1.1)

[①] 不同质权人对于被质押公司质押前股价的考察区间不尽同，例如，"某全国性商业银行"以质押前 60 个交易日股票均价与质押前 40 个交易日股票均价孰低为标准计算初始交易金额。

$$质押回购利息 = 初始交易金额 × （质押回购利率/360） × 回购期限$$
$$(1.2)$$

$$购回交易金额 = 初始交易金额 + 质押回购利息 \qquad (1.3)$$

出质人应付金额 = 初始交易金额 + 初始交易金额 × （质押回购利率/360） × 融入期限 + 违约金 − 已付利息 $\qquad (1.4)$

$$质押率 = （贷款本金/质押股票市值） × 100\% \qquad (1.5)$$

其中，式（1.1）说明了股权质押的原理。从式（1.1）可知，股价是影响控股股东质押融资额度的直接因素，而股价越高越有利于控股股东通过质押同等数量股票获得更多融资，因此，控股股东总是希望公司股价越高越好。

（4）预警线与平仓线。质权人对质押股票设置严格的预警线和平仓线，用来监控上市公司股价变动风险，从而保障质权人利益。预警线和平仓线的实质是履约保障比例（贷款市值比），它们分别具有风险警示和实际补救的作用，二者通常以百分比形式表示，计算公式[①]为：

$$贷款市值比 = （质押股票市值 + 保证金账户余额）/贷款本金 \qquad (1.6)$$

根据我们所了解的情况[②]，质权人通常将预警线设置在150% ~ 160%的范围内，表示股价如果低于每股融资额的1.5（1.6）倍，则触及预警线；将平仓线设置在130% ~ 140%的范围内，表示如果股价低于每股融资额的1.3（1.4）倍，则触及平仓线。例如，假设质押率为50%，每股股价10元，那么，股东通过质押10万股的股票可获得50（10×10×50%）万元的贷款；如果警戒线设置为150%（160%），平仓线设置为130%（140%），在不考虑保证金账户余额、利息等其他因素的情况下，警戒线对应的股价水平则在7.5 ~ 8元之间，平仓线对应的股价水平在6.5 ~ 7元之间[③]。

---

① 该公式实际是采用"质押物价值"除以"融资额"进行测算。

② 一般情况下，质权人会根据股票资质设置不同的警戒线和平仓线标准。例如，"某全国性商业银行"在其"上市公司股票质押类业务准入指引"中明确规定，对于"无限售条件的流通股"，预警线不得低于150%，平仓线不得低于130%；对于"限售条件股"和"须缴纳个人所得税的股份"，预警线不得低于160%，平仓线不得低于140%。

③ 实际操作中，预警线和平仓线需要保证本金、利息和违约金。此处，警戒线计算依据为：$10 × 0.5 × 150\% = 7.5$（元），$10 × 0.5 × 160\% = 8$ 元；平仓线计算的依据为：$10 × 0.5 × 130\% = 6.5$（元），$10 × 0.5 × 140\% = 7$（元）。

通常情况下，质权人采用"逐日盯市"① 的方法对上市公司股价进行实时检测。如果公司股价跌至警戒线，质权人就有权处置公司的股票。控股股东可采取的措施包括：（1）偿还借款；（2）追加保证金或质押的股票②；（3）让股票停牌③。在 2015 年 6 月中旬我国 A 股的下行行情中，多家上市公司为规避被强制平仓，就纷纷采取了主动要求停牌的措施，以避免股票被质权人在市场上处置的风险而求得自保。可见，股权质押会使得控股股东对公司股价变动较为敏感。

2.1.3　股权质押法律规定

从 20 世纪 90 年代初我国股票市场建立至今，全国人大、证监会、国务院等部门和机关相继在其制定的法律和规章中对上市公司股东股权质押做了相关的规定。相关规定也经过一些修改，但仍存在一些不完善之处。股东股权质押相关规定经历了如下阶段的演变：

1995 年，《担保法》的颁布和实施为股权质押提供了法律基础。《担保法》明确地将质押确立为一种担保形式，股权质押制度在我国开始得以确立。《担保法》第七十五条第二款规定，"依法可以转让的股权、股份可以质押"。相应地，《公司法》中规定，"上市公司股东将其持有的股票对外质押的，需经出席会议的股东所持表决权 2/3 以上通过。"《证券法》第七十六条第二款对"股权质押中的信息披露义务"也进行了规定，"公司任一股东所持上市公

---

① "逐日盯市"是指结算部门在每日闭市后计算、检查保证金账户余额，通过适时发出追加保证金通知，使保证金余额维持在一定水平之上，防止负债现象发生的结算制度。其具体执行过程如下：在每一交易日结束之后，质权人（银行、证券公司等）结算部门根据全日成交情况计算出当日结算价，据此计算每个出质人（股东）持仓的浮动盈亏，调整出质人（股东）保证金账户的可动用余额。若调整后的保证金余额小于维持保证金，质权人便发出通知，要求在下一交易日开市之前追加保证金，若出质人（股东）不能按时追加保证金，质权人将有权强行平仓。由于这一制度规定以一个交易日为最长的结算周期，在一个交易日中，要求所有交易的盈亏都得到及时的结算，保出质人（股东）保证金账户上的负债现象不超过一天，因而能够将市场风险控制在交易全过程的一个相对最小的时间单位之内。

② 例如，中南重工（002445）于 2016 年 2 月 1 日晚间公告，因控股股东中南重工集团质押给国联证券股份有限公司的股份于 2016 年 1 月 28 日触及了质押警戒线，故中南重工集团增加 100 万股对股票质押式回购交易业务进行追加质押担保。

③ 例如，同洲电子（002052）因大股东股权质押触及平仓线而于 2016 年 1 月 11 日宣布紧急停牌。

司 5% 以上股份被质押，属于重大事件，上市公司应当立即发布临时报告进行披露"。

然而，股权质押在我国最初是为了解决机构投资者（特别是证券公司）的资金需求而于 2000 年初开展的一项新型贷款业务（王志诚等，2002），监管部门出台的相关股权质押规定最初是用来规范证券公司的融资行为。2000 年 2 月 2 日，中国人民银行和证监会联合发布了《证券公司股票质押贷款管理办法》，允许证券公司以自营股票和投资基金进行质押贷款，以拓宽证券公司融资渠道和支持我国资本市场健康发展。此后，2004 年 11 月 2 日，中国人民银行、银监会和证监会对该《管理办法》进行了重新修订，规定证券公司可以用自营的股票、证券投资基金券和上市公司可转换债券向商业银行申请质押贷款。

除证券公司外，相关监督管理机构也对商业银行股权质押制定了相应的规则。2014 年 8 月 15 日，中国银监会颁布了《中国银监会关于加强商业银行股权质押管理的通知》，要求商业银行不仅应高度重视自身的股权管理，还要在开展股权质押业务过程中认真核实质押股权的合法性，事前完善合同条款和规范出质人行为，依法办理出质登记并确保质权合法有效，以有效防控因银行股权质押引起的各类风险，并确保商业银行稳健经营和健康发展。

2015 年 7 月，国务院在出台的《国务院关于大力推进大众创业万众创新若干政策措施的意见》中明确提出了"发挥交易所股权质押融资机制"和"鼓励银行业发展股权质押业务"的政策要求。同月 24 日，中国证券业协会为推动证券公司开展场外股权质押式回购交易业务，发布了《证券公司开展场外①股权质押式回购交易业务试点办法》的通知。通知中明确要求，"证券

---

① 场外股票质押融资业务，是指有融资需求的客户将所持有的证券进行质押，公司对客户进行尽职调查后使用自有资金或者依法筹集的资金通过资产管理公司的资产管理计划向客户进行融资。与场外质押相对应的场内质押，二者在资金来源、交易方式、抵押品种、客户准入门槛等方面存在区别：（1）在交易方式上：场外质押以公司自有资金投入，借定向资管＋单一信托方式，对融资方进行信托贷款，而场内质押融资方是直接向券商进行融资。（2）在抵押品种方面，场外质押以股票为主，未涉及基金（ETF、LOF、封闭基金、债券）；场内可交易的品种包括股票、基金、债券等，其中对股票的要求：①在交易所上市交易满三个月；②非 ST、*ST 股票；③已完成股权分置改革的上市公司股票；④非交易所长期停牌或除牌的股票；⑤上一年度没有亏损的上市公司股票；⑥过去三个月累计涨幅不超过 100%；⑦法律、法规限制的禁止交易股票；⑧无其他特别风险。（3）客户准入门槛方面，场外质押的初始交易金额在 3000 万元及以上，而场内质押的初始交易金额在 50 万元及以上。

公司应当建立起股权质押业务的规模监控和调整机制，合理确定业务总规模、单一融入方融资规模等风险控制指标，并确定接受的单一股权数量占其总股本的最大比例"，此外，"证券公司的融出资金余额不得超过其净资本的50％，为单一融入方融资的累计融资余额不得超过其净资本的5％"。

2016 年 3 月，为规范证券公司股票质押式回购交易业务的风险管理行为，中国证券业协会出台《证券公司股票质押式回购交易业务风险管理指引（试行）》（以下简称《指引》），明确规定证券公司应当建立健全股票质押式回购交易业务的内部控制机制和风险管理体系。具体指引包括：证券公司应当明确标的证券筛选标准或准入条件、质押率上限，且对于"标的证券近期涨幅较高、存在退市风险"等情形，证券公司应当审慎评估质押该标的证券的风险等。

2.2　国内外股权质押现状

2.2.1　国外上市公司股东股权质押现状

窦等（Dou et al.，2015）研究发现，在美国有超过 20％的上市公司允许其董事长和经理进行股权质押。然而，由于英、美等西方资本主义国家普遍具有较为分散的股权结构，往往不存在东亚地区新兴经济体中大股东和管理层高比例持股的现象。在分散的股权结构下，大股东股权质押不是一个普遍的现象，且即使单个股东将其股权全部质押出去，对上市公司控制权、其他投资者利益、资本市场稳定性的影响也微乎其微，因此，股东的股权质押行为及其可能对上市公司带来的影响并未引起证券监督管理部门和学术界的重视，股权质押相关的信息披露也不完整，导致国外学者对股东股权质押相关问题的研究还比较匮乏（闻岳春和夏婷，2016）。

2.2.2　国内上市公司股东股权质押现状

根据 WIND 数据库数据统计显示，2004～2015 年期间，我国大陆沪深 A股共 2827 家上市公司中，就有 1157 家上市公司的股东发生了 19954 次股权质押行为，扣除金融行业后，上市公司的其他非控股股东共质押了 5289 次，共计 6763.97 亿只股票，市值合计 8.35 万亿元人民币，仅 2015 年股权质押的市值就分别占到 2015 年 A 股市场全部上市公司流通股市值①的 6.9% 和总市值的 5.4%；按照平均 40% 的质押率计算，上市公司股东在 2004～2015 年间通过质押累计获得的资金达 3 万亿元。单就 2015 年度而言，2015 年上半年的牛市刺激了 1399 家上市公司的股东进行质押，总质押次数达 6978 次，质押股票超过 1880 亿股，市值超过 3.35 万亿元。2015 年底，仍有 1358 家上市公司的 1580 亿股、市值高达 2.8 万亿的股票尚未解除质押。

图 2.2～图 2.11 呈现了 2004～2015 年我国 A 股上市公司股东股权质押情况，数据见附录表 2.2 和表 2.3。图 2.2 和图 2.3 分别显示了 2004～2015 年间 A 股数上市公司股东股权质押规模和参与公司数的趋势。从图 2.2 可知，近年来，我国 A 股上市公司股东的股权质押融资行为逐年增加，在 2010 年和 2013 年呈现了爆发式增长，且有愈演愈烈的趋势。从图 2.3 可知，除 2005 年、2006 年和 2009 年三年的质押公司数占上市公司数的比例略有下降外，其余年度都呈稳定增长态势。

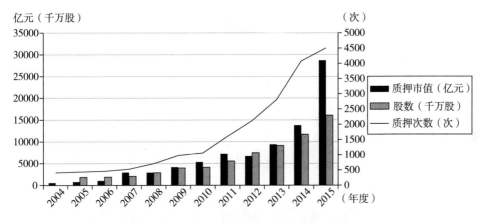

图 2.2　中国上市公司股东股权质押规模趋势

注：数据来源于 WIND 数据库；纵坐标的主坐标轴（左）对应柱状，次坐标轴（右）对应线条表示的数据。

---

① 根据 WIND 数据库资料统计，截至 2015 年底，沪深两市 A 股总市值和流通股市值分别为 53.13 万亿元和 41.79 万亿元。

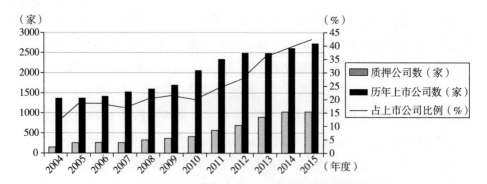

图 2.3 中国上市公司股东参与股权质押公司数趋势

注：数据来源于 WIND 数据库；纵坐标的主坐标轴（左）对应柱状，次坐标轴（右）对应线条表示的数据。

图 2.4～图 2.7 分别反映了 2004～2015 年间股权质押公司在沪深两市、不同板块、股东类型和公司产权性质方面的分布情况。其中，图 2.4 是 2004～2015 年间股权质押公司在沪深市场的分布。从图 2.4 可知，2010 年及其以前，沪市公司中存在股东股权质押的公司数多于在深市，而在 2010 年后，深市上市公司股东股权质押逐年增长，2010～2015 年间的年均复合增长率达34.59%，但同时期，涉及股权质押的沪市公司数增长较为缓慢。

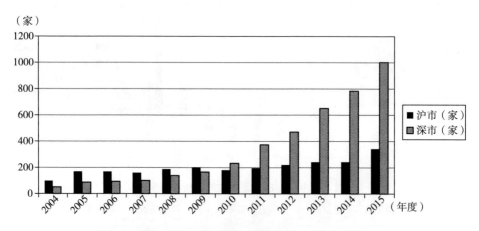

图 2.4 2004～2015 年间股权质押公司在沪深市场的分布

注：数据来源于 WIND 数据库。

图 2.5 是 2004～2015 年间股权质押公司在主板、中小板和创业板之间的分布。从图 2.5 可知，在 2007 年金融危机前，股权质押公司以在主板上市的

公司为主；金融危机后，中小板上市公司股东的股权质押行为迅速增加，并在 2010 年后开始超过主板上市公司，成为股权质押市场上主要的质押主体；而在创业板内上市的公司股东的质押行为在近三年也呈现了明显的增长态势。

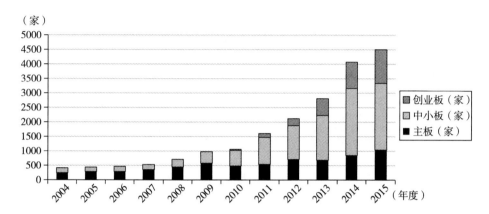

图 2.5　2004～2015 年间股权质押公司的上市板块分布

注：数据来源于 WIND 数据。

图 2.6 和图 2.7 分别是 2004～2015 年间股权质押公司的股东类型和企业产权性质分布。从图 2.6 和图 2.7 可知，2004～2015 年，控股股东比非控股股东、民营类公司比国有公司都进行了更多的质押。

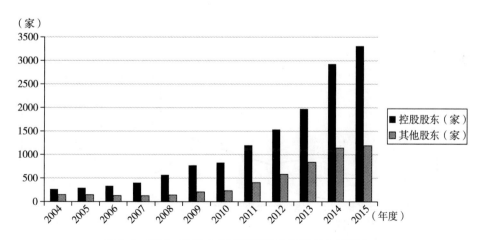

图 2.6　2004～2015 年间股权质押公司的股东类型分布

注：数据来源于 WIND 数据库。

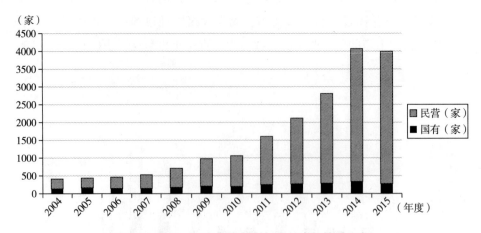

图 2.7　2004～2015 年股权质押公司产权性质分布

注：数据来源于 WIND 数据库。

图 2.8 呈现了 2004～2015 年中国股权质押市场上不同类型质权人业务发展趋势。从图 2.8 可以看出，股权质押中的质权人主要包括自然人、普通公司、信托公司、投资公司、证券公司和银行。在金融机构质权人中，银行和信托公司较早开展了此项业务，且银行多年来"一家独大"，直到 2011 年和 2013 年相继被信托公司和证券公司超越。2011 年，信托公司质押业务规模开

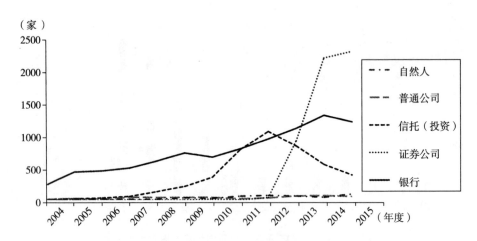

图 2.8　金融机构质权人股权质押业务发展趋势与比较（2004～2015 年）

注：数据来源于 WIND 数据库，纵坐标对应各线条表示的质权人的数据。

始与银行持平，但近年来的业务规模呈下降趋势，市场份额被证券公司挤占。2012 年 10 月，伴随着《证券公司客户资产管理业务管理办法》出台，证券公司开始从事股权质押业务，我国股权质押市场也开始进入银行、信托和券商的"三国时代"。

图 2.9 ~ 图 2.11 分别呈现了银行、证券公司和信托公司股权质押业务规模排名。

从图 2.9 可以看出，四大国有商业银行（中、建、工、农）的股权质押业务规模较大；在股份制商业银行中，民生银行的股权质押业务规模最大，其次是中信、浦发、交通和招商银行；而政策性质的国家开发银行的股权质押业务规模与股份制商业银行不相上下。从图 2.10 可知，排名前四的中信、海通、国信和华泰证券的质押业务规模较为一致，其他证券公司的质押业务规模相对较小，即证券公司在质押市场中呈现出寡头垄断竞争局面。从图 2.11 不难发现，中国国际信托公司的股权质押业务规模最大，且远远超过排名第二的四川信托和排名第三的中诚信托，说明各信托公司的股权质押业务发展呈现不均衡的状态。

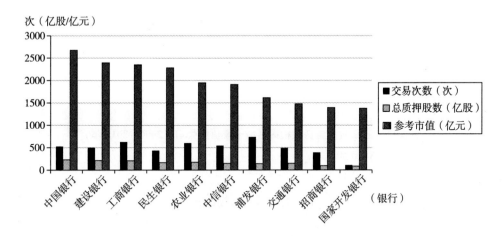

图 2.9　股权质押业务规模排名前十家银行（2004 ~ 2015 年）

注：数据来源于 WIND 数据库。

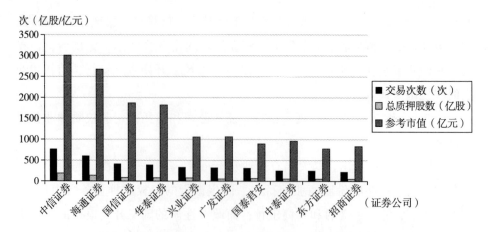

图 2.10   股权质押业务规模排名前十家证券公司（2013～2015 年）

注：数据来源于 WIND 数据库。

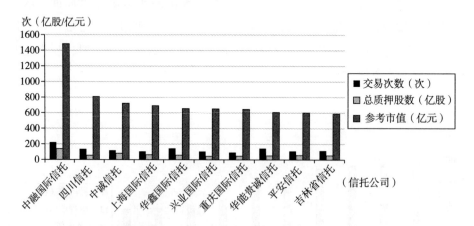

图 2.11   股权质押业务规模排名前十家信托公司（2004～2015 年）

注：数据来源于 WIND 数据库。

2.3   文献综述

关于股权质押影响因素和经济后果，国内外学者的研究还并不充分。原因在于，股权质押是股东单方面的行为，包括美国和中国香港特区在内的大多数国家和地区对股东的质押并无强制信息披露的要求，数据的匮乏导致了国际上学术界对股东股权质押还缺乏一定的关注和研究。而在我国台湾地区和大陆地区，证券监督管理部门要求上市公司应该履行对其股东质押股权的行为进行信息披露的义务，这为研究上市公司股东的股权质押的影响因素和经济后果提供了契机。纵观我国大陆学者对股权质押的研究，法律法规层面的讨论居多，从会计、财务或金融的角度进行实证研究的文献还十分匮乏。由于本书是从会计学科的角度进行研究，所以本章主要对会计学领域内的股权质押相关研究进行梳理。

2.3.1　股权质押动机与影响因素

本部分主要回顾股东股权质押动机与影响因素方面的文献。

第一，现有文献多基于代理理论对股东质押动机进行研究。案例研究方面，黎来芳（2005）对"鸿仪系"的研究表明，控股股东存在先"支持"、后"掏空"上市公司的行为，且股权质押是控股股东退出前"掏空"上市公司的手段。吕长江和肖成民（2006）研究发现，在控制权与现金流权存在严重分离的情况下，江苏阳光的最终控制人——江苏阳光集团频繁质押的背后隐藏了强烈的利益侵占动机。而李永伟和李若山（2007）则揭示了明星电力的控股股东借股权质押完成并购的过程中对上市公司进行掏空的事实。李永伟（2007）也再次证实，民营企业控股股东具有较高的质押动机和较为严重的资金占用行为。

实证研究方面，我国台湾地区的学者如耶等（Yeh et al.，2003）、陈等（Chen et al.，2007）研究发现，股权质押会引起控股股东控制权与现金流权分离，成为控股股东与中小股东代理问题产生的重要原因。质押率越高，控股股东与中小股东间的代理问题越严重。考等（Kao et al.，2004）的研究也表明，存在董监事股权质押的公司具有较高的信用风险和较低的经营绩效。大陆学者的一些研究也有类似发现，例如，郝项超和梁琪（2009）指出，股权质押是控股股东变相收回投资的一种手段，它会降低控股股东的实际现金流权，并扩大控制权与现金流权间的分离度，从而提高代理成本，即股权质押存在弱化"激励效应"和强化"侵占效应"的后果，会进一步导致公司价值下降。郑国坚等（2014）认为，股权质押可以衡量大股东面临的"财务约束"状况，发现大股东存在通过股权质押占用上市公司资金的行为，且股权质押公司资金被大股东"侵占"和"掏空"的可能性都显著高于非质押公司。但是，也有学者提出相反的观点。李旎和郑国坚（2015）发现，市值管理有助于控股股东获得更多的质押融资，进而减少控股股东对上市公司的利益侵占行为。然而，吴静（2016）对2003～2012年我国上市公司控股股东股权质押公告的市场反应研究发现，当控股股东将质押资金投向上市公司时，可以向市场传递其"支持"动机，因而得出控股股东股权质押并不一定等于"掏空"的研究结论。

因此，从控股股东质押动机方面的研究来看，尽管不能排除控股股东为"支持"上市公司发展而进行股权质押的可能，但现有案例分析和实证研究文献多认为股权质押常是控股股东"掏空"上市公司、侵占中小股东利益和实现快速套现的方式。

第二，针对股权质押影响因素，胡志华（2009）研究发现，第一大股东持股比例越低、股权越分散，股东进行股权质押的动机越大。王新红和李妍艳（2016）基于深市2013～2014年中小板上市公司数据，研究了大股东股权特征与股权质押之间的关系，发现法人股东比自然人股东的质押动机更大，质押率与大股东持股比例负相关，且股权制衡有助于抑制大股东质押行为。

2.3.2　股权质押与管理层盈余预测

管理层盈余预测作为上市公司向投资者传递信息的重要方式和渠道，国内外学者已从公司融资的角度研究了管理层盈余预测的动机，但目前还没有文献研究股权质押与管理层盈余预测之间的关系，仅有徐寿福等（2016）将股权质押与上市公司信息披露联系起来进行研究。他们研究表明，大股东股权质押过程中存在股票市场和信贷市场双重择时行为，且大股东股权质押意愿和规模与股票错误定价正相关，相比于信贷紧缩时期，大股东更倾向于信贷宽松时期质押。但他们的研究仅从外部股票市场和信贷市场的角度证实了控股股东股权质押过程中的择时问题，并未从上市公司角度研究控股股东股权质押过程中的信息披露。因此，我们的研究能弥补现有文献的研究空白。

2.3.3　股权质押与盈余管理

关于股权质押与盈余管理的关系，现有研究已进行了一些有益的探讨，但研究结论不尽相同。国外研究方面，阿斯嘉等（Asija et al.，2016）对印度上市公司的研究表明，上市公司应计盈余管理与股权质押规模显著负相关，且股权质押公司具有较低的异常研发费用，但未发现质押公司具有较低的异常广告费用。

国内针对我国上市公司的研究方面，谭燕和吴静（2013）发现，较高的质押品质量（较低的操控性应计和关联交易额）有助于降低债务代理成本，即股权质押具有治理效应。然而，王斌和宋春霞（2015）研究表明，质权人外部监督效应的发挥使得股权质押公司盈余管理策略从应计盈余管理向真实盈余管理转换。陈佳（2015）发现，民营上市公司在控股股东质押前一年和当年的应计和真实盈余管理水平都高于非质押公司，并会在质押当期采用真实盈余管理替代应计盈余管理。黄志忠和韩湘云（2014）研究发现，国有上市公司的大股东在质押后不存在盈余管理迹象，而非国有公司股东质押后则存在盈余管理行为。谢德仁等（2017）最新的研究发现，存在控股股东股权质押的公司倾向于将开发支出资本化以进行正向盈余管理，待到解押后将开发支出费用化，由此表明控股股东股权质押会导致上市公司对具体会计政策的隐性选择行为。

针对我国台湾地区上市公司的研究方面，谢金贤（2001）认为，股权质押会加剧大股东与中小股东间的代理问题，进而强化公司的盈余管理动机。考和陈（2007）研究发现，盈余管理与董监事股权质押比例显著正相关，且盈余管理进一步损害了公司价值。方等（Fang et al.，2010）研究发现，董监事质押比例越高的公司的应计盈余管理程度也越高，且更易获得非标准的审计意见。

综上，上述文献多集中于从质权人"事后"监督所导致的应计和真实活动盈余管理方式选择角度进行研究，发现控股股东质押后的上市公司盈余管理方式会从应计盈余管理向真实盈余管理转移，以防止质押期内的股价下跌和控制权转移。然而，目前没有文献对上市公司管理层在控股股东"质押前"的盈余管理行为进行研究，还没有文献讨论如下一些问题：上市公司在控股股东股权质押前是否存在显著的盈余管理行为？如果存在，盈余管理的方向、程度和持续性怎样？鉴于此，本书拟对这些问题展开研究。

2.3.4　股权质押与会计稳健性

现有文献尚未对股权质押与会计稳健性之间的关系进行研究，仅有少量文献探讨了股权质押与上市公司财务报告行为和会计信息质量之间的关系。例如，陈潇楠（2015）研究发现，股权分置改革前，大股东股权质押与财务报表重述之间不存在显著的相关关系；而股权分置改革后，大股东股权质押与公司财务重述显著正相关。考和裘（Kao and Chiou，2002）发现，我国台湾地区上市公司董监事股权质押会降低公司会计盈余的价值相关性，这一负相关关系在亏损公司和股价表现不好、高质押率、竞争不激烈和董事会治理作用较低的非电子类行业的公司中更为明显，因此，我们的研究具有开创性。

2.3.5　股权质押与股价暴跌风险

关于控股股东质押与上市公司股价暴跌风险的研究，不同学者针对不同资本市场国家上市公司不同时间的样本，研究结论不尽相同。

罗兰德和米切尔（Roland and Michael，2015）对2001～2007年随机抽取的500家标准普尔上市公司的实证研究表明，股权质押会提高公司股价暴跌风险，并认为这是由于内部人通过股权质押侵占外部股东利益方式来攫取控制权私有收益的结果。

窦等（Dou et al.，2015）发现，我国台湾地区上市公司经理人股权质押会导致股东财富减少，即质押与公司价值负相关。他们认为，股权质押的"保证金交易"和"风险规避"两个途径对股权质押影响公司价值的作用机制进行了解释。他们的研究还发现，在2008年金融危机期间，存在内部人质押的公司，其股价下跌幅度更大。

针对我国资本市场，谢德仁等（2016）对沪深两市A股上市公司2004～2013年相关数据的检验发现，与不存在质押的公司相比，控股股东进行了质押的公司在质押期间具有相对更低的暴跌风险，而质押后公司股价暴跌风险却随之高企，且这种现象在民营性质公司更为明显。他们的研究表明，质押公司股价暴跌风险较低的原因并不是上市公司致力于提高经营业绩的结果，是大股东采取行动排除股权质押"地雷"的"权宜之计"，而非一项长期的战略决策。黄莉（2013）对信托公司股权质押业务的风险管理问题进行了研究，发现信托公司开展股权质押业务面临的主要风险包括系统性风险和标的证券价值下降风险。

由此可见，控股股东股权质押与上市公司股价暴跌风险之间的关系错综复杂，现有文献可能混淆了上市公司股价发生"实际暴跌"与"暴跌风险"[①]这两个概念，因而需要对控股股东股权质押影响上市公司股价暴跌风险的机制和途径进行进一步的研究。

2.3.6　股权质押的其他相关研究

1. 股权质押与公司价值和绩效

现有文献对"股权质押对公司价值和公司绩效的影响"的研究，分析路径和研究结论不尽相同。我国台湾学者考和陈（2007）研究表明，董监事股权质押与公司绩效之间呈显著的负相关关系。国内研究方面，郝项超和梁琪（2009）发现，以 Tobin Q、ROA、ROE 衡量的公司价值与最终控制人的质押比例负相关，股权质押更多地表现为最终控制人对中小股东利益的侵占，即股权质押会弱化大股东的激励效应，但会强化大股东对中小股东的侵占效应。何娜娜（2010）研究发现，股权质押会加剧控股股东对上市公司的资金侵占，从而给公司绩效产生负面影响。陈焰华（2015）的研究也表明，控股股东股权质押比例与公司绩效显著负相关，当股权质押资金投向股东自身或第三方时，股权质押对公司绩效的负面影响更大。但也有一些研究得到了相反的发现，例如，王斌等（2013）研究表明，民营公司控股股东出于防范控制权转移风险的考虑，有动机致力于提高和改善公司经营业绩，股权质押并不必然导致大股东的"掏空"行为。

2. 股权质押与股利分配

股权质押与股利分配都属于上市公司的融资行为，二者也必然存在一定的关系。丁宏娇（2015）研究表明，控股股东股权质押比例高的公司发放现金股利的意愿较低。廖凯敏等（2014）发现，控股股东股权质押降低了上市

[①]　实际暴跌通常是上市公司财务状况和公司治理发生问题而引发的股价急剧下跌，暴跌风险是指上市公司财务状况和公司治理良好情形下的股价短时期内的突然下降。

公司进行现金股利分配的意愿，且股权质押与现金股利分配倾向的这一负向关系在非国有公司中更为明显。张桂枝（2014）研究了上市公司在股东股权质押前后的关联担保、关联交易和大股东非经营侵占三个方面的变化，指出股权质押对大股东利益侵占发挥了信号预警作用。而针对我国台湾地区上市公司的相关研究，如陈等（Chen et al.，2013）、窦等（Dou et al.，2015）也证实了内部人股权质押与现金股利发放倾向（金额）间的负向关系，及其与股票回购倾向（数量）间的正向关系。

3. 股权质押与代理问题

1997 年亚洲金融风暴期间，董事和监事以股权质押的方式筹集个人资金的现象已经在我国台湾地区的上市公司中流行起来。考和裴（2002）以及考等（Kao et al.，2004）的研究表明，具有较高董监事质押比例的公司在金融风暴期间更易于发生财务危机。黄、苏和李（Huang，Su and Lee，2008）研究发现，董监事质押比例与信用风险存在显著的正相关关系，且这一关系在大规模公司更为显著。这意味着董监事股权质押会降低其对管理层的监督效果，从而加剧内外部股东间的代理冲突。林、梁和陈（Lin，Liang and Chen，2010）研究表明，董监事股权质押比例高的公司，其外资持股比例相对更低。这是因为，股权质押具有与金字塔控制和交叉持股类似的增强控制权的效果，从而会加大控股股东的控制权与现金流权分离度，加剧控股股东与中小股东间的代理冲突，提高控股股东的侵占诱因，提高公司与外国专业的机构投资者间的信息不对称，导致他们不愿意持有董监事进行了高比例质押的公司股票。

4. 股权质押与审计定价

张龙平等（2016）针对我国资本市场进行研究的经验证据显示，审计师能够识别控股股东股权质押公司的风险，从而给予更高的审计定价，且控股股东股权质押比例越高，审计定价越高。

综上可知，一方面，目前国内针对控股股东股权质押的研究大多集中于股权质押"事后"影响层面，少于文献从上市公司层面研究控股股东股权质押的影响因素。另一方面，在经济后果方面，现有文献从动态角度剖析管理层在控股股东"质押前""质押期内""解押后"的盈余预测、盈余管理、会计稳健性和股价暴跌风险的研究寥寥。本书拟从金融机构质权人股权质押业务指引的核心——入手，探究上市公司控股股东和管理层的"内部人"行为对上市公司信息披露质量（管理层盈余预测质量）、财务报告质量（包括盈余管理和会计稳健性）和股价暴跌风险的影响及背后的机制和途径。

具体而言，通过对股东股权质押相关研究的回顾可以发现，现有文献还存在一些不足之处：（1）随着股权质押在我国上市公司股东在实践中频繁和广泛采用，由于国外成熟的资本市场对股权质押进行直接研究也几乎属于空白，国内的研究也还未深入和全面展开，股权质押这一研究领域还未引起国内学者足够的重视，具有很大的研究空间。（2）大多数现有研究仅着眼于控股股东与中小股东之间的委托—代理理论，研究控股股东借助于股权质押进行掏空和侵占。基于控股股东掏空和侵占，研究视角较为单一，研究结论较为一致。（3）现有文献对"股权质押影响信息披露和股价风险"方面的研究还相对不足。（4）现有文献采用上市公司的年度数据进行研究，不能细致地刻画控股股东质押对上市公司财务报告行为的影响。

2.4　本章小结

本章在对股权质押流程、业务、法律规定进行概述的基础上，对国内外股权质押的现状进行了归纳，对相关文献进行了简要回顾，发现我国资本市场股权质押现状与研究存在严重的脱节，相关重要问题尚未引起学术界的重视和关注。

针对我国上市公司控股股东的股权质押行为，还有一系列问题亟待回答：控股股东股权质押的影响因素有哪些？控股股东股权质押是否会影响上市公司管理层的盈余预测策略？控股股东股权质押如何影响上市公司的盈余管理行为？控股股东股权质押对上市公司会计稳健性将产生怎样的影响？控股股东股权质押通过何种途径影响了上市公司股价暴跌风险？鉴于此，本书力争对上述问题进行实证检验。

③

控股股东股权质押影响因素分析

本章以 2004～2015 年间上市公司年度数据为样本，运用 Logit、OLS 和 Tobit 回归模型实证检验我国上市公司控股股东的质押动机和影响因素，并根据这些影响因素提出完善相关股权质押制度的政策建议。

3.1　引言

近年来，越来越多的上市公司股东采用股权质押方式进行融资，尤以控股股东为质押主体的股权质押更为频繁，成为学术界和实务界关注的焦点。例如，新湖中宝（600208）和上海莱士（002252）控股股东数年多次质押，同洲电子（002052）因大股东股权质押触及平仓线而于 2016 年 1 月 11 日紧急停牌，乐视网（300104）控股股东贾跃亭因股权质押面临平仓风险而被推向舆论的风口浪尖等。股权质押业务的启动和开展，对于加强中国货币和资本市场的多层次建设、拓宽上市公司和股东融资渠道以及培育银行等金融机构新的利润增长点等方面都发挥了重要作用。WIND 数据库数据显示，到 2015 年底，已有 1157 家中国上市公司的股东进行过质押，累计质押次数 19954 次，累计筹集资金达 3.34 万亿元。与其他融资工具相比，股权质押融资在我国发展十分迅速。如图 3.1（附录表 3.1）所示，2004～2015 年期间，经过十余年的发展，股权质押融资规模已接近同期银行贷款规模的 1/5，在 2011 年开始超过了同期 A 股市场的新股发行额，2015 年更是同期公司债融资规模的 11.4 倍。由此可见，股权质押正在成为中国上市公司及其股东融资的重要来源之一。

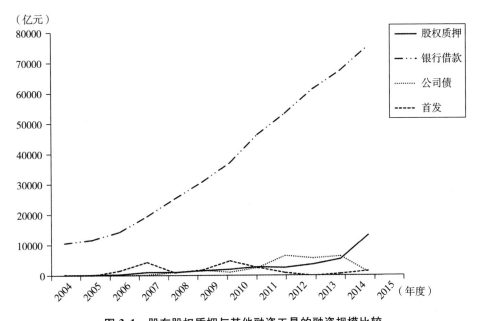

图 3.1 股东股权质押与其他融资工具的融资规模比较

注：银行借款和首发数据来源于 CSMAR 数据库，股权质押和公司债数据来源于 WIND 数据库；股权质押规模按全部上市公司在各年度质押市值求和，并对主板、中小板和创业板上市公司分别按 50%、40% 和 30% 的质押率进行测算获得。

具体数据见附录 1 表 3.1。

尽管股权质押在我国出现后发展迅速，学术界对股权质押相关问题的研究却还很少，而仅有的少数研究结论也不尽一致。考（Kao，2002）和龚琼（2016）研究表明，控股股东会出于投资（无借款渠道但存在投资机会）、投机（护盘或交易股票）、现金增资（质押资金用于维持或增加控制权）和掏空（侵占质权人或中小股东利益）等动机进行股权质押。其中，利益侵占动机得到了学术界的主要认可（黎来芳，2005；吕长江和肖成民，2006；李永伟和李若山，2007；李永伟，2007）。耶（Yeh，2003）研究发现，质押公司控股股东与中小股东之间存在严重的代理冲突。然而，王斌等（2013）研究却发现，民营企业控股股东因担心控制权发生转移，其质押并不一定意味着利益侵占。

梳理上述文献可知，控股股东股权质押动机的研究已经较为成熟，但目前对控股股东股权质押影响因素的研究还十分匮乏，且主要停留在规范研究层面（龚琼，2016）。我们也仍然无法理解如下方面的问题：为什么有些上市公司的控股股东会获得质押，而另外一些公司的控股股东没有？影响股东股权质押规模的公司特征因素有哪些？这些都是现阶段中国资本市场亟待回答且值得深入探讨的问题。鉴于此，本章试图从公司特征角度探究影响中国上市公司控股股东股权质押的可获得性和规模等因素，以弥补现有文献的研究空白。

3.2　理论分析与研究假设

现有研究主要围绕上市公司在银行贷款、债权融资、股权融资等融资方式选择中的内在机制和影响因素，对上市公司股东的融资行为研究尚少。

梅耶斯和玛迦卢夫（Myers and Mjaluf，1984）提出的优序融资理论认为，企业管理层与外部投资者之间存在信息不对称，导致外部融资存在额外成本。因此，企业融资决策表现出"先内源融资、后外源融资"，且在外源融资中表现出"先银行借款或债券融资、后外部股权融资"的明显偏好顺序[①]。哈睿斯和饶威（Harris and Raviv，1991）、叶康涛和陆正飞（2004）研究表明，影响企业融资决策的因素有很多，具体包括公司规模、融资成本、有形资产比率、成长机会、获利能力、负债能力约束、破产风险、代理成本、控制权等。股权质押融资[②]显然属于上市公司的外部融资来源之一，因此，公司面临的融资约束状况、资产担保能力、信用等级、盈利能力、审计意见等也可能影响控股股东股权质押的可获得性。而詹森和麦克林（Jensen and Meckling，1976）提出的代理成本理论认为，债务融资可降低股东与管理层之间的股权代理成本，但会增加股东与债权人之间的债务代理成本。而对于控股股东而言，股权质押的优势不仅在于其不会稀释控股股东持股比例而削弱控股股东的控制权地位，也在于其扩大了控股股东可控制的资源，从而有利于控股股东更好地从上市公司攫取利益。因此，

---

　　① 中国上市公司存在普遍的股权融资偏好，因而优序融资理论不能完全解释我国上市公司的融资行为。

　　② 本章假设控股股东股权质押资金用于上市公司，在稳健性检验中排除了质押资金未用于上市公司的情形。

在研究股权质押影响因素时，有必要对控股股东的"侵占"动机加以控制。

基于以上理论分析，结合我国股权质押市场的实际情况，我们从融资约束、资产担保能力与信用等级等上市公司特征角度探究控股股东股权质押的影响因素，并提出研究假设。

3.2.1 融资约束

由于信息不对称、代理成本和市场摩擦等多方面原因的存在，企业外部融资成本通常高于内部融资成本，进而导致内、外部资金无法完全替代，企业不得不放弃一些有价值的投资项目，这种投资受到约束的状态即为融资约束①。融资约束实际上是企业融资需求与实际融资之间的缺口，它不仅会限制企业发展，甚至可能成为制约经济转型和升级的瓶颈。相关研究表明，我国上市公司融资约束问题普遍存在（邹港永等，2003；魏锋和刘星，2004）。

大股东以其股权为质押换取资金的行为不仅直接彰显了其财务状况的好坏，也体现了其强烈的融资需求。诸多研究表明，大股东面临的融资约束是其进行股权质押的驱动因素之一。艾大力和王斌（2012）认为，大股东面临的资金短缺是其进行股权质押的直接诱因。郑国坚等（2014）也指出，股权质押是控股股东面临严重融资约束的信号。尽管控股股东的融资需求不等于上市公司的融资需求，但现有一些研究发现，控股股东股权质押并不一定等于"掏空"（吴静，2016），因而我们不能排除部分控股股东将质押融资用于上市公司发展的可能②。国内研究表明，我国上市公司，特别是民营控股公司，时常面临着较为严重的融资约束（沈红波等，2010；屈文洲等，2011）。由于融资约束表征着企业内外部融资成本间存在差异，

---

① 融资约束是在资本市场不完善情况下，由于信息不对称和高风险使得成本超出企业承受能力而引起的资金筹集困难，或因无法支付外部过高的融资成本而导致的融资不足，进而造成投资决策过于依赖内部资金，投资低于最优投资水平的现象。

② 吴静（2016）对中国上市公司2003~2012年间控股股东股权质押公司的市场反应的研究发现，资金被投向质押的上市公司能够向市场传递控股股东的"支持"动机，因而具有良好的市场反应；限于数据获取的限制，我们暂且将上市公司面临的融资约束等同于控股股东的融资约束。

较高的外部融资成本可能使得控股股东对股权质押"趋之若鹜"。因此，我们提出如下研究假设：

H3.1：在其他条件相同的情况下，控股股东质押动机（规模）与上市公司融资约束程度正相关。

3.2.2 资产担保能力

在融资双方信息不对称的情况下，债务人比债权人拥有更多公司方面的内部信息。在进行负债融资时，上市公司拥有越多的资产用于担保，即资产的担保能力，越有利于保障债权人的利益，从而能以较低的成本筹集到更多的外部资金。公司资产按照有无实物形态可以划分为有形资产和无形资产两类。由于无形资产的价值较难以确定，更容易产生借贷双方的信息不对称，因此，拥有较高比重无形资产的公司与债权人之间的代理问题更严重。相反，饶建和梓嘎勒（Rajan and Zingales，1995）认为，有形资产不仅具有较高的流动性，还具有更为准确的价值信息，以有形资产作为抵押品可以减轻债权人面临的出借风险，拥有较高比重有形资产的公司与债权人间的代理问题也相对较轻，这也是提特曼和威瑟（Titman and Wessels，1988）提及的债权人更愿意向有形资产比重高的公司提供借款的原因。

对于上市公司而言，有效抵押物的不足是导致其不得不寻求传统融资方式之外的资金来源的重要原因之一。较高的资产担保能力是借款人向对外部资本提供者发送的偿还资金的保障信号，有助于缓解公司的融资约束。因此，可以推测，只有上市公司有形资产（如固定资产和存货）担保价值较低、外部融资能力不足时，控股股东才会借助于股权质押来满足其资金需求，即资产担保能力低的上市公司控股股东更倾向于进行股权质押。从而提出如下研究假设：

H3.2：在其他条件相同的情况下，控股股东质押动机（规模）与上市公司资产担保能力负相关。

3.2.3 信用等级

在西方发达资本主义国家，债券市场往往比股票市场更为发达，因而在扩大企业的直接融资渠道和提高资源配置效率等方面发挥着更为重要的作用（施丹和姜国华，2013）。而在当前的中国债券市场还不够发达、债券市场规模较小、结构不尽合理这样的客观现实下，信用评级机构作为评定发债企业信用风险的中介机构，在促进和提高债券市场透明度和效率方面发挥着重要的作用。姜（Jiang，2008）认为，一般而言，信用评级越高的企业，债务融资成本越低。与高信用等级和大规模的公司相比，低信用等级和小规模的公司的融资渠道更为单一，因而对股权质押这一新兴的融资方式的依赖程度可能更高。因此，股权质押对小规模和低信用评级公司的吸引力更大，由此提出如下研究假设：

H3.3：在其他条件相同的情况下，控股股东股权质押动机（规模）与上市公司信用等级负相关。

3.3 研究设计

3.3.1 数据来源与样本筛选

本章选择 2004～2015 年我国沪深 A 股上市公司为研究样本，以 2004 年为研究的时间起点是因为 CSMAR 数据库里股权结构特征的变量从 2004 年开始有数据，且 2004 年以前的上市公司股东质押行为相对较少。本书使用的股权质押数据来源于 WIND 数据库中"报告期末股权质押情况"数据，财务数据来源于 CSMAR 数据库。在剔除金融类上市公司，样本期间曾经被 ST、PT的公司，上市时间不到两年的公司，非控股股东质押及相关数据不全的样本后，最后共获得由 6057 个控股股东股权质押观测和 9467 个非质押观测组成的共 15524 个公司年度样本。

表 3.2 列示了股权质押样本公司的行业分布状况[①]。从中可以看出，交通运输设备制造业（C7）、化学原料及化学制品制造业（C4）、房地产开发与经营业（J）、医药制造（C8）、商业经纪与代理业（H）和计算机应用服务业

---

① 本书采用的行业划分来自于中国证监会 2001 年颁布的《上市公司行业分类指引》，将所有样本公司按该分类分为 21 类。

（G）等资本密集型行业内上市公司控股股东股权质押占比较高，占到全部股权质押样本的近半数，说明控股股东进行了股权质押的公司通常面临着资金匮乏的局面。

表 3. 2 控股股东股权质押样本行业分布

行业代码	行业名称	公司数（家）	占比（%）	行业代码	行业名称	公司数（家）	占比（%）
A	农、林、木、渔	95	1.84	C9	其他制造业	56	1.01
B	采掘业	171	3.07	D	电力、煤气及水的生产和供应	130	2.34
C0	食品、饮料	251	4.51	E	建筑业	105	1.89
C1	纺织、服装、毛皮	265	4.76	F	交通运输、仓储业	57	1.02
C2	家具业	66	1.19	G	信息技术业	366	6.58
C3	造纸、印刷	108	1.94	H	批发和零售贸易业	379	6.81
C4	石油、化学、塑胶、塑料	673	12.09	J	房地产业	488	8.77
C5	电子	295	5.30	K	社会服务业	189	3.40
C6	金属、非金属	432	7.76	L	传播与文化产业	62	1.11
C7	机器、设备、仪表	903	16.23	M	综合类	66	1.19
C8	医药、生物制品	408	7.33	合计	—	6057	100.00

3.3.2 模型设定

我们建立如下 Logit 模型[①]进行回归分析，以检验上述各因素对控股股东质押动机（可获得性）的影响：

$$\text{PLEDGE}_{i,t} = \beta_0 + \beta_1 \text{FC}_{i,t-1} + \beta_2 \text{COLL}_{i,t-1} + \beta_3 Z_{i,t-1} + \text{CVs}_{i,t-1} + \sum \text{Year} + \sum \text{Ind} + \varepsilon_{i,t} \tag{3.1}$$

---

① 在检验控股股东股权质押影响因素时，一个很重要的问题是解释变量与控股股东股权质押决策之间的内生性问题，如存在控股股东股权质押的公司很可能会尽可能地借款，从而导致较高的资产负债率。因此，为减轻内生性问题的影响，我们将所有解释变量都取滞后值。

3.3.3 变量定义

1. 被解释变量：控股股东股权质押（PLEDGE）

PLEDGE 为股权质押哑变量（SP_DUM）、股权质押规模（SPM）、股权质押比例变量（SPR1，SPR2）。如果公司控股股东在当年末存在股权质押，则 SP_DUM 赋值为 1，否则为 0。SPM 为股权质押规模，采用控股股东质押市值的自然对数进行衡量。SPR1 和 SPR2 为股权质押比例变量，SPR1 表示控股股东当年累计质押股数占其所持股份数量的比例，SPR2 表示控股股东当年累计质押股数占上市公司股本的比例。

2. 解释变量

融资约束[①]（FC）：现有文献采用了多种方法[②]来衡量企业的融资约束，包括公司规模、股利支付率、债券评级、投资现金流敏感度和现金—现金流敏感度等。我们借鉴哈德洛克和皮尔斯（Hadlock and Pierce，2010）的做法，采用 SA 指数作为融资约束的代理变量，具体计算公式为：SA 指数 $= -0.737 \times$ SIZE $+0.043 \times$ SIZE$^2 - 0.040 \times$ AGE^2，其中，SIZE 为公司资产规模的自然对数，AGE 为企业成立时间长短。SA 指数的绝对值越大，表示融资约束程度越低。在此基础之上，进一步度量融资约束哑变量 FC，对于 SA 指数大于行业年度均值的公司确认为融资约束公司，FC 为 1，否则为 0。根据 H3.1，预计 FC 的回归系数显著为正。

[①] 融资约束可划分为内源融资约束和外源融资约束，前者源于企业自身内部流动性限制所致，通常用现金流规模与总资产之比表示（阳佳余，2012），该值越大，表示企业面临的内源融资约束越小；外源融资约束是指企业难以通过银行贷款、发行股票和债券等方式获得外部融资。由于中国上市公司的融资约束具有外源性特征（邓可斌和曾海舰，2014），所以现有文献和本章所指的融资约束也为外源融资约束。

[②] 其中，投资现金流敏感度和现金—现金流敏感度是广为采用的两种方法。例如，法扎瑞等（Fazzari et al.，1988）首次采用投资—现金流敏感度来衡量，他们认为，当公司无法从外部获得足够的融资时（面临较高的融资约束），投资将更多地依赖于内部现金流，从而导致投资对现金流提高。随后，卡普兰和梓嘎勒（Kaplan and Ingales，1997）提出了 KZ 指数，怀特和吴（Whited and Wu，2006）提出了 WW 指数，哈德洛克和皮尔斯（2010）提出了 SA 指数，均用于度量融资约束。此外，阿米达等（Almeida et al.，2004）认为，融资约束严重的公司需要预留更多的现金来应对公司未来的投资需求，因此提出了采用现金—现金流敏感度作为融资约束的度量指标。

资产担保能力（COLL）：采用有形资产（固定资产和存货净值）占公司总资产的比例衡量，该比例越高，说明公司的担保能力越强。根据H3.2，我们预计 COLL 的回归系数显著为负，表明固定资产少、担保能力弱的公司，控股股东更可能因为无法获得抵押贷款或信用贷款而选择进行股权质押。

信用等级（Z）：在我国，信用评级的发展受制于尚不具规模的债券市场而显得不够成熟，信用评级分为债券评级和主体评级。因此，我国学者常采用阿特曼（Altman，1968）提出来的 Z 值模型计算一家公司的 Z 值来预测信用风险，Z 值的计算实际上是对多个财务指标进行加权汇总而得。鉴于此，我们也采用此方法计算 Z[①] 值，用以表示样本公司的信用等级或信用风险。Z 值越大，公司信用等级越高，信用风险越低。根据 H3.3，我们预计 Z 的回归系数显著为负。

3. 控制变量（CVs）

模型中 CVs 表示控制变量，具体包括：

资金侵占（OCCUPY）：郝项超和梁琪（2009）发现，股权质押会强化控股股东的"侵占动机"。因此，在研究控股股东股权质押影响因素时，有必要控制"侵占"动机可能产生的影响。在侵占动机的衡量上，我们参考姜国华和岳衡（2005）的研究，采用其他应收账款与其他应付款的差额占总资产之比（OCCUPY）反映控股股东对上市公司的资金侵占[②]，并预计 OCCUPY 的回归系数显著为正。

此外，我们还控制了如下变量：国有控股（SOE）、第一大股东持股比例（TOP1）、公司规模（SIZE）、财务杠杆（LEV）、资产收益率（ROA）、是否亏

---

① 阿特曼（Altman，1968）计算信用风险指数的公式为：$Z = 1.2x1 + 1.4x2 + 3.3x3 + 0.6x4 + 1.0x5$，其中，x1 为营运资本与总资产的比例，x2 为未分配利润与资产总额的比例，x3 为扣除利息和所得税之间的利润与总资产的比例，x4 为股票市值与负债总额的比例，x5 为销售额与资产总额的比例。Z 值越小，公司发生财务危机可能性就越大，信用等级越低；Z 值越大，公司发生财务危机的可能性就越小，信用等级越高。当 Z < 1.8 时，企业属于破产之列；当 1.8 < Z < 2.675 时，企业属于"灰色区域"，很难得出企业是否肯定破产的结论；当 Z > 2.675 时，公司财务状况良好，破产可能性极小。

② 随着上市公司股权分置改革的完成和资本市场监管力度从严，控股股东对上市公司的资源侵占已不再是直接的"资金侵占"，而可能转向采用关联交易等方式，控制该变量主要是排除对现有研究结果的影响。

损（LOSS）、营业收入增长率（GROWTH）、上市年龄（AGE）、审计意见（O-PINION）、市场态势（BULL）[1]、货币政策（MP）[2]，以及年度和行业固定效应。为避免变量异常值对多元回归结果的影响，我们对于存在异常值的连续变量进行了1%和99%分位处的缩尾处理。

所有变量定义如表3.3所示。

表3.3 主要变量定义

类型	变量名称	变量符号	变量定义
被解释变量	股权质押相关变量	SP_DUM	当年度存在控股股东股权质押赋值为1,否则为0
		SPM	控股股东累计质押金额的自然对数
		SPR1	控股股东累计质押股数占其持有上市公司总股数之比
		SPR2	控股股东累计质押股数占上市公司股数之比
解释变量	融资约束	FC	融资约束
	担保能力	COLL	资产担保能力
	信用评级	Z	信用状况

续表

类型	变量名称	变量符号	变量定义
控制变量	侵占动机	OCCUPY	（其他应收款－其他应付款）/资产总额
	国有控股	SOE	最终控制人是国有控股时赋值为1，否则为0
	股权集中度	TOP1	第一大股东持股比例
	公司规模	SIZE	年度总资产的自然对数
	负债率	LEV	年度总负债/季度总资产
	盈利能力	ROA	年度净利润/季度总资产
	亏损	LOSS	年度亏损时赋值为1，否则为0
	上市年龄	AGE	Ln（1＋样本年份－上市年份）
	成长性	GROWTH	年度主营业务收入增长率
	牛市①	BULL	牛市（2006年、2007年、2009年和2012年）为1，否则为0
	货币政策②	MP	紧缩时期（2004年、2006年、2007年、2010年、2011年和2012年）赋值为1，否则为0
	非标意见	OPINION	保留、否定、无法表示意见时赋值为1，否则为0
	年度虚拟变量	Year	以2004年为基础组，其余年度赋值为1，否则为0
	行业虚拟变量	Ind	以A类行业为参照组，共设置21个行业虚拟变量

3.4　实证结果与分析

3.4.1　描述性统计

表3.4列示了主要变量的描述性统计，其中报告了主要变量的均值、最

---

① 我们借鉴陶宏亮和申宇（2011）、皱萍（2013）采用的波峰波谷判定法，将指数从"波谷"上升到"波峰"的样本区间内的时间段定义为"牛市"时期，反之，帕干和索搜诺夫（Pagan and Sossounov，2003）则认为市场处于"熊市"时期。根据 CSMAR 数据显示，2005～2007年以及2009年为上证指数的上升阶段，对应"牛市"时期，因而设置虚拟变量 BULL，在2006年、2007年、2010年和2012年赋值为1，2003～2004年以及2008年和2010～2014年为"熊市"时期，BULL 为0。

② 我们参照程六兵和刘峰（2013），根据利率和货币供应量指标的变化将2004年、2006年、2007年、2010年、2011年、2012年判定为货币政策紧缩年度，MP 为1，否则为0，表示货币政策宽松年度。

小值、最大值、中位数和标准差。从表 3.4 可知，SP_DUM 的均值为 0.347，说明有 34.7% 的样本公司年末存在控股股东股权质押的情况；SPM 的均值为 6.24，说明样本期间平均每家样本公司控股股东的质押的市值规模为 512.86 万元（$e^{6.24}$）；SPR1 和 SPR2 的均值分别为 32.027% 和 9.971%，即 2004 ~ 2015 年间，样本公司控股股东股权质押股数占其持有的上市公司股数和公司股本的比例分别在 32% 和 10% 左右；而 SPR1 的最小值和最大值分别为 0.732% 和 100%，SPR2 的最小值和最大值分别为 9.971% 和 71.92%，两个股权质押比例的标准差分别为 25.452 和 7.991，说明样本公司控股股东股权质押呈现出高比例质押的特征，且各公司股东股权质押呈现出较大的差异。

从主要解释变量来看，FC 的均值为 0.557，说明有一半以上的样本公司存在较为严重的融资约束。COLL 的均值为 0.27，说明平均而言，样本公司的总资产中有 27% 的部分为固定资产和存货，资产的担保价值较低。Z 的均值为 1.09，低于 1.81 的破产临界值，说明样本公司的平均信用等级较低，存在较大的信用风险。从控制变量来看，OCCUPY 的均值（中位数）为 −0.018（−0.008），最小值（最大值）为 −0.477（0.368），说明控股股东对上市公司不仅存在"侵占"行为，也可能存在"支持"行为。LOSS 的均值为 0.102，表明有 10.2% 的样本公司处于年度亏损状态。此外，OPINION 的均值为 0.034，表明有 3.4% 的样本公司的年度财务报告被发布了"非标准审计意见"。BULL 和 MP 的均值分别为 0.296 和 0.436，说明全部样本中分别有 29.6% 和 43.6% 的公司经历了牛市和货币政策紧缩年度。其他控制变量描述性统计不再赘述。

表 3.4 　　　　　　　　　　　　主要变量描述性统计

变量名称	变量	观测值	均值	最小值	中位数	最大值	标准差
存在质押	SP_DUM	15524	0.347	0.000	0.000	1.000	0.476
质押金额	SPM	15524	6.240	0.000	0.000	22.430	8.589
质押比例1（%）	SPR1	6057	32.027	0.732	23.726	100.000	25.452
质押比例2（%）	SPR2	6057	9.971	0.011	7.551	71.920	7.991
融资约束	FC	15524	0.557	0.000	1.000	1.000	0.497
担保能力	COLL	15524	0.270	0.002	0.239	0.971	0.181
信用评级	Z	15524	1.090	−6.660	1.070	4.490	0.839
侵占动机	OCCUPY	15524	−0.018	−0.477	−0.008	0.368	0.070

变量名称	变量	观测值	均值	最小值	中位数	最大值	标准差
股权集中度	TOP1	15524	0.363	0.091	0.343	0.753	0.154
国有控股	SOE	15524	0.466	0.000	0.000	1.000	0.499
公司规模	SIZE	15524	21.890	18.920	21.740	25.330	1.189
负债率	LEV	15524	0.473	0.049	0.483	1.000	0.204
盈利能力	ROA	15524	0.033	−0.320	0.031	0.205	0.060
亏损	LOSS	15524	0.102	0.000	0.000	1.000	0.302
上市年龄	AGE	15524	2.626	1.099	2.639	7.609	0.391
成长性	GROWTH	15524	0.185	−0.762	0.116	4.073	0.485
非标意见	OPINION	15524	0.034	0.000	0.000	1.000	0.180
牛市	BULL	15524	0.296	0.000	0.000	1.000	0.456
货币政策	MP	15524	0.436	0.000	0.000	1.000	0.496

注：对变量 SPR1 和 SPR2 只汇报了股权质押样本的描述性统计。

3.4.2 单变量分析

表 3.5 汇报了质押组与非质押组公司在各主要变量的均值及中位数差异检验。从表 3.5 可知，质押组公司的融资约束 FC 无论从均值还是中位数看都明显高于非质押组公司，即股权质押可能与严重的融资约束相关。而质押组公司 COLL、Z 的均值和中位数均分别在 1% 的水平上，低于非质押组公司，说明质押组公司资产的担保价值、信用等级都显著低于非质押组公司。单变量分析初步证实了 H3.1 ~ H3.3。从控制变量看，OCCUPY 在两组的均值和中位数都为负，但质押组公司都显著高于非质押组公司，说明上市公司控股股东存在一定的"支持"动机，但质押组公司控股股东的"支持"动机弱于非质押组公司。此外，质押组公司的 TOP1、SOE、SIZE、LEV、ROA、LOSS 都显著低于非质押组公司（LOSS 的中位数除外），而质押组公司的 GROWTH 的均值显著高于非质押组公司。OPINION 和 AGE 均值和中位数在质押组与非质押公司之间不存在显著差异。

3.4.3 相关性分析

表 3.6 汇报了各变量间的相关系数。从表 3.6 可知，三个股权质押变量之间呈显著的正相关关系，说明我们对股权质押的度量具有一致性。SPM

表3.5

单变量分析

变量名称	变量	质押组（SP_DUM=1）			非质押组（SP_DUM=0）			质押组 - 非质押组	
		均值	中位数	标准差	均值	中位数	标准差	均值	中位数
融资约束	FC	0.569	1.000	0.495	0.543	1.000	0.498	3.190***	3.190***
担保能力	COLL	0.235	0.212	0.165	0.284	0.250	0.188	-16.720***	-15.200***
信用评级	Z	1.010	1.030	0.854	1.140	1.110	0.836	-9.701***	-7.950***
侵占动机	OCCUPY	-0.016	-0.005	0.073	-0.019	-0.009	0.069	2.556***	8.029***
股权集中度	TOP1	0.343	0.321	0.144	0.371	0.353	0.158	-11.200***	-10.300***
国有控股	SOE	0.163	0.000	0.370	0.561	1.000	0.496	-47.020***	-44.220***
公司规模	SIZE	21.700	21.600	1.060	21.900	21.70	1.230	-9.330***	-7.230***
负债率	LEV	0.481	0.487	0.207	0.493	0.503	0.196	-3.840***	-4.070***
盈利能力	ROA	0.026	0.027	0.062	0.035	0.032	0.059	-8.250***	-8.790***
亏损	LOSS	0.064	0.000	0.246	0.097	0.000	0.295	-8.844***	0.827
上市年龄	AGE	2.630	2.640	0.381	2.620	2.640	0.394	1.040	1.430
成长性	GROWTH	0.194	0.117	0.489	0.187	0.124	0.434	0.998***	-1.920**
非标意见	OPINION	0.036	0.000	0.188	0.033	0.000	0.178	1.190	1.180
牛市	BULL	0.133	0.000	0.339	0.256	0.000	0.436	-18.700***	-18.500***
货币政策	MP	0.351	0.000	0.477	0.551	1.000	0.497	-24.900***	-24.400***
样本量		6057			9467			—	—

注：SP_DUM=0 和 SP_DUM=1 分别表示年末不存在控股股东质押和年末存在质押的公司年度观测；***、**、* 分别表示在1%、5%和10%的水平上显著。

49

表 3.6

主要变量相关系数

变量符号	SPM	SPR1	SPR2	FC	COLL	Z	OCCUPY	BULL	MP
变量名称	质押金额	质押比例1	质押比例2	融资约束	担保能力	信用评级	侵占动机	牛市	货币政策
SPM	1.000	—	—	—	—	—	—	—	—
SPR1	0.840***	1.000	—	—	—	—	—	—	—
SPR2	0.772***	1.000	1.000	—	—	—	—	—	—
FC	0.036***	−0.040***	0.013	1.000	—	—	—	—	—
COLL	−0.117***	−0.127***	−0.120***	0.010	1.000	—	—	—	—
Z	−0.043***	−0.127***	−0.078***	0.132***	−0.246***	1.000	—	—	—
OCCUPY	0.020***	0.152***	0.123***	−0.077***	0.005	−0.032***	1.000	—	—
BULL	0.148***	0.116***	0.097***	0.012	0.092***	−0.055***	−0.024***	1.000	—
MP	−0.196***	−0.148***	−0.129***	−0.011	0.045***	0.030***	0.017**	0.004	1.000

注: ***、**、* 分别表示在 1%、5% 和 10% 的水平上显著。

与 FC、OCCUPY、BULL 分别正相关，与 COLL、Z、MP 显著负相关，说明控股股东股权质押融资规模与融资约束、侵占动机、牛市时期显著正相关，与资产担保能力、信用等级和紧缩的货币政策负相关。各变量及未列示的控制变量之间的相关系数均低于 0.4，说明回归模型中不会存在严重的多重共线性问题。三个股权质押变量与主要变量间的相关系数符号初步验证了上述假设，但还需要进一步通过多元回归方法进行验证。

3.4.4　多元回归结果分析

由于影响控股股东股权质押的因素众多，且不同因素之间还可能相互影响、制约，我们采用股权质押变量对每个解释变量逐一回归的方法进行假设检验，并与所有变量汇总后的回归结果进行比较。表 3.7 列示了全样本下的控股股东股权质押影响因素的多元回归结果。Panel A 和 Panel B 的被解释变量分别为 SP_DUM 和 SPM，且分别采用 Logit 和 OLS 方法进行回归。

表 3.7　　　控股股东股权质押影响因素的多元回归结果

Panel A：股权质押可获得性影响因素分析

变量名称	变量符号	存在质押			
		SP_DUM			
		(1)	(2)	(3)	(4)
融资约束	FC	0.091 **	—	—	0.104 **
		(1.964)	—	—	(2.235)
担保能力	COLL	—	− 0.247 **	—	− 0.377 ***
		—	(− 2.138)	—	(− 3.196)
信用评级	Z	—	—	− 0.129 ***	− 0.149 ***
		—	—	(− 4.684)	(− 5.304)
侵占动机	OCCUPY	2.132 ***	2.109 ***	2.335 ***	2.330 ***
		(9.525)	(9.414)	(10.175)	(10.156)
股权集中度	TOP1	0.975 ***	0.981 ***	1.065 ***	1.068 ***
		(6.967)	(7.014)	(7.576)	(7.583)
国有控股	SOE	− 1.309 ***	− 1.305 ***	− 1.305 ***	− 1.298 ***
		(− 34.683)	(− 34.517)	(− 34.530)	(− 34.288)

变量名称	变量符号	存在质押			
		SP_DUM			
		(1)	(2)	(3)	(4)
公司规模	SIZE	-0.211***	-0.203***	-0.186***	-0.189***
		(-12.104)	(-11.858)	(-10.610)	(-10.518)
资产负债率	LEV	1.535***	1.543***	1.375***	1.369***
		(15.837)	(15.905)	(13.371)	(13.302)
盈利能力	ROA	-4.074***	-4.135***	-3.208***	-3.166***
		(-9.922)	(-10.047)	(-7.120)	(-7.020)
亏损	LOSS	-0.149**	-0.145*	-0.142*	-0.131*
		(-2.002)	(-1.954)	(-1.901)	(-1.755)
上市年龄	AGE	0.136**	0.061	0.039	0.136**
		(2.254)	(1.363)	(0.868)	(2.240)
成长性	GROWTH	0.190***	0.189***	0.197***	0.196***
		(6.100)	(6.062)	(6.288)	(6.246)
非标意见	OPINION	-0.105	-0.115	-0.195**	-0.217**
		(-1.122)	(-1.233)	(-2.028)	(-2.247)
牛市	BULL	0.232**	0.239***	0.294***	0.235**
		(2.498)	(2.594)	(3.197)	(2.512)
货币政策	MP	-1.074***	-1.095***	-1.143***	-1.074***
		(-11.399)	(-11.848)	(-12.386)	(-11.325)
常数项	Constant	4.379***	4.507***	4.298***	4.144***
		(11.105)	(11.563)	(10.957)	(10.424)
年度	Year	控制	控制	控制	控制
行业	Ind	控制	控制	控制	控制
伪 R^2	Pseudo R^2	0.184	0.184	0.185	0.188
卡方值	Chi^2	3419	3422	3443	3500
样本数	N	15524	15524	15524	15524

注：括号内为 z 统计量；***、** 和 * 分别表示在 1%、5% 和 10% 的水平上显著。

Panel B：股权质押规模影响因素分析

变量名称	变量符号	SPM			
		质押规模			
		(1)	(2)	(3)	(4)
融资约束	FC	0.472 **	—	—	0.568 ***
		(2.558)	—	—	(3.094)
担保能力	COLL	—	-0.962 **	—	-2.116 ***
		—	(-2.169)	—	(-4.691)
信用评级	Z	—	—	-1.414 ***	-1.548 ***
		—	—	(-11.522)	(-12.352)
侵占动机	OCCUPY	4.648 ***	4.540 ***	6.003 ***	5.897 ***
		(4.868)	(4.748)	(6.263)	(6.156)
股权集中度	TOP1	0.183	0.286	0.690	0.622
		(0.414)	(0.649)	(1.566)	(1.406)
国有控股	SOE	-4.631 ***	-4.615 ***	-4.560 ***	-4.524 ***
		(-32.541)	(-32.393)	(-32.132)	(-31.855)
公司规模	SIZE	-0.720 ***	-0.673 ***	-0.608 ***	-0.627 ***
		(-10.062)	(-9.600)	(-8.683)	(-8.747)
资产负债率	LEV	7.404 ***	7.406 ***	6.494 ***	6.413 ***
		(17.331)	(17.335)	(15.003)	(14.819)
盈利能力	ROA	-11.286 ***	-11.583 ***	-0.135	0.309
		(-6.507)	(-6.658)	(-0.068)	(0.156)
亏损	LOSS	-0.404	-0.396	-0.294	-0.235
		(-1.378)	(-1.350)	(-1.008)	(-0.804)
上市年龄	AGE	0.881 ***	0.427 **	0.278	0.842 ***
		(3.347)	(2.234)	(1.456)	(3.213)
成长性	GROWTH	0.533 ***	0.529 ***	0.594 ***	0.585 ***
		(3.898)	(3.871)	(4.363)	(4.297)
非标意见	OPINION	0.063	0.004	-0.273	-0.378
		(0.152)	(0.011)	(-0.661)	(-0.915)
牛市	BULL	2.358 ***	2.473 ***	2.702 ***	2.638 ***
		(6.353)	(6.698)	(7.334)	(7.126)

续表

变量名称	变量符号	SPM			
		质押规模			
		(1)	(2)	(3)	(4)
货币政策	MP	-3.080***	-3.177***	-3.479***	-3.302***
		(-8.153)	(-8.473)	(-9.299)	(-8.765)
常数项	Constant	18.374***	19.042***	18.915***	18.358***
		(11.851)	(12.418)	(12.385)	(11.892)
年度	Year	控制	控制	控制	控制
行业	Ind	控制	控制	控制	控制
调整后 R^2	Adj. R^2	0.207	0.207	0.211	0.216
F 值	F	93.05	92.95	95.11	90.62
样本数	N	15524	15524	15524	15524

注：括号内为 t 统计量；*** 、** 和 * 分别表示在 1%、5% 和 10% 的水平上显著。

首先，从 Panel A 的回归结果来看，列（1）中，FC 的回归系数为正（0.091），且通过了 5% 水平上的显著性检验，说明整体而言，控股股东股权质押与上市公司面临的融资约束有关。列（2）中，COLL 的回归系数为 -0.247，在 5% 的水平上显著，说明资产担保价值低的上市公司控股股东的质押动机更强。列（3）中，Z 的回归系数在 1% 的水平上显著为负（-0.129），说明信用评级低的上市公司控股股东具有强烈的质押动机。上述发现在列（4）的回归结果中仍然成立。因此，面临较高融资约束、资产担保能力低和信用等级低的上市公司，其控股股东进行股权质押的动机相对较高。总的来说，Panel A 的回归结果支持了 H3.1 ~ H3.3。

其次，在各列回归结果中，OCCUPY 的回归系数都为正，且都在 1% 的水平上显著，表明股权质押背后可能隐藏着控股股东较为强烈的"侵占动机"。TOP1 的回归系数在 1% 的水平上显著为正，即控股股东持股比例对股权质押有显著的正向影响，说明持股比例较高的股东质押后面临的控制权转移风险相对较低，因而控股股东有较大的动机在维持控制权的前提下通过质押获得融资。SOE 的回归系数显著为负，且通过了 1% 的显著性检验，说明国有性质的控股股东质押动机弱于非国有性质的控股股东，这与现有文献中的研究发现一致。SIZE 的回归系数显著为负，表明存在控股股东质押的公司通常具有较小的资产规模。ROA 的回归系数显著为负，表明盈利能力较差的公司其控股股东质押的可获得性较低。这也表明，盈利能力高的公司内源融资能力强，对股权质押这类外部融资渠道的依赖性较低。LOSS 的回归系数显著为负，表明质权人在审查上市公司资质时会考察企业的盈余状况，发生亏损的公司其后续的偿债能力较低，导致其控股股东质押的可获得性较低。LEV 和 GROWTH 的回归系数显著为正，表明当上市公司财务杠杆较高、成长性较高但又面临资金匮乏时，控股股东进行股权质押的可能性也相应较高。此外，OPINION 的回归系数为负且在不同水平上显著，说明被发布"非标准审计意见"不利于控股股东获得股权质押融资机会。BULL 的回归系数显著为正，且在 1% 的水平上显著，说明当市场态势呈现牛市的公司股价高涨时期，控股股东的质押动机和质押规模随之提高。MP 的回归系数为负，且在 1% 的水平上显著，说明从紧的货币政策下资金成本的上升会遏制控股股东的股权质押需求。

在 Panel B 以股权质押规模（SPM）为被解释变量的 OLS 回归结果中，FC、COLL 及 Z 的系数符号和显著性未发生显著改变，说明融资约束、资产担保能力和信用等级也会影响控股股东股权质押规模。在控制变量方面，除变量 TOP1、LOSS 和 OPINION 的回归系数不显著外，其他各主要解释变量的符号和显著性呈现出与 Panel A 中类似的特征。由此表明，控股股东持股比例、上市公司是否亏损以及审计意见主要影响控股股东质押融资的可获得性，对质押规模的影响较小。总的来说，Panel B 中各回归方程经调整的 R^2 都在 10% 以上，具有较好的拟合效果和解释能力。各变量的方差膨胀因子（VIF）都小于 3，变量间不存在严重的多重共线性。

3.5 稳健性检验

为确保研究结论的可靠性，我们从如下几方面进行稳健性检验：

3.5.1 改变股权质押变量和回归分析方法

我们也采用股权质押比例变量重新对全样本进行回归，由于四个股权质押变量①都呈现出显著的截尾特征，采用 OLS 方法回归会造成估计量的偏差。鉴于此，我们也采用 Tobit 方法重新对模型 3.1 进行回归，回归结果如表 3.8 所示。从表 3.8 可知，FC 的回归系数在 SPR1 和 SPR2 的回归结果中不显著，这可能与度量误差有关，但 COLL 和 Z 的回归系数仍显著为负，其余变量的回归系数符号和显著性与表 3.7 中的回归结果基本一致。因此，总的来说，前文的研究结论具有稳健性。

表 3.8 控股股东股权质押影响因素的稳健性检验

变量名称	变量符号	SP_DUM	SPM	SPR1		SPR2	
		存在质押	质押金额	质押比例 1（%）		质押比例 2（%）	
		（1）	（2）	（3）	（4）	（5）	（6）
	回归方法	Tobit	Tobit	OLS	Tobit	OLS	Tobit
融资约束	FC	0.010	1.353 ***	−0.007	0.003	−0.001	−0.001
		(0.880)	(2.980)	(−0.697)	(0.415)	(−0.352)	(−0.191)
担保能力	COLL	−0.097 ***	−4.290 ***	−0.161 ***	−0.100 ***	−0.055 ***	−0.052 ***
		(−3.359)	(−3.696)	(−6.614)	(−5.245)	(−6.503)	(−6.571)
信用评级	Z	−0.049 ***	−2.944 ***	−0.053 ***	−0.046 ***	−0.016 ***	−0.015 ***
		(−6.233)	(−9.540)	(−7.956)	(−8.777)	(−6.781)	(−7.029)
侵占动机	OCCUPY	0.277 ***	15.440 ***	0.220 ***	0.190 ***	0.075 ***	0.070 ***
		(4.595)	(6.720)	(4.364)	(4.785)	(4.287)	(4.254)
股权集中度	TOP1	0.222 ***	−0.034	−0.017	−0.003	0.187 ***	0.178 ***
		(7.967)	(−0.031)	(−0.724)	(−0.167)	(23.251)	(23.210)
国有控股	SOE	−0.332 ***	−10.761 ***	−0.283 ***	−0.238 ***	−0.101 ***	−0.098 ***
		(−37.196)	(−29.724)	(−37.630)	(−40.424)	(−38.984)	(−39.848)
公司规模	SIZE	−0.041 ***	−1.827 ***	−0.022 ***	−0.024 ***	−0.009 ***	−0.010 ***
		(−9.205)	(−10.064)	(−5.797)	(−8.050)	(−7.099)	(−7.944)
资产负债率	LEV	0.308 ***	16.225 ***	0.284 ***	0.240 ***	0.115 ***	0.112 ***
		(11.333)	(14.965)	(12.420)	(13.375)	(14.538)	(14.960)

---

① 股权质押比例的取值范围在 0 ~ 1 之间，质押虚拟变量为 0 或 1，股权质押规模变量（SPM）为正。

续表

变量名称	变量符号	SP_DUM	SPM	SPR1		SPR2	
		存在质押	质押金额	质押比例1		质押比例2	
		（1）	（2）	（3）	（4）	（5）	（6）
	回归方法	Tobit	Tobit	OLS	Tobit	OLS	Tobit
盈利能力	ROA	0.064	−2.458	−0.040	0.012	−0.008	0.000
		(0.516)	(−0.504)	(−0.386)	(0.151)	(−0.216)	(0.006)
亏损	LOSS	−0.058***	−0.906	−0.028*	−0.017	−0.013**	−0.011**
		(−3.169)	(−1.286)	(−1.796)	(−1.408)	(−2.359)	(−2.195)
上市年龄	AGE	−0.055***	2.055***	0.077***	0.054***	0.028***	0.027***
		(−3.339)	(3.160)	(5.562)	(4.933)	(5.855)	(5.857)
成长性	GROWTH	0.050***	1.306***	0.035***	0.028***	0.009***	0.009***
		(5.772)	(4.027)	(4.868)	(4.856)	(3.710)	(3.725)
非标意见	OPINION	−0.032	−1.408	−0.044**	−0.021	−0.013*	−0.012
		(−1.236)	(−1.417)	(−2.024)	(−1.236)	(−1.740)	(−1.640)
牛市	BULL	0.138***	16.793***	0.057***	0.128***	0.029***	0.057***
		(6.291)	(16.524)	(2.929)	(8.753)	(4.286)	(9.349)
货币政策	MP	−0.389***	−22.847***	−0.069***	−0.208***	−0.035***	−0.084***
		(−17.050)	(−22.145)	(−3.478)	(−13.840)	(−5.122)	(−13.376)
常数项	Constant	1.603***	42.411***	0.654***	0.834***	0.166***	0.233***
		(15.978)	(10.517)	(8.011)	(12.565)	(5.904)	(8.417)
年度	Year	控制	控制	控制	控制	控制	控制
行业	Ind	控制	控制	控制	控制	控制	控制
伪 R^2/修正后 R^2	Pseudo/Adj. R^2	0.094	0.044	0.158	0.190	0.149	0.126
卡方值/F 值	Chi^2/F	3084	2903	84.06	2685	78.49	2535
样本数	N	15524	15524	15524	15524	15524	15524

注：括号内为 t 统计量；***、**、*分别表示在1%、5%和10%的水平上显著。Tobit 回归下，相应统计量为分别为 Pseudo R^2 和 Chi^2 值；OLS 回归下，相应统计量为分别为 Adj. R^2 和 F 值。

3.5.2 改变回归分析样本和控制变量

由于我们采用的 WIND 数据库中"报告期末的股权质押"数据实际上包含了控股股东将质押资金用于上市公司和控股股东自身的情形，这将使得我们从上市公司特征的角度研究控股股东股权质押影响因素有失偏颇。鉴于此，我们也采用 WIND 数据库中提供的控股股东逐笔质押的数据，剔除其中明确说明了质押资金未用于上市公司的样本后重新对前文的假设进行检验，研究结论维持不变。

此外，由于我们采用公司规模（SIZE）和上市年龄（AGE）定义 SA 指数，进而定义融资约束变量 FC，尽管 FC 与 SIZE、AGE 的回归系数低于 0.4，但在前文的回归分析中同时考虑了 FC、SIZE、AGE 三个变量。我们将 SIZE 和 AGE 从控制变量中剔除后重新回归，回归结果仍然成立。

3.6 本章小结

本章以我国 2004 ~ 2015 年非金融类上市公司为样本，使用 Logit、OLS 和 Tobit 模型对我国上市公司控股股东股权质押影响因素进行了实证研究。研究结果表明：存在控股股东股权质押的上市公司普遍存在较为严重的融资约束、资产担保能力不足、信用等级较低的特征。同时，上市公司发生亏损和被出具"非标准审计意见"将不利于控股股东获得质押资格。此外，上市公司控股股东质押动机和质押规模在牛市时期大于熊市时期，货币政策宽松时期大于货币政策紧缩时期。

4

控股股东股权质押与管理层盈余预测

第 3 章分析了影响中国上市公司控股股东股权质押的因素。从本章起，我们开始分析控股股东股权质押的经济后果，具体研究控股股东股权质押对上市公司管理层盈余预测、盈余管理、会计稳健性以及股价暴跌风险的影响。本章首先研究控股股东股权质押与管理层盈余预测策略之间的关系，具体研究控股股东股权质押是否会显著影响管理层盈余预测消息性质和偏差等方面的特征。

4.1 引言

早在 2001 年，希利和帕利浦（Healy and Palepu，2001）就指出，资本市场上广泛存在的信息不对称及其所引发的代理问题阻碍了资源的有效配置，高质量信息披露对于提高资本市场有效性的作用不言而喻。奥津卡娅和吉夫特（Ajinkya and Gift，1984）、布什曼等（Bushman et al.，2004）等一些国外学者研究表明，自愿信息披露有助于降低上市公司与投资者间的信息不对称和逆向选择成本，引导投资者预期和决策。戴蒙德和威瑞恰（Diamond and Verrecchia，1991）、科闵和威瑞恰（Kim and Verrecchia，1994）的研究则表明，自愿信息披露有助于提高公司股票流动性。此外，斯科尔（Skinner，1994）发现，上市公司进行自愿信息披露有助于降低诉讼风险，而波特山（Botosan，1997）、波特山和普密勒（Botosan and Plumlee，2002）发现，自愿信息披露能够有效降低公司的权益资本成本。

盈余预测是管理层对公司未来经营成果、财务状况和现金流量进行估计的基础上，在定期财务会计报告前预先以"业绩预告"形式向市场发布的预测性财务信息，构成了上市公司信息披露[①]的重要组成部分，因而受到了投资者的广泛关注，并在一定程度上影响投资者预期。与西方国家上市公司管理层盈余预测属于自愿信息披露范畴不同，我国上市公司盈余预测[②]具有"强制"与"自愿"相结合的"半强制"[③] 特征，但由于其"强制性"仅体现为监管机构要求管理层在预计公司"出现亏损""实现扭亏为盈""业绩大幅变动"（增加或减少50%以上）的情况下才发布盈余预测，而没有对管理层是否发布预测、发布预测的时间、形式和内容等方面做出明确的规定。同时，与定期财务报告信息披露相比，管理层盈余预测不需要像（年度）财务报告那样经注册会计师审计，因而能够更为充分地反映管理层的真实意图。上述两方面的原因使得我国上市公司管理层在其盈余预测行为中仍存在较大的操纵空间。实际上，诺（Noe，1999）、阿波迪和卡斯尼可（Aboody and Kasznik，2000）、程和罗（Cheng and Lo，2006）、克拉夫特等（Kraft et al.，2014）以及蔡宁（2012）的研究表明，管理层盈余预测被广泛地用于内部人交易，威韦若（Waywire，1984）、杰尼斯（Jennings，1987）、巴格尼斯科和哈瑟勒（Baginski and Hassel，1990）、白晓宇（2009）、王玉涛和王彦超（2012）以及李馨子和肖土盛（2015）发现了管理层盈余预测对分析师预测的影响。此外，斯科尔（1994）、罗格斯和布斯克（Rogers and Buskink，2009）发现了公司诉讼风险规避，李常青和滕明慧（2013）发现了管理层盈余预测对企业并购决策的影响。

希利和帕利浦（2001）、巴格因思可等（2002）、罗格斯和斯托肯（Rogers and Stocken，2005）、张翼和林小驰（2005）、张然和张鹏（2011）等国内外学者主要从预测动机、影响因素和经济后果三方面对管理层盈余预测进行

---

① 上市公司信息披露的范围和内容十分广泛，我国《证券法》要求上市公司需披露的文件包括招股说明书、债券募集书、上市报告文件、年度及中期财务会计报告以及可能对证券价格产生严重影响的临时报告等，此外，管理层还可以以新闻报道等方式进行信息披露。

② "中国上市公司管理层盈余预测制度变迁"见附录表4.13。

③ 强制性体现为盈余预测受到相关监督部门的规范和约束，自愿性则体现为上市公司管理层可以在强制预测范围外自愿选择是否发布盈余预测以及盈余预测形式。具体而言，盈余预测形式包括定量或定性预测两类，定量预测又可以进一步划分为点预测、闭区间预测和开区间预测。

研究。

首先，在管理层盈余预测动机方面，现有理论主要包括"信息透明"动机与"预期调整"动机。一方面，"信息透明"动机认为，传统财务报表的局限性在于其只能反映过去的历史信息，而较少反映公司未来发展的信息，不利于报表使用者面向未来做出决策，管理层盈余预测能有效地缓解信息不对称，降低股东与管理层、债权人与股东之间的代理成本，增强利益相关者对公司的信心。另一方面，"预期调整"动机认为，管理层为了避免"市场对公司的认知与管理层的预期不一致"而产生"偏差"等一系列问题，如市场预期低估导致股价下跌、企业价值受损，管理层就有动机自愿发布盈余预测来调整市场预期与管理层预期的差距。

其次，在盈余预测的内部公司治理影响因素方面，高敬忠和周晓苏（2009）研究了控股股东动机对管理层盈余预测的影响，惠等（Hui et al.，2009）、孙和徐（Sun and Xu，2012）以及谢雅璐（2012）研究了财务报告稳健性对管理层盈余预测质量的影响，而柏科等（Baik et al.，2011）、胡通等（Hutton et al.，2003）、何斯特等（Hirst et al.，2008）、程等（Cheng et al.，2003）、刘淑花和郭红（2014）、阿金科亚等（Ajinkya et al.，2005）、卡拉马诺和瓦费斯（Karamanou and Vafeas，2005）以及张翼和林小驰（2005）研究了管理者特征①等内部公司治理因素对管理层盈余预测质量的影响。此外，在盈余预测的外部公司治理因素方面，克拉克森（Clarkson，2000）研究了审计质量对管理层盈余预测质量的影响，巴格尼斯科等（Baginski et al.，2002）研究了诉讼风险对管理层盈余预测质量的影响，何瑞斯特等（Hirst et al.，2008）和克罗斯等（Kross et al.，2011）从信息及监管环境角度进行了研究，而白雪莲等（2012）以及黄晓蓓和郑建明（2015）分别研究了分析师预测与媒体关注对管理层盈余预测质量的影响。上述研究普遍认为管理层具有信息优势，并且管理层会运用该信息优势制定相应的信息披露策略来迎合投资者的信息需求。

最后，在盈余预测经济后果方面，吉列斯（Jennings，1987）、威廉姆斯（Williams，1996）、罗格斯和斯托克肯（Rogers and Stocken，2005）的研究表

---

① 包括管理者背景、动机和能力等方面的特征。

明，管理层盈余预测会影响投资者和分析师的行为。佩特尔（Patell，1976）指出，管理层盈余预测可以缓解投资者与公司内部人之间的信息不对称，从而影响投资者预期和决策。珀旺等（Pownall et al.，1993）、纳噶等（Nagar et al.，2003）认为，管理层发布盈余预测有助于改善公司股票流动性，进而影响公司股价。巴拉克希南等（Balakrishnan et al.，2014）研究发现，管理层盈余预测有助于降低公司权益资本成本来提高企业价值。在分析师预测行为方面，希利和帕利浦（2001）发现，管理层盈余预测还会影响分析师跟踪，威迈尔（Waymire，1984）、哈瑟勒等（Hassell et al.，1988）发现，管理层盈余预测会影响分析师预测准确度，王玉涛和王彦超（2012）提供了中国上市公司情景下的管理层盈余预测影响分析师预测分歧度的经验证据，此外，吉列斯（Jennings，1987）、巴格尼斯科和哈瑟勒（1990）、威廉姆斯（Williams，1996）、白晓宇（2009）、李馨子和肖土盛（2015）发现，管理层盈余预测还会影响分析师预测的修正行为。

近年来，随着金融体系的完善和多层次资本市场建设的不断深化，越来越多的上市公司控股股东以其持有的公司股权为质押向银行等金融机构贷款，成为我国资本市场较为普遍的融资现象，引起了学术界和实务界的广泛关注。我们认为，控股股东股权质押会引发管理层实施机会主义性质的盈余预测行为，具体包括控股股东"动机"和"能力"两方面原因。

第一，从控股股东动机上看，一方面，在股权质押业务中，大部分质权人对于发布了季度（半年、全年）亏损预告的上市公司股票会较为"谨慎"或"不予受理"，那么，管理层在控股股东质押前发布"预亏"等类型的"坏消息"预测就将直接降低控股股东获得质押资格的机会，由此导致控股股东在质押前存在强烈的动机致力于阻止管理层发布"坏消息"性质的盈余预测。另一方面，我国《证券公司股票质押贷款管理办法》和质权人在质押合同中规定，股东质押融资以质押前20个交易日公司股票均价（或质押前1个交易日股价）为基础，融资额度是"股价""出质股数"与"质押率"三者的乘积。这意味着，质押前保持较高的股价有助于直接降低控股股东的质押成本（减少"出质股数"即可获得同等金额的融资）。基于此，在控股股东是最大化自身利益的理性经济人这一基本假设下，股权质押这些机制设计很有可能会使得控股股东存在强烈的动机借助于操纵上市公司信息披露等手段来影响公司股价。

第二，从控股股东能力上看，研究表明，世界范围内的上市公司股权结构已从伯利和米恩斯（Berle and Means，1932）所提出的分散的股权结构向拉波塔等（Laporta et al.，1999）、克拉克森等（Claessen et al.，2000）提出的集中的股权结构转变，而对于现阶段处于新兴与转型时期的中国资本市场的上市公司而言，股权集中所导致的"一股独大"和"内部人控制"现象尤为明显。在集中的股权结构下，控股股东因具有相当程度的控制权优势，而有能力影响管理层的信息披露等方面的财务行为，导致控股股东对公司股价的控制力大大强于其他普通投资者，并集中体现为控股股东所具有的更高的市场择时能力（罗琦和付世俊，2014；徐寿福等，2016）。也就是说，为最大化私有利益，控股股东不仅有动机也有能力操纵上市公司管理层的信息披露（盈余预测）行为。

尽管控股股东股权质押在我国资本市场日益频繁①，且盈余预测在资本市场中的重要作用也日益显现，但现阶段的中国资本市场监管环境仍然较为宽松，上市公司股东股权质押相关的信息披露制度②也还十分不完善。我们不禁想问：在获取股权质押资金的过程中，控股股东是否利用了其控制权优势来操纵管理层盈余预测，以在股价上涨中增加其获得质押资格的机会和质押融资额呢？管理层盈余预测在控股股东股权质押前又是否彰显了特别重要的作用呢？遗憾的是，目前还没有文献对上述问题进行解答。鉴于此，本书拟从管理层盈余预测的角度对上市公司控股股东股权质押相关的机会主义性质的信息披露行为进行研究。具体地，我们以中国 2004～2015 年间上市公司为样本，考察控股股东质押前的盈余预测特征，目的是要检验控股股东在股权质押前是否存在利用其控制权优势和信息优势进行恶意套现和侵占质权人及外部投资者利益的行为。研究发现，管理层在控股股东质押前会发布"好消息"和"乐观偏差"盈余预测，且管理层在控股股东股权质押前采取的上述机会主义盈余预测在自愿预测的情况下更为明显。进一步研究表明，质押前的市

---

① 中国上市公司控股股东股权质押的现状见本书前言和第 3 章。

② 证监会和上海、深圳证券交易所也仅要求上市公司披露持股 5% 以上股东的股权质押信息，而对控股股东股权质押的资金成本和资金用途等方面的信息披露未做出明确的规定。

场表现越差，管理层的机会主义盈余预测动机越大，控股股东股权质押还提高了管理层盈余预测的自愿性和及时性。

本研究的贡献在于如下两个方面：其一，首次研究了我国上市公司控股股东股权质押与管理层盈余预测策略的关系，较为全面地考察了控股股东利用其信息优势和控制权优势对管理层盈余预测策略的影响，丰富了管理层盈余预测影响因素的相关研究。其二，研究证实了控股股东股权质押行为中存在的信息披露操纵行为，并指出该行为可能是控股股东侵占质权人和中小股东利益的新方式。

4.2　理论分析与研究假设

我们主要从盈余预测消息性质和偏差两方面检验中国上市公司管理层是否存在为配合控股股东股权质押的盈余预测行为。

4.2.1　控股股东股权质押与盈余预测消息性质

卡斯尼克（Kasznik，1999）、富勒和詹森（Fuller and Jensen，2002）认为，管理层通常会从公司或自身利益出发策略性地发布盈余预测。柏克曼等（Brockman et al.，2008）、阿博迪和卡斯尼克（Aboody and Kasznik，2000）的研究表明，管理层会在公司股票回购前的盈余预测中释放更多的"坏消息"来降低股票回购成本，也会在股票期权授予前通过发布盈余预测"坏消息"来打压股价，实现降低其购买本公司股票成本的目的。相反，朗和兰德宏（Lang and Landholm，2000）的研究发现，管理层在公司进行增发和并购等活动前发布"好消息"盈余预测则有利于提高公司股价。而程和罗（Cheng and Lo，2006）发现，在内幕交易中，管理层一般倾向于在"好消息"发布后、"坏消息"发布前卖出本公司股票，或者在"好消息"发布前、"坏消息"发布后买入本公司股票。佩因曼（Penman，1980）、诺（Noe，1999）的研究证实，管理层在发布"好消息"后卖出和在"坏消息"后买入的股票数量会分别多于其在发布"坏消息"后卖出和在"好消息"后买入的股票数量。这些证据表明，管理层有动机采取策略性信息披露行为影响公司股价。

我们认为，控股股东出于为获得质押资格和通过提高股价增加质押融资额的目的，会在质押前要求管理层发布"好消息"盈余预测，主要有以下三方面的原因：首先，金融机构偏好于向未来具有较高盈利能力公司的股东提供质押业务。例如，"某大型股份制商业银行"在其《股票质押类业务准入指引》中就明确规定，对于发布季度（半年、全年）亏损预告的上市公司股票采取"谨慎"的态度或直接"不予受理"，那么，管理层在控股股东质押前发布的盈余预测类型将直接影响控股股东能否获得质押资格。其次，阿斯奎斯等（2005）、胡奕明等（2008）研究发现，在传统的商业银行贷款中，银行贷款利率与借款企业的财务状况之间存在合理的相关关系，表现为银行会对财务状况好的企业给予优惠利率，或对财务状况出现问题的企业提高利率。而随着中国利率市场化改革的推进和深入，贷款定价日益成为金融机构与借款人之间双方谈判的结果。在股权质押背景下，上市公司业绩越好，控股股东在与质权人的贷款定价博弈中也将具有更高的谈判力，从而降低借款利率。再次，由于质权人是按照"质押前20个交易日公司股票均价（质押前1个交易日股价）×质押股数×质押率"作为其发放质押贷款的依据，在质押率既定的情况下，"好消息"盈余预测能提高股价，从而降低控股股东为获得同等数额的质押借款而需要出质的股数，或者说，股价越高，控股股东越能够获得更多的质押借款。最后，管理层在控股股东股权质押前发布"好消息"盈余预测也可以向公司外部中小股东传递"控股股东股权质押不会对他们的投资收益产生负面影响"的积极信号，以降低中小股东对控股股东股权质押风险的担忧，从而获得他们对控股股东股权质押的支持，对冲公司股票被抛售的压力，并最终达到稳定股价的目的。基于以上分析，我们提出如下研究假设：

H4.1：在其他条件不变的情况下，管理层倾向于在控股股东股权质押前发布"好消息"盈余预测。

4.2.2 控股股东股权质押与盈余预测偏差

管理层进行盈余预测时，除要考虑盈余预测的消息性质外，还会进一步考虑预测偏差。管理层盈余预测通常与实际盈余之间存在偏差，偏差的大小受到一系列因素的影响。例如，朗和兰德宏（Lang and Lundholm，1993）、图曼（Trueman，1986）发现管理层的预测能力与动机会影响预测偏差。希利和帕利浦（2001）提供了分析师预测影响管理层预测偏差的经验证据。奥津卡娅等（Ajinkya et al.，2005）发现机构投资者也会影响管理层预测偏差。此外，斯肯尔（Skinner，1994）还发现了及诉讼成本这一外部环境约束对管理层预测偏差的影响。早期针对美国上市公司，柏斯和特沃克（Basi and Twark，1976）的研究发现，管理层盈余预测普遍存在乐观偏差。朗和兰德宏（Lang and Lundholm，2000）研究表明，管理层在公开增发前会增加发布乐观的预测信息、减少发布悲观的预测信息，以达到推高股价和降低权益资本成本的目的。罗格斯（Rogers，2008）发现，管理层会在卖出本公司股票前有意提高信息披露质量以降低诉讼风险，而在买入公司股票前降低信息披露质量。此外，程等（Cheng et al.，2013）研究表明，内部人卖出股票前的盈余预测较为乐观，而买入股票前的盈余预测较为悲观。这些研究表明，在一定的动机下，管理层可能会策略性地发布盈余预测。

在分析师预测领域，沃马克（Womack，1996）的研究表明，证券分析师发布的预测越乐观，公司股价的市场表现越好。类似地，管理层盈余预测中的"乐观偏差"越大，也将越有利于拉升公司股价。我们认为，股权质押会增加控股股东对高股价的诉求，由此导致控股股东进一步要求管理层扩大其质押前的盈余预测偏差来提高股价。这是因为：一方面，控股股东通常可以运用其控制权优势对管理层的信息披露行为施加影响（高敬忠等，2013），或者说，控股股东不仅有能力也有动机向管理层施加压力来操纵盈余预测，以达到影响公司股价的目的。另一方面，由于投资者情绪有助于驱动股票错误定价（蒋玉梅和王明照，2010），而管理层发布"乐观偏差"盈余预测可以影响中小投资者对公司未来经营状况的解读，使得中小投资者难以甄别管理层盈余预测的可信度，进而修正投资者对质押公司未来业绩的悲观预期（王俊秋等，2013），而这正是控股股东在股权质押中的所希望达到的。因此，为了帮助控股股东在较高的股价水平上获得更多的质押融资，管理层有动机在上市公司控股股东股权质押前发布"乐观偏差"的盈余预测。基于以上分析，我们提出如下研究假设：

H4.2：在其他条件不变的情况下，管理层倾向于在控股股东股权质押前发布"乐观偏差"盈余预测。

4.3　研究设计

4.3.1　数据来源与样本筛选

本研究需要的盈余预测[①]数据来源于 WIND 数据库，股权质押数据来源于 RESSET 数据库，公司财务数据来源于 CSMAR 数据库，样本期为 2004～2015 年。2004～2015 年期间共有 2036 家上市公司发布了 43562 次季度盈余预测，对于管理层针对同一季报发布的多次预测我们全部进行了保留[②]，同时剔除了晚于季报实际公布日的样本和预告类型为"不确定"（因其不具有明确的方向性）的样本。2004～2015 年期间也有 1139 家 A 股上市公司控股股东的 10075 次质押观测，我们将其与 CSMAR 数据库中提供的股东信息按照公司季度进行合并，剔除非第一大股东的质押观测，保留了第一大股东的质押观测。进一步，我们还执行了如下常规性剔除程序：（1）剔除金融和保险行业公司，原因在于这两个行业的公司在会计制度、经营风险和环境等方面存在较大差异；（2）剔除 PT、ST 和 *ST 的公司；（3）剔除同时发行 B 股或 H 股的公司；（4）剔除财务数据缺失的公司。

我们对经过上述初步筛选程序后的盈余预测样本和控股股东质押样本按照公司代码进行了合并，并以控股股东股权质押公告日为基准，按照盈余预测发布日是否落在股权质押日前 90 天内，将盈余预测样本划分为质押前 90 天内和质押前 90 天外样本，对盈余预测在质押前 90 天内的样本对变量 PRE90 赋值为 1，否则为 0。最后得到 1901 家上市公司 21658 个季度的盈余预测样本。为避免极端值对回归结果带来的影响，对所有连续变量在 1% 和 99% 分位上进行缩尾处理。

4.3.2　模型设定

为考察控股股东股权质押前的管理层盈余预测策略，我们构建了如下模

---

①　季度盈余预测比年度盈余预测更具有及时性，发布的频率也高于年度盈余预测。同时，由于季报数据不需会计师事务所的审计，管理层在季报及对季报的盈余预测中具有更大的操纵空间。

②　一般的研究中，仅保留管理层更新后的预测，原因在于管理层最后一次预测时掌握的信息最为全面和真实也更有价值和意义。但在本书的研究背景下，我们认为管理层在配合控股股东股权质押的多次盈余预测中都可能存在机会主义动机，因而都予以保留。

型进行假设检验：

$$\Pr(GOODNEWS = 1) = \beta_0 + \beta_1 PRE90 + CVs + \sum Year + \sum Qua +$$

$$\sum Ind + \varepsilon_{i,t} \tag{4.1}$$

$$BIAS = \beta_0 + \beta_1 PRE90 + CVs + \sum Year + \sum Qua + \sum Ind + \varepsilon_{i,t} \tag{4.2}$$

$$MEF = \beta_0 + \beta_1 PRE90 + \beta_2 PRE90 \times VD + CVs + \sum Year + \sum Qua +$$

$$\sum Ind + \varepsilon_{i,t} \tag{4.3}$$

其中，MEF 分别表示管理层盈余预测好消息（GOODNEWS）和偏差（BIAS1，BIAS2，BIAS3），CVs 表示一系列控制变量。

4.3.3　变量定义

1. 被解释变量：盈余预测特征

（1）消息性质（GOODNEWS）。好消息（预测类型为"略增""续盈""预增""扭亏"）时赋值为 1，在坏消息（预测类型为"略减""预减""首亏""续亏"）时为 0。其中，"首亏"是指公司业绩与上年同期相比首次出现亏损，"续盈"是指公司业绩与上年同期相比继续盈利（有可能上升也可能下降），"续亏"是指公司业绩与上年同期相比继续亏损，"扭亏"是指公司业绩与上年同期相比扭亏为盈，"预增"是指公司业绩与上年度同期相比预计有所增加（"扭亏""续盈"除外），"预减"是指公司业绩与上年同期相比预计有所下降（"首亏""续亏"除外）。

（2）预测偏差（BIAS）。参照李常青和滕明慧（2013），采用管理层预告净利润与实际净利润之差，分别除以当季度实际净利润绝对值、预告前一季度末的总资产和预告前一季度末的权益市值三种方式度量，构建了三个表示盈余预测偏差的变量 BIAS1、BIAS2 和 BIAS3。

2. 解释变量

主要解释变量是 PRE90。如果管理层发布某次盈余预测的时间落在距离其最近的控股股东股权质押公告发布前的 90 天内，则 PRE90 赋值为 1，否则为 0。

3. 控制变量

参照以往文献，我们在上述模型中控制了如下变量：

（1）自愿盈余预测（VD）。根据张然和张鹏（2011）、宋云玲（2011）及周冬华和赵玉洁（2013），当预测类型为"略减""略增""续盈"时，VD为1，表示自愿盈余预测；当预测类型为"预增""预减""扭亏"[①]"首亏""续亏"时，VD为0，表示强制盈余预测。

（2）诉讼风险（LitRisk）。斯卡尔（Skinner，1994）、卡斯尼克和利韦（Kasznik and Lev，1995）研究发现，诉讼成本会提高上市公司发布"坏消息"的可能性。因此，我们控制了公司诉讼风险[②]对上市公司盈余预测消息性质的影响。

（3）盈余变动（Increase）。如果本季度每股收益（EPS）大于上季度的每股收益，则Increase赋值为1，表示本季度盈余增加，否则为0。

（4）盈余波动（Volatility）。韦迈尔（Waymire，1984）指出，以前期间业绩变动越大，管理层盈余预测具有较大的偏差，因而更不愿意发布预测。

（5）会计信息质量（Accural）。由于会计信息质量会影响管理层盈余预测的质量，相关研究发现，管理层会通过盈余管理来以减少财务报告实际公布时的预测偏差。我们采用如下的卡斯尼克（Kasznik，1999）模型计算季度操控性应计利润作为会计信息质量的反向指标：

$$TAC_{i,t} = \beta_0 + \beta_1 \Delta(REV_{i,t} - REC_{i,t}) + \beta_2 PPE_{i,t} + \beta_3 \Delta CFO_{i,t} + \varepsilon_{i,t} \qquad (4.4)$$

其中，TAC为公司i在t季度的总应计利润，$REV_{i,t}$和$REC_{i,t}$分别表示公司i在t季度的营业收入和应收账款，$\Delta(REV_{i,t} - REC_{i,t})$表示公司i在t季度经应收账款调整的营业收入的变动额，PPE表示公司i在t季度的固定资产，ΔCFO表示公司经营活动现金流量的变动额，所有变量都经过季初总资产进行标准化处理。对模型4.4按行业—季度回归，得到的残差即为每家公司的季度操控性应计Accrual，Accrual越高，会计信息质量越低。

此外，我们还控制了股权性质（SOE）、第一大股东持股比例（TOP1）、

[①]　由于2006年5月我国才将"扭亏"纳入强制业绩预告的范围，所以我们将2006年5月之前的"扭亏"公告划分为自愿盈余预测，将2006年5月及其以后发布的"扭亏"公告划分为强制盈余预测。

[②]　诉讼风险（LitRisk）变量的计算参照了罗杰斯和斯托肯（Rogers and Stoken，2005）的研究，具体采用季度数据对 Litigate $= \beta_0 + \beta_1 Size + \beta_2 Turnover + \beta_3 Beta + \beta_4 Ret + \beta_5 StdRet + \beta_6 Skew + \beta_7 Min\_ Ret + \beta_8 Biotech + \beta_9 Com\_ Hardware + \beta_{10} Electronic + \beta_{11} Retail + \beta_{12} Com\_ Software$ 这一模型进行估计，其中，Litigate 表示某季度公司是否存在法律纠纷或诉讼的哑变量。

股权制衡度（BALANCE）、董事会规模（BDSIZE）、独立董事比例（INDR）、两职合一（DUAL）、管理层持股比例（MNG_HLD）等公司治理变量，以及公司规模（SIZE）、盈利能力（ROA）、杠杆水平（LEV）、成长性（MTB）等公司特征变量，以及年度（Year）、季度（Qua）和行业（Ind）哑变量。表4.1中 Panel A 列示了管理层盈余预测类型，Panel B 列示了主要变量定义。

根据 H4.1，我们预计模型 4.1 中 PRE90 的系数 β_1 显著为正，表示在控股股东股权质押前 90 天内发布的盈余预测多为好消息预测。根据 H4.2，预计模型 4.1 中 PRE90 的系数 β_1 也显著为正，表示在控股股东股权质押前 90 天内发布的盈余预测带有乐观偏差。此外，在模型 4.3 中，当被解释变量为 GOODNEWS 和 BIAS1（BIAS2，BIAS3）时，交乘项 PRE90 × VD 的系数 β_2 显著为正，表示与强制盈余预测相比，管理层在控股股东质押前 90 天内自愿盈余预测中释放了更多的好消息和更大的乐观偏差。

表 4.1   **变量定义**

Panel A：中国上市公司管理层盈余预测类型（按预计盈利趋势划分）

预测 类型	强制	自愿
好消息	扭亏 预增	续盈 略增
坏消息	首亏 续亏 预减	略减

Panel B：主要变量定义

类型	变量名称	变量符号	变量定义
被解释 变量	消息性质	GOODNEWS	好消息预测时为 1，坏消息预测时为 0
	预测偏差	BIAS1	［点预测值(区间预测中值) – 实际净利润］/｜本季度实际净利润｜
		BIAS2	［点预测值(区间预测中值) – 实际净利润］/本季度初总资产
		BIAS3	［点预测值(区间预测中值) – 实际净利润］/本季度初市场价值

类型	变量名称	变量符号	变量定义
解释变量	质押前90天内的预测	PRE90	控股股东股权质押前90天内的盈余预测为1,否则为0
	质押前90天内的自愿预测	PRE90 * VD	质押前90天内预测与自愿预测①的交乘项
	自愿预测	VD	自愿盈余预测为1,否则为0
控制变量	诉讼风险	LitRisk	根据罗杰斯和斯托肯(Rogers and Stoken,2005)计算的滞后一个季度的诉讼风险
	盈余增长	Increase	当季度EPS高于上季度时为1,否则为0
	盈余变动	Volatility	以前五个季度的盈余波动程度
	会计信息质量	Accrual	采用卡斯尼克(Kasznik,1999)计算的异常应计
	国有控股	SOE	控股股东为国有性质时赋值为1,否则为0
	控股股东持股比例	TOP1	控股股东持股比例
	股权制衡度	BALANCE	第二大股东与第一大股东持股比例之比,值越大,股权制衡越强
	董事会规模	BDSIZE	董事会人数的自然对数
	独立董事持股比例	INDR	独立董事人数占董事会人数的比例
	两职合一	DUAL	董事长和总经理两职合一时为1,否则为0
	管理层持股比例	MNG_HLD	管理层持股比例
	公司规模	SIZE	总资产的自然对数
	盈利能力	ROA	公司总资产收益
	负债率	LEV	总负债/总资产
	成长机会	MTB	市值与账面价值之比
	年度哑变量	Year	属于该年度的样本,赋值为1,否则为0
	季度哑变量	Qua	属于该季度的样本,赋值为1,否则为0
	行业哑变量	Ind	属于该行业的样本,赋值为1,否则为0

① VD在自愿盈余预测(预测类型为"略减""略增""续盈")时赋值为1,在强制盈余预测(预测类型为"预增""预减""首亏""扭亏""续亏")时为0

4.4　实证结果与分析

4.4.1　描述性统计

我们借鉴布格斯塔尔和狄启伍（Burgstahler and Dichev，1997）对管理层发布"好消息"（"乐观偏差"）盈余预测公告日相对于控股股东股权质押日的时点分布进行了频数（频率）统计，以检验控股股东股权质押前后的管理层盈余预测策略是否存在明显差异，分别如图 4.1a 和图 4.1b 所示。其中，横轴为"好消息"（"乐观偏差"）盈余预测公告日相对控股股东股权质押开始日的周数，纵轴为"好消息"（"乐观偏差"）盈余预测公告的公司数。我们预计，如果"好消息"（"乐观偏差"）盈余预测与控股股东股权质押无关，那么，"好消息"（"乐观偏差"）盈余预测发布日的分布相对于股权质押日期应不具有显著的规律，而如果管理层发布"好消息"（"乐观偏差"）盈余预测的决策是为了刺激股价以为控股股东股权质押作"掩护"，则两类盈余预测应较多地分布在控股股东股权质押前。从图 4.1a 和图 4.1b 可知，"好消息"

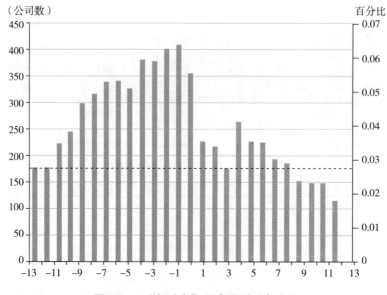

图 4.1a　"好消息"盈余预测时点分布

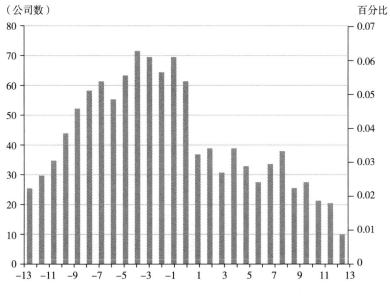

图 4.1b "乐观偏差"盈余预测时点分布

（"乐观偏差"）盈余预测公告日在控股股东股权质押前后呈现出明显的不对称的左偏分布，大部分集中在控股股东股权质押前的 1～4 周（1～6 周）之内。图形检验结果表明，"好消息"和"乐观偏差"盈余预测多集中分布于控股股东股权质押前，与 H4.1 和 H4.2 基本吻合，但有待进一步通过回归分析加以考察。

表 4.2 汇报了主要变量描述性统计。从表 4.2 可以看出，在全样本中，GOODNEWS 的均值为 0.657，表明 65.7% 的样本公司的管理层发布了好消息预测。从三个盈余预测偏差变量来看，BIAS1、BIAS2 和 BIAS3 的均值分别为 0.055、0.004 和 0.005，说明样本公司平均的盈余预测偏差较低，但为正偏差。此外，VD 的均值为 0.382，表明 38.2% 的管理层盈余预测属于自愿发布。PRE90 的均值为 0.528，说明 52.8% 的盈余预测是在控股股东质押前 90 天内发布的，而控股股东质押前 90 天以外发布了 47.2% 的盈余预测。其他变量的描述性统计不再赘述。

表 4.2   主要变量描述性统计

变量名称	变量符号	观测值	均值	最小值	中位数	最大值	标准差
消息性质	GOODNEWS	21658	0.657	0.000	1.0000	1.000	0.472
预测偏差 1	BIAS1	11057	0.055	−4.476	0.0560	3.297	0.772
预测偏差 2	BIAS2	11057	0.004	−0.116	0.0010	0.071	0.022
预测偏差 3	BIAS3	10862	0.005	−0.148	0.0010	0.103	0.028
自愿预测	VD	21658	0.382	0.000	0.0000	1.000	0.486
质押前 90 天内预测	PRE90	21658	0.528	0.000	1.0000	1.000	0.499
诉讼风险	LitRisk	21658	0.027	0.012	0.0250	0.054	0.009
盈余增长	Increase	21658	0.310	0.000	0.0000	1.000	0.462
盈余变动	Volatility	21658	0.021	0.000	0.0160	0.298	0.025
会计信息质量	Accrual	21658	0.005	−0.249	0.0030	0.242	0.067
国有控股	SOE	21658	0.199	0.000	0.0000	1.000	0.399
控股股东持股比例	TOP1	21658	0.353	0.022	0.3370	0.894	0.144
股权制衡度	BALANCE	21658	0.358	0.001	0.2740	1.000	0.289
董事会规模	BDSIZE	21658	2.133	1.099	2.1970	2.833	0.197
独立董事持股比例	INDR	21658	0.368	0.000	0.3330	0.667	0.065
两职合一	DUAL	21658	0.298	0.000	0.0000	1.000	0.457
管理层持股比例	MNG_HLD	21658	0.172	0.000	0.0160	0.994	0.222
公司规模	SIZE	21658	21.530	18.950	21.4600	25.460	0.959
盈利能力	ROA	21658	0.028	−0.148	0.0230	0.181	0.040
负债率	LEV	21658	0.429	0.041	0.4240	1.133	0.210
成长机会	MTB	21658	2.538	0.531	1.8510	9.989	1.896

4.4.2 单变量分析

表 4.3 给出了股权质押前 90 天内外盈余预测消息性质和偏差的单变量分析。

Panel A 比较了管理层盈余预测的消息性质在控股股东股权质押前 90 天内外频率的差异。从 Panel A 可以看出，管理层盈余预测的消息性质与是否在控股股东股权质押前 90 天内发布在 1% 的水平上显著相关，这说明管理层在控股股东股权质押前 90 天内和 90 天外发布的盈余预测在消息性质上存在显著差异。具体而言，在控股股东股权质押前 90 天内，管理层发布了 68.82% 的好消息预测和 31.18% 的坏消息预测，而在质押前 90 天外，管理层发布了 60.98% 的好消息预测和 39.02% 的坏消息预测。也就是说，管理层在控股股东股权质押 90 天内比 90 天外发布了更多的好消息预测和更少的坏消息预测，H4.1 得以初步证实。

Panel B 分析了管理层盈余预测偏差在控股股东股权质押前 90 天内外的差异。以 BIAS1 为例，我们发现，控股股东股权质押前后 90 天内管理层盈余预测偏差的均值（0.039）和中位数（0.055）均大于 0，而质押前 90 天外的管理层盈余预测偏差均值为负，T 检验和 Wilcoxon 检验在 1% 的水平上显著，说明管理层在质押前的盈余预测中存在显著的乐观偏差。针对 BIAS2 和 BIAS3 的 T 检验有类似的发现，但 Wilcoxon 检验不显著。因此，我们没有明显的证据证明控股股东股权质押 90 天外的管理层盈余预测存在显著的乐观偏差，H4.2 得以初步证实。

表 4.3　　　　　质押前 90 天内和 90 天外管理层盈余预测特征

Panel A：消息性质

组别	消息性质		
	好消息	坏消息	合计
PRE90 = 1	2607	1181	3788
	68.82%	31.18%	100.00%
PRE90 = 0	10897	6973	17870
	60.98%	39.02%	100.00%
合计	13504	8154	21658
Chi^2	81.91 ***	——	——

Panel B：预测偏差

变量名称	变量符号	组别	观测值	均值	中位数	标准差	T 检验	Wilcoxon 检验
预测偏差 1	BIAS1	PRE90 = 1	1897	0.039	0.055	0.749	2.212 ***	2.324 ***
		PRE90 = 0	9160	−0.136	−0.068	0.869		
预测偏差 2	BIAS2	PRE90 = 1	1897	0.006	0.001	0.017	3.954 ***	0.832
		PRE90 = 0	9160	−0.002	0.001	0.026		
预测偏差 3	BIAS3	PRE90 = 1	1854	0.005	0.001	0.009	4.134 ***	1.146
		PRE90 = 0	9008	−0.001	0.002	0.015		

注：T 检验和 Wilcoxon 检验为双尾检验，检验统计量分别为 t 值和 z 值；*** 、** 、* 分别表示在 1% 、5% 和 10% 的水平上显著。

4.4.3 相关性分析

表4.4列示了主要变量间的 Pearson 相关系数。从表4.4可以看出，PRE90 与 GOODNEWS 的相关系数为正（0.045），且在1%的水平上显著，说明管理层在控股股东股权质押前90天内发布的盈余预测多为"好消息"，初步支持了 H4.1。进一步，PRE90 与 BIAS1、BIAS2、BIAS3 的相关系数分别为0.02、0.004和0.007，且分别通过了1%、5%和5%的显著性检验，说明与管理层在控股股东股权质押前90天外发布的盈余预测相比，股权质押前90天内的盈余预测具有更大的乐观偏差，初步验证了 H4.2。此外，PRE90 和 VD 呈显著正相关关系，说明质押前90天的盈余预测以自愿预测为主。从未列示的其他控制变量间的相关系数来看，各相关系数的绝对值均小于0.4，说明变量间出现多重共线性的可能性较小，不会给多元回归分析带来严重影响。

表4.4 主要变量相关系数

变量符号	GOODNEWS	BIAS1	BIAS2	BIAS3	VD	PRE90
变量名称	消息性质	预测偏差1	预测偏差2	预测偏差3	自愿预测	质押前90天内预测
GOODNEWS	1.000	—	—	—	—	—
BIAS1	0.170 ***	1.000	—	—	—	—
BIAS2	0.005	0.561 ***	1.000	—	—	—
BIAS3	0.006	0.523 ***	0.803 ***	1.000	—	—
VD	0.144 ***	0.117 ***	0.046 ***	0.041 **	1.000	—
PRE90	0.045 ***	0.020 ***	0.004 **	0.007 **	0.070 ***	1.000
LitRisk	− 0.008	− 0.043 **	− 0.092 ***	− 0.084 ***	− 0.058 ***	0.080 ***
Increase	0.208 ***	− 0.030 *	− 0.025	0.005	− 0.059 ***	− 0.091 ***
Volatility	− 0.062 ***	0.049 ***	− 0.008	0.023	− 0.073 ***	− 0.005
Accrual	0.165 ***	0.060 ***	0.009	0.002	0.106 ***	0.021 *

变量符号	GOODNEWS	BIAS1	BIAS2	BIAS3	VD	PRE90
变量名称	消息性质	预测偏差1	预测偏差2	预测偏差3	自愿预测	质押前90天内预测
变量符号	LitRisk	Increase	Volatility	Accrual	—	—
变量名称	诉讼风险	盈余增长	盈余变动	会计信息质量	—	—
LitRisk	1.000	—	—	—	—	—
Increase	− 0.061 ***	1.000	—	—	—	—
Volatility	0.037 ***	0.006	1.000	—	—	—
Accrual	0.001	0.073 ***	0.022 *	1.000	—	—

注：***、**、*分别表示在1%、5%和10%水平上显著。

4.4.4　多元回归结果分析

1. 控股股东股权质押与盈余预测消息性质

表4.5列示了管理盈余预测消息性质的 Logit 回归分析结果，以检验 H4.1。在模型1中，PRE90 的回归系数显著为正（0.301），且在1%的水平上显著，说明上市公司管理层在控股股东股权质押前发布了"好消息"性质的盈余预测，边际效应结果显示，与质押前90天外的预测相比，控股股东股权质押将管理层在其质押前90天内的预测中发布"好消息"的概率提高了7%。模型2是在模型1的基础上中加入自愿盈余预测与质押前90天预测哑变量的交乘项 PRE90 × VD，以考察自愿和强制预测在控股股东股权质押前90天内策略性发布"好消息"预测的差异，回归结果显示，交乘项 PRE90 × VD 的系数为正（0.253），且在1%的水平上显著，说明与强制预测相比，管理层在控股股东质押前90天内发布的自愿盈余预测中释放了更多的"好消息"。

控制变量方面，LitRisk 的系数为正，但不显著，可能是因为我国法律环境薄弱，股东诉讼未能对管理层的好消息盈余预测行为起到约束作用。Volatility 的回归系数为负，且在1%的水平上显著，说明盈余波动越大，管理层在盈余预测中发布"好消息"的可能性越低。此外，TOP1 的系数为正，且在

1% 的水平上显著，说明控股股东持股比例越高，管理层发布"好消息"盈余预测的可能性越高。SIZE、ROA、LEV 和 MTB 的回归系数为正，且均在 1% 的水平上显著，说明大公司、盈利能力好、高负债率及高成长性的公司在发布"好消息"盈余预测的概率较高，如表 4.5 所示。

表 4.5　　　　　　　　　　控股股东股权质押与盈余预测消息性质

变量名称	变量符号	GOODNEWS	
		(1)	(2)
质押前 90 天内预测	PRE90	0.301 ***	0.197 ***
		(6.455)	(3.404)
质押前 90 天内的自愿预测	PRE90 × VD	—	0.253 ***
		—	(2.989)
诉讼风险	LitRisk	4.058	4.175
		(1.570)	(1.615)
盈余增长	Increase	0.514 ***	0.518 ***
		(11.970)	(12.055)
盈余波动	Volatility	−10.335 ***	−10.273 ***
		(−12.155)	(−12.087)
会计信息质量	Accrual	2.506 ***	2.492 ***
		(8.849)	(8.798)
产权性质	SOE	0.132 ***	0.251 ***
		(2.901)	(2.736)
控股股东持股比例	TOP1	0.146 ***	0.147 ***
		(2.832)	(2.855)
股权制衡度	BALANCE	−0.328 ***	−0.334 ***
		(−2.669)	(−2.715)
董事会规模	BDSIZE	−0.203 *	−0.207 *
		(−1.877)	(−1.907)
独立董事持股比例	INDR	−0.228	−0.234
		(−0.627)	(−0.642)
两职合一	DUAL	0.077 **	0.075 *
		(1.964)	(1.913)

续表

变量名称	变量符号	GOODNEWS	
		（1）	（2）
管理层持股比例	MNG_HLD	0.163 *	0.156 *
		（1.753）	（1.666）
公司规模	SIZE	0.237 ***	0.239 ***
		（9.556）	（9.602）
盈利能力	ROA	38.727 ***	38.540 ***
		（46.340）	（46.081）
负债率	LEV	0.812 ***	0.820 ***
		（7.252）	（7.319）
成长机会	MTB	0.110 ***	0.110 ***
		（7.389）	（7.425）
常数项	Constant	−4.787 ***	−4.798 ***
		（−8.490）	（−8.509）
年度、季度	Year、Qua	控制	控制
行业	Ind	控制	控制
伪 R^2	Pseudo R^2	0.242	0.244
卡方值	Chi^2	7179	7188
样本量	N	21658	21658

注：括号内为 z 统计量，***、**、* 分别表示在 1%、5% 和 10% 的水平上显著。

2. 控股股东股权质押与盈余预测偏差

表4.6 汇报了盈余预测偏差的多元回归结果，被解释变量为盈余预测偏差（BIAS1、BIAS2、BIAS3），采用 OLS 方法进行回归。模型1、模型3 和模型5 的 PRE90 系数均为正，且分别在 5%、1% 和 1% 的水平上显著，说明管理层在控股股东股权质押前 90 天内发布的盈余预测具有较大的乐观偏差。模型2、模型4 和模型6 是加入交乘项 PRE90×VD 后的回归结果，目的是检验自愿预测与强制预测在控股股东股权质押前 90 天内偏差大小方面的差异。结果显示，PRE90×VD 的系数均在 1% 的水平上显著为正，说明管理层自愿盈余预测比强制盈余预测情况下存在更大的乐观偏差，从而支持 H4.2。

控制变量方面，诉讼风险、国有控股和盈利能力与盈余预测偏差负相关，盈余波动、控股股东持股比例、两职合一、管理层持股比例、公司规模、成长性与盈余预测偏差正相关，其中，Accrual 的系数为正且在 1% 的水平上显著，说明管理层会通过应计盈余管理使报告盈余满足自己发布的盈余预测，除独立董事持股比例的系数不符合预期外，其余变量系数不显著。回归结果经调整的 R^2 较高，模型解释力较强。各变量 VIF 值均低于 5，说明不存在严重的多重共线性问题。

表 4.6 控股股东股权质押与盈余预测偏差

变量名称	变量符号	BIAS1		BIAS2		BIAS3	
		(1)	(2)	(3)	(4)	(5)	(6)
质押前 90 天内预测	PRE90	0.059 **	0.025 *	0.022 ***	0.002 **	0.001 ***	0.002 **
		(1.968)	(1.781)	(2.649)	(2.068)	(2.615)	(2.139)
质押前 90 天内的自愿预测	PRE90 × VD	—	0.200 ***	—	0.005 ***	—	0.005 ***
		—	(5.519)	—	(5.150)	—	(3.828)
诉讼风险	LitRisk	− 4.404 **	− 3.872 *	− 0.244 ***	− 0.232 ***	− 0.259 ***	− 0.246 ***
		(− 2.048)	(− 1.806)	(− 4.689)	(− 4.470)	(− 3.594)	(− 3.418)
盈余增长	Increase	− 0.011	0.000	0.006 ***	0.006 ***	0.006 ***	0.007 ***
		(− 0.242)	(0.005)	(5.634)	(5.880)	(4.285)	(4.460)
盈余波动	Volatility	1.834 ***	1.995 ***	0.027 **	0.031 ***	0.050 ***	0.053 ***
		(3.867)	(4.214)	(2.382)	(2.702)	(3.144)	(3.377)
会计信息质量	Accrual	1.340 ***	1.308 ***	0.052 ***	0.051 ***	0.053 ***	0.052 ***
		(6.823)	(6.683)	(10.965)	(10.845)	(8.029)	(7.930)
产权性质	SOE	− 0.084 ***	− 0.085 ***	− 0.088 ***	− 0.089 ***	− 0.090 ***	− 0.090 ***
		(− 3.224)	(− 3.282)	(− 3.379)	(− 3.439)	(− 3.455)	(− 3.473)
控股股东持股比例	TOP1	0.251 ***	0.239 ***	0.005 **	0.005 **	0.001	0.000
		(2.734)	(2.612)	(2.435)	(2.319)	(0.194)	(0.101)
股权制衡度	BALANCE	− 0.061	− 0.065	− 0.060	− 0.062	− 0.060	− 0.062
		(− 1.178)	(− 1.250)	(− 1.159)	(− 1.207)	(− 1.164)	(− 1.199)
董事会规模	BDSIZE	− 0.024	− 0.028	− 0.030	− 0.034	− 0.026	− 0.027
		(− 0.144)	(− 0.165)	(− 0.177)	(− 0.204)	(− 0.156)	(− 0.163)
独立董事持股比例	INDR	0.036 **	0.035 **	0.036 **	0.035 **	0.036 **	0.036 **
		(2.035)	(2.012)	(2.066)	(2.013)	(2.060)	(2.032)

变量名称	变量符号	BIAS1		BIAS2		BIAS3	
		(1)	(2)	(3)	(4)	(5)	(6)
两职合一	DUAL	0.160 ***	0.154 ***	0.160 ***	0.155 ***	0.159 ***	0.154 ***
		(3.794)	(3.640)	(3.790)	(3.667)	(3.760)	(3.652)
管理层持股比例	MNG_HLD	0.097 ***	0.098 ***	0.098 ***	0.098 ***	0.098 ***	0.098 ***
		(8.538)	(8.596)	(8.544)	(8.564)	(8.575)	(8.571)
公司规模	SIZE	0.099 ***	0.103 ***	0.004 ***	0.004 ***	0.003 ***	0.003 ***
		(5.503)	(5.714)	(8.026)	(8.229)	(5.402)	(5.540)
盈利能力	ROA	− 4.884 ***	− 5.096 ***	− 0.346 ***	− 0.351 ***	− 0.368 ***	− 0.373 ***
		(− 12.880)	(− 13.425)	(− 37.659)	(− 38.123)	(− 29.099)	(− 29.393)
负债率	LEV	− 0.353 ***	− 0.320 ***	− 0.016 ***	− 0.015 ***	− 0.017 ***	− 0.016 ***
		(− 4.360)	(− 3.961)	(− 7.920)	(− 7.549)	(− 6.173)	(− 5.886)
成长机会	MTB	0.031 ***	0.035 ***	0.002 ***	0.002 ***	0.003 ***	0.003 ***
		(2.717)	(3.106)	(6.795)	(7.162)	(8.686)	(8.946)
常数项	Constant	− 2.683 ***	− 2.756 ***	− 0.084 ***	− 0.085 ***	− 0.064 ***	− 0.066 ***
		(− 5.864)	(− 6.047)	(− 7.533)	(− 7.707)	(− 4.209)	(− 4.325)
年度、季度	Year、Qua	控制	控制	控制	控制	控制	控制
行业	Ind	控制	控制	控制	控制	控制	控制
调整后 R^2	Adj R^2	0.065	0.073	0.304	0.309	0.223	0.226
F 值	F	6.784	7.378	36.78	36.81	24.47	24.34
样本量	N	11057	11057	11057	11057	10862	10862

注：括号内为 t 统计量，*** 、** 、* 分别表示在 1%、5% 和 10% 的水平上显著。

4.5　稳健性检验

4.5.1　更换样本考察区间

前文研究了控股股东股权质押前 90 天内管理层盈余预测策略在消息性质和偏差两方面的特征。我们进一步缩小盈余预测样本的选择范围，将 PRE45（30）定义为盈余预测是否在控股股东股权质押前 45（30）日内的虚拟变量，若是，则 PRE45（PRE30）取值为 1，否则为 0；采用 PRE45（PRE30）重新对模型 4.1 和模型 4.2 进行回归，回归结果分别见表 4.7 和表 4.8。表 4.7 和表 4.8 的回归结果显示，前文研究结论仍然成立。

表 4.7　　　　控股股东股权质押与盈余预测消息性质（稳健性检验）

变量名称	变量符号	GOODNEWS			
		（1）	（2）	（3）	（4）
质押前 45 天内预测	PRE45	0.089 **	0.048	—	—
		（2.347）	（0.610）	—	—
质押前 45 天内的自愿预测	PRE45 × VD	—	0.341 ***	—	—
		—	（3.030）	—	—
质押前 30 天内预测	PRE30	—	—	0.087 **	0.038
		—	—	（2.192）	（0.423）
质押前 30 天内的自愿预测	PRE30 × VD	—	—	—	0.301 **
		—	—	—	（2.292）
诉讼风险	LitRisk	2.227	2.161	2.241	2.147
		（0.523）	（0.507）	（0.527）	（0.504）
盈余增加	Increase	1.110 ***	1.123 ***	1.112 ***	1.119 ***
		（10.318）	（10.451）	（10.339）	（10.415）
盈余波动	Volatility	−10.760 ***	−10.605 ***	−10.749 ***	−10.653 ***
		（−7.299）	（−7.208）	（−7.292）	（−7.239）
会计信息质量	Accrual	2.470 ***	2.455 ***	2.474 ***	2.457 ***
		（4.857）	（4.824）	（4.867）	（4.830）
控制变量	CVs	控制	控制	控制	控制
年度、季度、行业	Year、Qua、Ind	控制	控制	控制	控制
伪 R^2	Pseudo R^2	0.246	0.248	0.246	0.247
卡方值	Chi^2	2198	2207	2197	2203
样本量	N	21658	21658	21658	21658

注：括号内为 z 统计量；***、**、* 分别表示在 1%、5% 和 10% 的水平上显著。

表 4.8 控股股东股权质押与盈余预测偏差（稳健性检验）

变量名称	变量符号	BIAS1			
		（1）	（2）	（3）	（4）
质押前 45 天内预测	PRE45	0.023 ***	0.069 **	—	—
		（2.835）	（2.054）	—	—
质押前 45 天内的自愿预测	PRE45 × VD		0.220 ***	—	—
		—	（4.775）	—	—
质押前 30 天内预测	PRE30	—	—	0.022 ***	0.073 *
		—	—	（2.720）	（1.914）
质押前 30 天内的自愿预测	PRE30 × VD	—	—		0.223 ***
		—	—	—	（4.106）
诉讼风险	LitRisk	− 4.365 **	− 4.082 *	− 4.362 **	− 4.263 **
		（− 2.031）	（− 1.905）	（− 2.029）	（− 1.988）
盈余增加	Increase	− 0.011	− 0.006	− 0.011	− 0.007
		（− 0.252）	（− 0.142）	（− 0.242）	（− 0.147）
盈余波动	Volatility	1.833 ***	1.924 ***	1.842 ***	1.905 ***
		（3.862）	（4.065）	（3.883）	（4.022）
会计信息质量	Accrual	1.340 ***	1.314 ***	1.341 ***	1.314 ***
		（6.819）	（6.709）	（6.826）	（6.700）
控制变量	CVs	控制	控制	控制	控制
年度、季度、行业	Year、Qua、Ind	控制	控制	控制	控制
调整后 R^2	Adj. R^2	0.0658	0.0716	0.0658	0.0700
F 值	F	6.778	7.183	6.773	7.033
样本量	N	11057	11057	11057	11057

注：括号内为 t 统计量，*** 、** 、* 分别表示在 1%、5% 和 10% 的水平上显著。

4.5.2 更换盈余预测好消息度量方式

我们还采用管理层发布季度盈余预测产生的累积非正常收益率（CAR）未衡量管理层盈余预测的消息性质。具体方法是，采用市场模型计算每家公司的日超额收益率（AR），以发布前 1 日、发布当天和发布后 1 日为事件期，以管理层盈余预测日为 0 日，以盈余预测发布前 300 个交易日至 270 个交易日为估计期，并采用估计期的个股日收益率和市场收益率估计事件期内的理论收益率，并用个股的实际收益率减去理论收益率得到日超额收益率（AR），将 -1 日、0 日和 1 日的日超额收益率（AR）加总得到累计超额收益率（CAR [-1，1]）。如果 CAR [-1，1] > 0，则认为该盈余预测为好消息预测，否则为坏消息预测。将模型 4.1 中的被解释变量重新替换为采用该方法度量的好消息（GOODNEWS），回归结果不改变已有的研究结论。

4.5.3 内生性问题

理论上，可能存在具有某类特征（如融资约束、盈利能力）的上市公司被控股股东股权质押的可能性高，而具有这类特征的公司管理层自身也有更强的动机发布"好消息"和"乐观偏差"盈余预测，由此导致遗漏变量产生的内生性问题。除运用 OLS 分析外，我们采用两阶段最小二乘法（2SLS）进行回归。前文第 3 章研究发现，融资约束、资产担保能力和信用等级都会影响上市公司控股股东股权质押的意愿，鉴于此，在第一阶段回归中，采用 Probit 回归方法，以控股股东质押前 90 天的盈余预测虚拟变量（PRE90）为被解释变量，以融资约束（FC）、资产担保能力（COLL）、信用等级（Z）、资本市场态势（BULL）、货币市场态势（MP）及公司特征（控股股东持股比例、产权性质、公司规模、负债率、盈利能力、公司年龄、成长性、审计意见、行业等）为自变量和控制变量，具体参见模型 3.1；在第二阶段，我们采用第一阶段回归得到 PRE90 的预测值代替实际值重新对模型 4.1 进行回归，第二阶段的回归结果见表 4.9。从表 4.9 可知，PRE90 预测值的回归系数在 1% 的水平上显著为正，这与回归结果一致，表明管理层在控股股东股权质押前会发布好消息和乐观偏差盈余预测。

表 4.9 控股股东股权质押与管理层盈余预测 2SLS 回归——第二阶段结果

变量名称	变量符号	第二阶段	
		GOODNEWS	BIAS1
质押前 90 天发布预测的概率	$P\hat{RE}90$	1.400 ***	1.145 ***
		(3.290)	(9.194)
质押前 90 天发布自愿预测的概率	$P\hat{RE}90 \times VD$	0.701 ***	0.531 ***
		(3.037)	(6.268)

续表

变量名称	变量符号	第二阶段	
		GOODNEWS	BIAS1
诉讼风险	LitRisk	6. 142 **	− 5. 348 ***
		(1. 977)	(− 3. 869)
盈余增长	Increase	1. 231 ***	0. 089 ***
		(18. 035)	(4. 589)
盈余波动	Volatility	− 12. 267 ***	1. 333 ***
		(− 12. 945)	(4. 306)
会计信息质量	Accrual	2. 201 ***	1. 099 ***
		(7. 482)	(9. 080)
产权性质	SOE	− 0. 096	− 0. 041
		(− 1. 530)	(− 1. 568)
控股股东持股比例	TOP1	0. 026	0. 071 **
		(0. 331)	(2. 233)
股权制衡度	BALANCE	− 0. 932 ***	0. 180 **
		(− 5. 321)	(2. 490)
董事会规模	BDSIZE	− 0. 235 ***	0. 126 ***
		(− 3. 041)	(3. 679)
独立董事持股比例	INDR	− 0. 013	− 0. 004
		(− 0. 966)	(− 0. 603)
两职合一	DUAL	0. 103	0. 120
		(0. 277)	(0. 728)
管理层持股比例	MNG_HLD	0. 109 ***	0. 037 **
		(2. 690)	(2. 116)
公司规模	SIZE	0. 162 ***	0. 050 ***
		(5. 912)	(4. 229)
盈利能力	ROA	46. 516 ***	− 4. 707 ***
		(48. 163)	(− 21. 234)
负债率	LEV	0. 983 ***	− 0. 583 ***
		(7. 949)	(− 12. 220)
成长机会	MTB	0. 066 ***	0. 014 *
		(3. 728)	(1. 748)

续表

变量名称	变量符号	第二阶段	
		GOODNEWS	BIAS1
常数项	Constant	-2.403^{***}	-1.088^{***}
		(-3.558)	(-4.332)
年度、季度、行业	Year、Qua、Ind	控制	控制
伪 R^2、调整后 R^2	Pseudo/Adj R^2	0.299	0.059
卡方值/F 值	Chi^2/F	8240	41.12
样本量	N	21658	11057

注：括号内为 z（t）统计量；***、**、*分别表示在1%、5%和10%的水平上显著。

4.6　进一步研究

管理层在发布盈余预测时不仅会考虑盈余预测的消息性质和偏差，也可能会考虑是否自愿、及时发布预测以及盈余预测准确度等方面的特征。

4.6.1　盈余预测自愿性

信号传递理论认为，信息不对称导致逆向选择和道德风险，进而影响资源配置效率。为了降低信息不对称引发的交易成本，作为"信息优势方"的上市公司"内部人"（主要包括公司控股股东和管理层等）会主动传递信息给作为"信息劣势方"的外部投资者和债权人。代理成本理论也指出，"股东—管理层"以及"控股股东—中小股东"的代理问题引发内外部代理成本，管理层主动、自愿地披露信息有助于降低这两类代理成本。戴蒙德和威瑞恰（1991）、波特山（1997）、依思蕾和欧哈那（Easley and O'Hara，2004）、斯肯尔（Skinner，1994）、费尔德等（Field et al.，2005）的研究表明，自愿信息披露不仅有助于降低信息不对称和逆向选择成本，还有助于降低公司资本成本和诉讼风险。国内相关研究表明，与强制预测相比，自愿盈余预测具有更高的市场关注度（韩传模和杨世鉴，2012）。

我们进一步研究了控股股东股权质押前的盈余预测的自愿性特征，自愿预测（VD）的定义如前文所述。表4.10 中模型1 和模型2 列示了相应的回归结果（相关控制变量已省略），由于消息性质可能会影响管理层是否自愿发布盈余预测，因此，我们将 PRE90 与 GOODNEWS 的交乘项放入回归模型中进行检验，并预计交乘项系数显著为正。从表4.10 中模型1 的回归结果可以看出，PRE90 的回归系数为正（0.122），且在 1% 的水平上显著，边际效应结果表明，控股股东股权质押将管理层自愿发布盈余预测的可能性提高了 10% 左右；模型 2 中交乘项 PRE90×GOODNEWS 的回归系数显著为正，与我们的预期相符，表明与坏消息预测相比，管理层在控股股东股权质押前发布的好消息预测更具及时性。因此，模型 1 和模型 2 的回归结果表明，控股股东股权质押提高了管理层发布盈余预测的积极性和自愿性，从而再次佐证了管理层存在为配合控股股东股权质押的机会主义盈余预测行为。

4.6.2　盈余预测及时性

管理层进行盈余预测的目的是要向市场提供前瞻性的信息，以为相关外部利益相关者的决策提供参考。如果管理层预测不及时，那么，盈余预测可能非但不能成为决策者的参考依据，还可能误导决策者的判断。因此，及时性也是管理层盈余预测的重要特征之一。参照现有文献，我们将"盈余预测发布日与财务报告结束日之间的间隔天数取自然对数"定义为盈余预测及时性（Horizon），Horizon 值越大，表明盈余预测越及时，并进一步研究了控股股东股权质押与盈余预测及时性之间的关系。表4.10 中模型 3 和模型 4 列示了相应的回归结果（相关控制变量已省略）。根据吉沃利和帕默（Givoly and Palmon，1982）的研究，由于消息性质（GOODNEWS）和是否自愿预测（VD）均可能影响管理层盈余预测的及时性，因此，我们将股权质押变量（PRE90）分别与 GOODNEWS、VD 进行交乘，并放入回归模型中进行检验，并预计各交乘项的回归系数显著为正。

从表4.10 可知，在模型 3 中 PRE90 的回归系数在 10% 的水平上显著为正，说明控股股东股权质押的确会提高管理层盈余预测的及时性；在模型 4 中，交乘项 PRE90×GOODNEWS 回归系数为正（0.077），且通过了 1% 的显著性水平检验，说明与坏消息预测相比，管理层在控股股东股权质押前会更为及时地发布好消息预测；相应地，交乘项 PRE90×VD 的回归系数也均为正

（0.111），也在 1% 的水平上显著，说明与强制性质的预测相比，管理层在控股股东股权质押前发布的自愿性质预测更具有及时性。因此，表 4.10 中模型 3 和模型 4 的回归结果表明，控股股东股权质押使得管理层更及时发布预测，即控股股东股权质押提高了管理层对盈余预测披露时间的操纵动机，这也进一步证实了管理层存在为配合控股股东股权质押的机会主义盈余预测行为。

此外，我们也考察了控股股东股权质押前的盈余预测准确度，但并未发现较为显著的结果。其可能的原因在于管理层发布较高准确度的预测对于公司股价的影响有限，进而对控股股东是否能够成功获得质押资格和获得较多数量质押融资的帮助也较小，由此导致控股股东股权质押前的盈余预测并不存在"高准确度"① 的特征。

表 4.10　　　　　　　　控股股东股权质押与盈余预测自愿性和及时性

变量名称	变量符号	VD		Horizon	
		自愿预测		盈余预测及时性	
		（1）	（2）	（3）	（4）
质押前 90 天内预测	PRE90	0.122 ***	− 0.230 ***	0.023 *	− 0.075 ***
		（2.851）	（− 3.077）	（1.650）	（− 3.092）
质押前 90 天内的好消息预测	PRE90 × GOODNEWS	—	0.495 ***	—	0.077 ***
		—	（5.820）	—	（2.848）
质押前 90 天内的自愿预测	PRE90 × VD	—	—	—	0.111 ***
		—	—	—	（4.340）
控制变量	CVs	控制	控制	控制	控制
年度、季度	Year、Qua	控制	控制	控制	控制
行业	Ind	控制	控制	控制	控制
伪 R^2/调整后 R^2	Pseudo/Adj R^2	0.365	0.366	0.365	0.366
卡方值/F 值	Chi^2/F	247.8	239.1	247.8	239.1
样本量	N	21658	21658	21658	21658

注：括号内为 t 统计量，***、**、* 分别表示在 1%、5% 和 10% 的水平上显著。

---

① 管理层盈余预测形式包括点预测、闭区间、开区间和定性预测，其准确度相继降低。

4.6.3　对质押期内和解押后的管理层盈余预测策略的考察

除对管理层在控股股东股权质押前的盈余预测策略进行检验外，我们也检验了管理层在控股股东股权质押期内（IN）和解押后（POST）^①的盈余预测"消息属性"和"偏差"。回归结果见表4.11。从表4.11可知，IN 的回归系数为正且在 1% 的水平上显著，表明处于控股股东质押期内的公司管理层仍然会发布"好消息"和"乐观偏差"的预测，但发布"好消息"动机和"乐观偏差"幅度都分别低于质押前，这可能是因为，处于质押期内的控股股东仍然需要将股价维持在较高水平，以防止因为股价下跌（甚至暴跌）而丧失控制权；此外，POST 的回归系数为负或不显著为正，表明随着解押后的控股股东对高股价诉求降低，管理层发布"好消息"和"乐观偏差"盈余预测的动机随之减弱，由此表明管理层存在为配合控股股东质押的机会主义盈余预测动机在质押前最强，质押期内次之，解押后最弱，即管理层的机会主义盈余预测行为更多的是一种"事前"行为。

表 4.11　　　　　　　　质押期内和解押后的管理层盈余预测策略

变量名称	变量符号	GOODNEWS	BIAS1
		消息性质	预测偏差
		（1）	（2）
质押前 90 天内预测	PRE90	0.277 ***	0.085 ***
		(5.818)	(3.880)
质押期内的预测	IN	0.100 ***	0.021 ***
		(2.672)	(3.240)
解押后的预测	POST	− 0.240 **	0.058
		(− 2.170)	(0.834)
诉讼风险	LitRisk	3.860	− 3.917 ***
		(1.493)	(− 2.876)

---

① IN 对于控股股东股权质押期内的季度赋值为 1，否则为 0；POST 对于控股股东完全解押后的季度赋值为 1，否则为 0。

续表

变量名称	变量符号	GOODNEWS	BIAS1
		消息性质	预测偏差
		（1）	（2）
盈余增加	Increase	0. 520 ***	0. 117 ***
		（12. 043）	（5. 969）
盈余波动	Volatility	－ 10. 234 ***	0. 982 ***
		（ － 12. 028）	（3. 311）
会计信息质量	Accrual	2. 510 ***	1. 322 ***
		（8. 859）	（10. 945）
年、季、行业	Year、Qua、Ind	控制	控制
控制变量	CVs	控制	控制
伪 R^2/调整后 R^2	Pseudo/Adj R^2	0. 259	0. 057
卡方值/F 值	Chi^2/F	7021	14. 90
样本量	N	21658	11057

注：括号内为 z（t）统计量，***、**、*分别表示在1%、5%和10%的水平上显著。

4.6.4 盈余预测公告日前的市场表现、股权质押与管理层盈余 预测

前文的研究发现，上市公司管理层存在为配合控股股东股权质押而发布"好消息"和"乐观偏差"盈余预测的机会主义行为，目的是获得质押资格，提高公司股价以降低控股股东的质押成本。我们进一步对样本公司在控股股东股权质押前的股价表现进行了区分，预计控股股东股权质押前（也是管理层盈余预测前）股价表现较差的公司管理层在控股股东股权质押前发布"好消息"和"乐观偏差"盈余预测的行为更加明显。

为检验该问题，我们首先采用市场调整法计算样本公司 i 在 t 日的超额收益率。用 $R_{i,t}$ 表示公司 i 第 t 日的收益率，$R_{m,t}$ 表示第 t 日的市场收益率，则公司 i 相对于市场的超额收益率 $AR_{i,t} = R_{i,t} - R_{m,t}$。再将每次盈余公告日附近的超额收益率简单加总计算累积超额收益率 $CAR_i(t_1, t_2) = \sum_{t_1}^{t_2} AR_{i,t}$。其次，采用模型 4.5 进行检验，有：

$$GOODNEWS/BIAS1 = \beta_0 + \beta_1 PreCAR + \beta_2 PreCAR \times Pledge + Pledge + CVs$$

$$\sum Year + \sum Qua + \sum Ind + \varepsilon \qquad (4.5)$$

其中，解释变量为上市公司在季度盈余预测公告日前 [-20, -2] 时段内的超额累计收益率（PreCAR），用以测度股票在管理层发布盈余预测前的市场表现；Pledge 对于盈余预测公告日后 90 天内控股股东股权质押的样本为 1，否则为 0。为便于表述的方便，我们对 PreCAR 取相反数，PreCAR 的取值越高表明盈余预测公告日前的公司股价表现越差，并预计 PreCAR × Pledge 的回归系数显著为正。回归结果如表 4.12 所示。

从表 4.12 的回归结果可知，PreCAR 的回归系数显著为正，且在 1% 的水平上显著，表明盈余预测公告日前的市场表现越差，管理层发布好消息预测的可能性越大，且预测越乐观。PreCAR × Pledge 的回归系数显著为正，表明在前期市场表现不好的情况下，股权质押公司的管理层发布"好消息"盈余预测的可能性更大，发布的盈余预测的"乐观偏差"也更大，由此进一步证实了管理层存在为配合可控股股东股权质押而在"事前"实施的机会主义盈余预测行为。

表 4.12　盈余预测公告日前的市场表现、股权质押与管理层盈余预测

变量名称	变量符号	GOODNEWS 消息性质 (1)	BIAS1 预测偏差 (2)
预测公告日前 20 天内的超额累积收益率	PreCAR	17.862 *** (31.731)	2.309 *** (10.886)
质押前发布的预测公告日前 20 天内的超额累积收益率	PreCAR × Pledge	8.157 *** (3.403)	2.489 ** (2.420)
是否发生股权质押	Pledge	0.208 ** (2.494)	0.021 (0.635)
诉讼风险	LitRisk	-3.128 (-1.042)	0.954 (0.670)
盈余增加	Increase	0.941 *** (14.600)	-0.072 *** (-2.768)

续表

变量名称	变量符号	GOODNEWS	BIAS1
		消息性质	预测偏差
		(1)	(2)
盈余波动	Volatility	-15.405***	1.273***
		(-15.241)	(4.427)
会计信息质量	Accrual	2.317***	0.841***
		(8.197)	(7.897)
常数项	Constant	-4.383***	-1.857***
		(-8.830)	(-8.188)
年度、季度、行业	Year、Qua、Ind	控制	控制
控制变量	CVs	控制	控制
伪 R^2/调整后 R^2	Pseudo/Adj R^2	0.322	0.208
卡方值/F 值	Chi^2/F	9595	65.11
样本量	N	21658	11057

注：括号内为 z 统计量，***、**、* 分别表示在 1%、5% 和 10% 的水平上显著。

4.7 本章小结

本章采用 2004~2015 年间 A 股非金融上市公司数据，从"消息性质"和"预测偏差"方面考察了管理层在控股股东股权质押前的盈余预测策略，发现中国管理层存在为配合控股股东股权质押的策略性盈余预测行为。具体而言：（1）管理层倾向于在控股股东股权质押前发布"好消息"盈余预测，且管理层在自愿预测中发布"好消息"盈余预测的动机更大。（2）股权质押前的预测存在较为明显的"乐观偏差"，且自愿预测情形下的"乐观偏差"更为明显。上述研究结论通过了一系列稳健性检验。进一步研究发现，与管理层在控股股东股权质押前 90 天外发布的盈余预测相比，管理层在控股股东股权质押前 90 天内发布的盈余预测也具有自愿性和及时性特征。

本章研究的发现对于质权人、市场监管者和投资者等各方具有重要意义。首先，质权人需要认识到控股股东股权质押前的盈余预测一定程度上存在被操纵的可能，因而需要对质押股东及其股票价值审慎考核，加强质权人的治理功能。其次，对市场监管者和交易所等相关机构而言，需要加强对控股股东股权质押前"机会主义"盈余预测行为（特别是对管理层自愿发布的盈余预测）的关注和监管，降低上市公司管理层出于控股股东利益而有意虚增盈余、误述相关信息的可能，从而保护外部投资者的利益。最后，对中小投资者而言，识别管理层在控股股东股权质押前自愿发布的盈余预测特征，有助于投资者判断股权质押公司投资风险，从而做出正确的投资决策。

⑤

控股股东股权质押与盈余管理

第 4 章研究发现,上市公司管理层在控股股东股权质押前的盈余预测中存在机会主义的信息披露行为,目的是要通过维持和提高股价,帮助控股股东获得质押资格、降低质押的利息成本和股权成本。相关研究表明,股价波动与盈余管理有关,那么,除盈余预测外,管理层是否还会采用盈余管理手段来影响股价,从而降低质押成本以支持控股股东质押呢?斯隆(Sloan,1996)、王庆文(2005)研究认为,由于投资者根据企业会计盈余进行股票定价,而应计异象的存在表明投资者无法对会计盈余进行正确的定价,因此,应计异象的存在为控股股东要求管理层进行盈余管理配合其股权质押提供了客观条件。与现有研究主要从"事后"角度关注"质权人监督效应"下的管理层盈余管理行为不同,我们将关注点转到"事前",考察管理层在控股股东股权质押前的盈余管理行为的存在性及特征。

5.1 引言

盈余管理一直是财务和会计领域研究的热点话题。希利和瓦伦(Healy and Whalen,1999)将盈余管理定义为实际控制者或管理当局运用职业判断编制财务报告和通过规划交易以变更财务报告的机会主义行为,以误导那些以经营业绩为基础的决策行为或影响那些以报告数字为基础的契约后果。在众多的盈余管理动机中,融资需求无疑是上市公司管理当局进行盈余管理的主要动机之一。费德曼(Friedman,1994)、特诺等(Teoh et al.,1998a)、杜洽密等（DuCharme et al.，2004）研究表明，为达到 IPO 过程中监管部门对公司盈利能力的要求，管理层时常会进行盈余管理。汉森等（Hansen et al.，1990）、特诺等（Teoh et al.，1998b）、冉甘（Rangan，1998）、司瓦库玛（Shivakumar，2000）、陆正飞和魏涛（2006）发现了管理层在股权再融资过程中的盈余管理行为。何等（He et al.，2011）、章卫东（2010）、田昆儒和王晓亮（2014）提供了上市公司在定向增发过程中存在盈余管理的证据。此外，马格提司（Margetis，2004）研究表明，为满足可转债发行中监管部门对公司盈利能力的要求，公司管理层会进行盈余操纵来获取融资。同时，艾瑞克森和王（Erickson and Wang，1999）、罗伊斯（Louis，2004）、詹森（Jensen，2005）、龚等（Gong et al.，2008）、波特萨瑞和米克斯（Botsari and Meeks，2008）、汇金斯（Higgins，2013）发现，管理层也会在公司换股合并过程中进行正向的盈余管理，而帕克和帕克（Park and Park，2004）、程和瓦费尔德（Cheng and Warfield，2005）、马克威等（McVay et al.，2006）、蔡宁（2009）发现了管理层在内部人交易中进行正向盈余管理的证据。然而，佩瑞和威廉姆斯（Perry and Williams，1994）发现，公司会在管理层收购（MBO）前进行负向盈余管理来降低购买成本。可见，管理层会实施以影响股价为目的的机会主义盈余管理行为。由于上市公司实施机会主义盈余管理①将降低会计信息的可靠性和决策有用性，误导投资者、债权人、会计准则制定及监管机构等相关会计信息使用者的决策并损害他们的利益（李延喜等，2007），甚至还会导致资本市场资源错误配置（马永强等，2014），这使得我们研究上市公司盈余管理动因具有十分重要的现实意义。本章旨在探讨我国上市公司盈余管理的新动因——控股股东股权质押融资。

目前，国内外学者已对控股股东股权质押与盈余管理之间的关系进行了一些研究，研究问题主要集中在控股股东股权质押与"事后"的应计和真实活动盈余管理两个方面，但研究结论不尽相同。考和陈（Kao and Chen，2007）研究表明，我国台湾地区上市公司董监事股权质押与应计盈余管理之间存在显著的正相关关系。大陆学者黄志忠和韩湘云（2014）也研究发现，

---

① 盈余管理按照属性，可划分为机会主义性质的盈余管理和信息传递性质的盈余管理，本章主要研究的是机会主义性质的盈余管理。

我国 A 股上市公司大股东股权质押会引发公司进行应计盈余管理。而谢德仁等（2016）指出，股权质押公司会通过应计盈余管理等进行市值管理，有助于降低上市公司的股价暴跌风险。然而，也有学者发现，股权质押与应计盈余管理之间存在负相关关系。例如，王斌和宋春霞（2015）的经验证据表明，在质权人监督效应下，股权质押公司会减少应计盈余管理行为。阿斯嘉等（2016）针对印度上市公司的研究表明，应计盈余管理与股权质押规模存在显著的负相关关系。可见，现有文献在股权质押与应计盈余管理关系问题的研究结论上出现了明显的分歧，究其原因可能在于模型设计、数据选择和样本区间等方面的差异。另外，就真实活动盈余管理而言，王斌和宋春霞（2015）的经验证据表明，处于质权人监督效应下的上市公司虽然会减少应计盈余管理，但会转为采用隐蔽性更高的真实活动盈余管理，即股权质押与真实盈余管理之间存在显著的正相关关系。阿斯嘉等（2016）也发现，与不存在大股东股权质押的公司相比，存在大股东股权质押的印度上市公司具有相对更低的异常研发费用，但未发现质押公司具有更低的异常广告费用，说明股权质押会引发上市公司进行费用操控类型的真实活动盈余管理行为。

然而，上述文献都是从"事后"角度研究股权质押对上市公司盈余管理动机和行为的影响，却尚未有文献从"事前"角度考察控股股东股权质押融资需求所引发的管理层盈余管理行为及其特征。仅有谭燕和吴静（2013）从控股股东迎合质权人对质押品质量审查的角度进行了研究，发现控股股东股权质押前有动机减少应计盈余管理，以提高质押品质量来博取质权人的青睐，进而更易获得质押贷款。但在研究设计上，现有文献在考察控股股东股权质押与盈余管理关系的问题时，没有对控股股东股权质押的不同阶段（"质押前""质押当期""质押期内"）进行控制，因而研究结论的可靠性存疑。

由于质权人与质押股东之间存在信息不对称，质权人只能根据质押公司公布的经营现状和发展前景等财务会计信息来分析和判断股票价值，导致控股股东可能要求管理层在质押前实施正向的盈余管理来获得质押资格和降低质押成本。具体而言，股权质押会诱发管理层在控股股东质押前实施正向盈余管理至少包括以下三方面的原因：

首先，较高的会计盈余可向质权人传递公司经营状况或财务状况良好的积极信号，从而提高质权人对质押股份质量的信任。"某大型股份制商业银行"在其《股票质押类业务准入指引》中明确规定，对于上年亏损且本年无明显好转或本年度、季度亏损的上市公司股票采取"谨慎"的态度或直接"不予受理"。可见，银行等金融机构质权人对质押公司的持续盈利能力做出了明确规定。因此，上市公司在质押前的会计盈余是否出现"亏损"将直接影响控股股东质押融资的可获得性。

其次，尽管股权质押是近年来我国资本市场出现的一种新型的融资方式，但受理该项业务的工作人员通常来源于银行内部的传统信贷部门，这使得股权质押中业务人员的工作思维和对项目的评判标准与传统的信贷审批标准①类似。换句话说，正如阿斯奎斯等（2005）和胡奕明等（2008）所言，传统的商业银行贷款中存在的"借款企业的财务状况越好、银行贷款利率越低"这一情形也可能适用于股东股权质押融资，即上市公司业绩越好，控股股东在与质权人的贷款定价博弈中也将具有更高的谈判力，从而降低借款利率。

最后，根据股权质押协议相关规定，股东通过股权质押的融资额度（初始交易金额）是"质押申请日前20个交易日标的证券收盘价的算术平均值与申请日前1个交易日标的证券收盘价的较低者""标的证券数量"和"质押率"的乘积②，其中，质押率③由质权人根据公司资质进行确定。也就是说，股东在提出质押申请时，质权人是按照被质押公司的股价为基础确定贷款额度的。由此看出，股东融资额度与质押前20个交易日股票均价（或前1个交易日股价）有着直接联系，且控股股东希望以较高的股价进行质押。由于控股股东能够显著影响公司管理层的财务报告行为，他们很有可能对公司会计盈余进行操纵影响股价，使得控股股东在出质相同数量股票的情况下可获得更多融资，从而降低其融资成本。因此，控股股东在股权质押前实施正向盈余管理的直接原因主要表现在为获得质押资格和提高融资额度上。控股股东的这种机会主义行为不但侵害了质权人的利益，同时也恶化了上市公司的信息环境，进而有损其他股东的利益，这使得我们研究控股股东股权质押前的

---

① 该观点来自我们对实务部门相关工作人士的采访。

② 计算公式为：初始交易金额＝min（出质人申请日前20个交易日标的证券收盘价算术平均值，出质人申请日前1个交易日标的证券收盘价）×标的证券数量×质押率。

③ 一般情况下，主板、中小板和创业板公司股票的质押率分别为0.5、0.4和0.3。

盈余管理行为具有重要的理论和现实意义。

利用中国 A 股上市公司 2004~2015 年的季度数据，我们在控制了控股股东股权质押当期和质押期内的条件下研究了上市公司在控股股东股权质押前的盈余管理行为及特征（具体包括盈余管理的方向和程度）。研究发现：（1）上市公司管理层的确存在为配合控股股东股权质押的"事前"、正向的应计和真实活动盈余管理行为。（2）控股股东预计质押规模越大，正向的应计和真实盈余管理幅度越大，负向盈余管理幅度越小。

本研究的贡献在于：第一，国内外学者已从"事后"角度对股东质押与盈余管理关系进行了研究，并取得了一些富有价值的研究成果（王斌和宋春霞，2015；谢德仁等，2017），但对上市公司在控股股东质押前的盈余管理行为的研究还十分不足。我们认为，上市公司在控股股东质押前的盈余管理动机和程度会大大强于质押期内甚至解押后的时期，这使得我们研究质押前的盈余管理行为更具价值。如果质权人不能有效甄别上市公司在控股股东质押前的盈余管理行为而被控股股东或管理层所误导，就很有可能错误地向高信用风险股东发放质押贷款，这不仅会直接提高质权人的逆向选择成本，还会使得质权人在面对质押物（股票）价值下降时丧失"谈判能力"。第二，现有研究多采用年度数据进行研究，忽略了上市公司盈余管理行为在不同季度、月份之间的差异和变化。由于《股份质押式回购协议》规定，"初始交易金额[①]"的确定采用"申请日前 20 个交易日标的证券收盘价的算术平均值"和"申请日前 1 个交易日标的证券的收盘价"二者之间较低者为基础确定，因此，上市公司没有必要提前数年通过操纵盈余来提高股价，而选择股权质押公告日前后的季度数据显得更有意义。

5.2 理论分析与研究假设

陈、何米尔和张（Chen，Hemmer and Zhang，2007）研究发现，会计盈

[①] 初始交易金额 = min（质押前 20 个交易日均价，前 1 个交易日收盘价）×标的证券数量×质押率。

余具有定价和反映管理层受托责任履行情况的双重功能。其中，会计盈余的定价功能使公司"内部人"有动机开展向上（向下）的盈余管理以推高（抑制）公司股价，从而获取私有利益。不过，在市场有效的情况下，一方面，公司现有和潜在的投资者将理性地预期到"内部人"的盈余管理动机，并及时地反映在公司股票定价中。泊和布朗（Ball and Brown, 1968）、伯兰德和托马斯（Bernard and Thomas, 1990）、欧森（Ohlson, 1995）、灿尼和李维斯（Chaney and Lewis, 1995）、费珊和欧森（Feltham and Ohlson, 1999）研究发现，股价波动与会计盈余之间存在正相关关系，较高的会计盈余意味着公司具有良好的经营状况，从而带来相对较好的股价表现，因此，上市公司会通过盈余管理达到误导公司外部利益相关者的目的，控股股东也会利用盈余管理手段影响股价从而获得私有收益（刘旻等，2005；张祥建和郭岚，2007；谢华和黄必一，2010）。另一方面，公司"内部人"却无法向投资者发送其"不会进行盈余管理"的可靠信号，以至于"内部人"不得不实施相应的盈余管理以抵消投资者的理性预期，并最终导致盈余管理的产生。

5.2.1 股权质押动机与应计盈余管理

斯隆（Sloan, 1996）、特诺等（Teoh et al., 1998a, 1998b）、柯林斯和何瑞巴（Collins and Hribar, 2000）、谢（Xie, 2001）、李远鹏和牛建军（2007）、樊行健等（2009）、李志文和宋云玲（2009）以及杨开元等（2013）等国内外诸多研究表明，可操控性应计利润较高公司的股价会被相对高估。特诺等（Teoh et al., 1998a）发现，新股发行前的盈余管理会导致股票错误定价。侯梅思和斯堪茨（Houmes and Skantz, 2010）发现，当期价值被高估的公司在未来一期有强烈的动机采用应计盈余管理来支撑被高估的股价，即股价高估程度与应计项目操纵之间存在显著的正相关关系。国内学者刘睿智和丁远丙（2009）、袁知柱等（2014）的研究也得到了类似的结论。

同时，巴通（Barton, 2001）和侯晓红等（2013）等研究发现，管理当局在盈余管理决策次序上是同时做出应计和真实盈余管理决策的。我们认为，公司管理当局会首选应计盈余管理来影响投资者对公司盈余的理解，从而影响公司股价。这是因为：一方面，与真实活动盈余管理相比，应计盈余管理的操纵成本相对较低，对公司价值的不利影响也相对较小，在应计盈余管理被发现的可能性较低的情况下，企业更有可能借助于对应计项目来调节盈余进而操纵股价（叶康涛等，2015）。因此，股权质押前，为避免公司价值减损，应计盈余管理是一个更好的选择。另一方面，控股股东进行股权质押后，上市公司将可能面临"控制权转移风险"和"杠杆化风险"（艾大力和王斌，2012），由于控制权发生转移会引起公司的发展战略、经营管理团队、核心技术人员、主营业务和经营业绩稳定性随之发生改变（王斌等，2013），导致控股股东股权质押将潜在地提高公司经营环境的不确定性。而一些研究表明，经营环境的不确定性会带来公司盈余波动，不仅会提高管理当局进行盈余预测的难度，降低盈余持续性，影响股价波动，还会向市场发送不利信号，提高公司权益融资成本（廖义刚，2015）和审计收费（陈骏等，2016）。因此，正如龚森和欧森（Ghosh and Olsen，2009）、申慧慧（2010）的研究结论所述，为应对经营环境不确定性所带来的盈余波动给管理当局薪酬、职业生涯和公司价值等方面带来的负面影响，管理当局也有动机进行应计盈余管理来应对这种不确定性的不利影响。根据以上分析，我们提出以下研究假设：

H5.1：在其他条件不变的情况下，上市公司管理层在控股股东股权质押前有强烈的动机实施正向的应计盈余管理行为。

5.2.2　股权质押动机与真实活动盈余管理

真实盈余管理通过影响公司现金流来影响会计盈余。本等（Bens et al.，2002）、甘尼（Gunny，2005）研究发现，真实活动盈余管理会带来公司未来会计业绩和现金流的下降，从长远来看会削弱公司竞争力，损害公司价值。例如，金和斯隆（Kim and Sohn，2013）发现，相比于应计盈余管理，真实活动盈余管理对未来的公司业绩会产生更大的不确定性，从而导致更高的风险溢价和权益资本成本。而国内研究方面，王亮亮（2013）也发现了真实活动盈余管理与权益资本成本之间的正相关关系。然而，泰勒和徐（Taylor and

Xu，2010）研究发现，适度的真实活动盈余管理并不会对未来的公司业绩产生显著的负面影响。

根据巴特武等（Bartov et al.，2002）、甘尼（Gunny，2010）提出的信号传递理论，真实活动盈余管理可以向市场发送公司未来良好发展的信号，提高投资者对公司的信任和声誉，稳定公司与客户、供应商和债权人之间的联系。例如，布格斯塔尔和狄启伍（Burgstahler and Dichev，1997）、巴特武等（Bartov et al.，2002）的研究发现，微利公司通过实施真实活动盈余管理，有助于提高其未来业绩达到相应的盈余阈值水平。洛褚德乎瑞（Roychowdhury，2006）研究表明，微利公司采用真实盈余管理可避免其年度报告发生亏损。在国内的研究中，李增福和郑友环（2010）发现，预期税率上升的公司倾向于实施真实盈余管理，而预期税率下降的公司倾向于实施应计盈余管理。蔡春等（2012）研究表明，濒死企业盈余管理方式越隐蔽，越有助于改善其状况。张云和张健（2014）发现，真实盈余管理能够帮助 ST 公司构建债务契约。曹国华和林川（2014）研究表明，发生大非减持的公司更倾向于进行真实盈余管理。李增福等（2011）对我国股权再融资公司的研究表明，上市公司在股权再融资过程中会同时使用两种盈余管理方式，且应计（真实活动）盈余管理将导致融资后公司业绩的短期（长期）下滑。顾润鸣和田存志（2012）发现，我国公司在 IPO 前也会同时进行应计和真实活动盈余管理，且 IPO 前的真实活动盈余管理对 IPO 之后公司业绩的负面影响更大。

同时，真实盈余管理也有助于企业获得外部融资。科恒和扎容文（Cohen and Zarowin，2010）发现，上市公司在股权再融资前和当年会同时采用应计和真实盈余管理。马永强等（2014）发现，进行了真实盈余管理的非国有企业能获得更多的信贷资源。随着我国法律水平的不断提高、监管政策的不断完善以及对外部投资者保护力度的不断加强，公司实施应计盈余管理的成本和风险不断提高，仅实施应计盈余管理可能难以满足控股股东质押获得质押资格和增加质押融资额的目的。相反，真实活动盈余管理更具隐蔽性，使得外部监管对管理层的真实活动盈余管理更难以有所作为（顾润鸣等，2012）。那么，在应对控股股东股权质押带来的公司经营环境不确定性时，真实盈余管理可能比应计盈余管理更具有同样的效果。所以，我们有理由相信，控股股东在质押前也会要求管理层实施正向的真实活动盈余管理。据此提出如下研究假设：

H5.2：在其他条件不变的情况下，上市公司管理层在控股股东股权质押前有强烈的动机通过构建真实的经济交易活动来进行正向盈余管理。

5.2.3 股权质押规模与应计盈余管理程度

在理性经济人假设下，控股股东质押规模将对管理层盈余管理程度产生重要的影响。这是因为，一方面，质押规模越大，控股股东从一个单位的盈余管理中可获得的"边际收益"越大，为了充分利用来之不易的质押资格和筹集到更多的资金，控股股东会有更大的动机要求管理层进行盈余管理。另一方面，龚森和欧森（Ghosh and Olsen，2009）发现，环境不确定性高的公司，进行应计盈余管理的程度也越高。由于控股股东股权质押会提高公司经营过程中的不确定性，因此，当控股股东计划增加质押规模时，不仅意味着控股股东具有较高的融资需求，还预示着公司经营将面临更大的不确定性，由此导致控股股东将影响管理层在其质押前进行较大幅度的正向应计盈余管理。谢德仁等（2017）最新的研究发现，存在控股股权质押的公司倾向于将开发支出资本化以进行正向盈余管理，待到解押后将开发支出费用化，由此表明控股股东股权质押会导致上市公司对具体会计政策的隐性选择行为。基于上述分析，我们提出如下研究假设：

H5.3：在其他条件不变的情况下，控股股东预计的股权质押规模越大，上市公司管理层在质押前实施的正向应计盈余管理程度越高。

5.2.4 股权质押规模与真实盈余管理程度

国内外研究表明，真实盈余管理使得企业经营管理偏离正常的经济活动，并给公司带来更大的影响，因而是上市公司盈余管理的次优选择。但与应计盈余管理相比，真实盈余管理更为隐蔽。因此，正如洛褚德乎瑞（Roychowdhury，2006）和科恒（Cohen，2008）研究发现，随着外部监管的加强，管理当局存在对真实盈余管理的选择偏好。国内一些研究表明，较高的融资需求会引发公司从事相关的真实盈余管理。例如，翟胜宝等（2015）对我国

2005～2011 年间 A 股公司的研究发现，融资需求与企业真实盈余管理显著正相关，且融资需求越大，越容易引发企业的真实盈余管理。王玉春和张玲玉（2016）发现，公司通过真实盈余管理上调的利润越多，获取的银行贷款额也越多。

我们认为，控股股东股权质押前的真实活动盈余管理程度与预计质押规模也可能存在显著的正相关关系。一方面，控股股东质押预示着公司未来会面临较大的经营活动的不确定性，而股权质押规模越大，上公司经营活动面临的不确定性更高，公司未来业绩的波动性更大。张金若等（2013）发现，较高程度的环境不确定性将导致严重的真实盈余管理。因此，我们认为，控股股东股权质押不仅会引发公司的真实活动盈余管理行为，且控股股东质押规模越大，公司的真实活动盈余管理程度更高。另一方面，艾维特和瓦金霍夫（Ewert and Wagenhofer，2005）研究认为，随着会计监管的加强，真实活动盈余管理的"边际收益"也随之上升。由于控股股东质押规模越大，质权人借出的款项将越多，质权人的风险意识也会相应增强，其对被质押公司及其控股股东的监督动机和监督力度也随之提高，使得公司管理层青睐于采用隐蔽性更高的真实盈余管理，由此导致真实活动盈余管理程度随着控股股东预计质押规模的扩大而提高。换句话说，控股股东预计质押规模越大，管理层在控股股东质押前也会进行更大程度的真实活动盈余管理。根据上述分析，我们提出如下研究假设：

H5.4：在其他条件不变的情况下，控股股东预计的股权质押规模越大，上市公司管理层在质押前实施的真实盈余管理程度越高。

5.3　研究设计

5.3.1　数据来源与样本筛选

我们选择 2004～2015 年沪、深两市 A 股上市公司为初选样本。财务数据来自 CSMAR 数据库，股东股权质押数据来自 RESSET 数据库。采用如下程序进行样本筛选：（1）剔除金融行业公司，原因在于金融行业公司采用的会计准则与其他行业存在较大差异，财务数据可比性较低；（2）剔除同时发行 B 股或 H 股的公司，原因在于这类公司与只发行 A 股的上市公司相比面临不同的监管环境，因而也从样本中剔除；（3）剔除资产负债率大于 1 的公司；（4）剔除样本期间曾经被 ST、＊ST 和已经退市公司，原因在于这类公司可能存在特殊的盈余管理动机；（5）剔除样本期内曾进行过配股、公开发行新股及公司债等公司在其再融资当季度及前后各一季度的样本，以排除公司再融资引起的盈余管理行为；（6）剔除季度样本量低于 10 个的行业内的公司观测，因为这些公司无法通过分行业、分季度回归得到准确的盈余管理变量；（7）剔除相关变量值缺失的样本。初步筛选后，我们得到 2004 ~ 2015 年间数据具有完整财务信息的 1653 家沪、深 A 的非金融类上市公司的 83222 个季度观测值。

5.3.2 模型设定

我们构建了如下模型，以分别检验上述研究假设：

$$EM = \beta_0 + \beta_1 PRE\_PLE + \beta_2 NEW\_PLE + \beta_3 CONT\_PLE + CVs + \sum Year +$$

$$\sum Qua + \sum Ind + \varepsilon \qquad\qquad (5.1)$$

$$EM = \beta_0 + \beta_1 PRE\_SPM + \beta_2 NEW\_SPM + \beta_3 CONT\_SPM + CVs + \sum Year +$$

$$\sum Qua + \sum Ind + \varepsilon \qquad\qquad (5.2)$$

其中，EM 表示公司 i 在 t 季度的盈余管理，具体包括 AEM、REM 和 TEM 三个变量。AEM（accrual earnings management）为应计盈余管理，包括 Pos-DA、DA、DA + 和 DA – 四个指标；REM（real earnings management）为真实活动盈余管理，包括 PosRM、RM、RM_CFO、RM_DISX 和 RM_PROD 五个指标。模型 5.1 中，我们主要关注回归系数 β_1 的符号及显著性，根据 H5.1 和 H5.2，预计 β_1 应该显著大于零，说明上市公司在控股股东股权质押前进行了正向的应计或真实活动盈余管理。模型 5.2 中，我们也主要关注回归系数 β_1 的符号及显著性，根据 H5.3 和 H5.4，预计 β_1 也应该显著大于零，说明上市公司在控股股东股权质押前的应计或真实活动盈余管理程度与预计质押规模显著正相关。

5.3.3　变量定义

1. 被解释变量

（1）应计盈余管理。计量盈余管理的方法主要包括应计项目分离法、盈余分布检测法和具体项目法，其中，学术界较为广泛地采用应计项目分离法[①]。迪琼等（Dechow et al.，1995）发现，截面修正的琼斯模型能很好地度量应计盈余管理，因此我们也采用该方法度量应计盈余管理。修正的琼斯模型如模型（5.4）所示：

$$\frac{TAC_{i,q}}{TA_{i,q-1}} = \alpha_1\left(\frac{1}{TA_{i,q-1}}\right) + \alpha_2\left(\frac{\Delta REV_{i,q}}{TA_{i,q-1}}\right) + \alpha_3\left(\frac{PPE_{i,q}}{TA_{i,q-1}}\right) + \varepsilon_{i,q} \tag{5.3}$$

$$\frac{TAC_{i,q}}{TA_{i,q-1}} = \alpha_1\left(\frac{1}{TA_{i,q-1}}\right) + \alpha_2\left(\frac{\Delta REV_{i,q} - \Delta REC_{i,q}}{TA_{i,q-1}}\right) + \alpha_3\left(\frac{PPE_{i,q}}{TA_{i,q-1}}\right) + \varepsilon_{i,q} \tag{5.4}$$

$$NDA_{i,q} = \hat{\alpha}_1\left(\frac{1}{TA_{i,q-1}}\right) + \hat{\alpha}_2\left(\frac{\Delta REV_{i,q} - \Delta REC_{i,q}}{TA_{i,q-1}}\right) + \hat{\alpha}_3\left(\frac{PPE_{i,q}}{TA_{i,q-1}}\right) \tag{5.5}$$

$$DA_{i,q} = \frac{TAC_{i,q}}{TA_{i,q-1}} - NDA_{i,q} \tag{5.6}$$

其中，$TAC_{i,q}$ 表示 i 公司 q 季度的总应计利润，为季度营业利润（NI）与经营活动现金流量净额（CFO）之差；$TA_{i,q-1}$ 为公司上季度末的总资产；$\triangle REV_{i,q}$ 是 i 公司 q 季度与上一季度主营业务收入的变化额；$PPE_{i,q}$ 为 i 公司 q 季度的固定资产原值；$\triangle REC_{i,q}$ 为 i 公司 q 季度的应收账款净额的变化额[②]。

在计算时，我们首先对式（5.3）表示的基本的琼斯模型分行业、分季度进行横截面 OLS 回归，得到回归系数 $\hat{\alpha}_1$、$\hat{\alpha}_2$、$\hat{\alpha}_3$，再将 $\hat{\alpha}_1$、$\hat{\alpha}_2$、$\hat{\alpha}_3$ 代入式

[①]　盈余管理模型包括希利（Healy，1985）模型、迪安吉罗（DeAngelo，1986）模型、琼斯（Jones，1991）提出的 Jones 模型、迪琼等（Dechow et al.，1995）提出的修正的 Jones 模型、迪琼和狄启伍（Dechow and Dechiev，2002）提出的 DD 模型、弗兰茨等（Francis et al.，2005）以及董一勒和马克威（Doyle and McVay，2007）提出的修正的 DD 模型、柯萨瑞等（Kothari et al.，2005）提出的业绩匹配模型、康和司瓦库马（Kang and Sivaramakrishnan，1995）提出的 KS 模型等。

[②]　计算非操纵性应计时减去了应收款项变动，是因为修正的 Jones 模型假设此项是经管理当局的操纵所致。

（5.4）表示的修正的 Jones 模型中，由此计算出式（5.5）表示的每家公司季度的正常应计利润 $NDA_{i,q}$，然后用式（5.4）表示的总应计利润减去式（5.5）表示的正常应计利润，得到式（5.6）表示的残差项 $\varepsilon_{i,q}$，即为操控性应计利润 $DA_{i,q}$，用以反映公司季度的应计盈余管理水平。DA 越大，表示应计盈余管理的程度越高。进一步，对应计盈余管理的方向加以区分：当 $DA > 0$ 时，说明上市公司进行了向上的应计盈余管理，用 DA^+ 表示正向盈余管理程度，且 $DA^+ = DA$；当 $DA < 0$ 时，说明上市公司进行了向下的应计盈余管理，用 DA^- 表示，此时 $DA^- = |DA|$。同时，定义正向应计盈余管理虚拟变量 PosDA，在 $DA > 0$ 时 PosDA 赋值为 1，否则为 0。

（2）真实盈余管理。根据巴伯和菲尔菲尔德（Barber and Fairfield, 1991）、洛褚德乎瑞（Roychowdhury, 2006）的研究，与应计盈余管理相比，真实盈余管理的操纵手段可能更为复杂和多样，包括销售操控、生产操控和费用操控三种手段[①]。我们参照洛褚德乎瑞（Roychowdhury, 2006）、科恒（Cohen, 2007）、科恒、邓和林（Cohen, Dey and Lys, 2008）、章（Zang, 2012）、科恒和扎容文（Cohen and Zarowin, 2010）的研究结果，采用异常经营活动现金流量净额、异常操控性费用、异常生产成本来分别度量销售操控、生产操控和费用操控三方面的真实盈余管理。各计量模型为：

$$CFO_{i,q} / TA_{i,q-1} = k_1\left(\frac{1}{TA_{i,q}-1}\right) + k_2\frac{REV_{i,q}}{TA_{i,q-1}} + k_3\frac{\Delta REV_{i,q}}{TA_{i,q-1}} + \varepsilon_{i,q} \quad (5.7)$$

$$DISX_{i,q} / TA_{i,q-1} = k_1\left(\frac{1}{TA_{i,q-1}}\right) + k_2\frac{REV_{i,q}}{TA_{i,q-1}} + \varepsilon_{i,q} \quad (5.8)$$

$$PRODi,q / TA_{i,q-1} = k_1\left(\frac{1}{TA_{i,q-1}}\right) + k_2\frac{REV_{i,q}}{TA_{i,q-1}} + k_3\frac{\Delta REV_{i,q}}{TA_{i,q-1}} + k_4\frac{\Delta REV_{i,q}-1}{TA_{i,q-1}} + \varepsilon_{i,q}$$

$$(5.9)$$

[①] 销售操控是企业通过加大价格折扣或放宽信用条件抑或固定资产处置来扩大销售和提高利润，其结果是将降低单位产品销售所带来的经营现金净流量；生产操控是企业通过扩大产量降低单位固定生产成本来提高产品的单位利润，其结果是会提高企业总的生产成本；而费用操控是指企业通过降低研发费用、广告费用等酌量性费用的方法提高企业利润。

$$RM = RM\_PROD - RM\_CFO - RM\_DISX \qquad (5.10)$$

其中，CFO 表示公司 i 季度 q 的经营活动现金流量净额；DISX 为公司 i 在 q 季度的酌量性费用[①]，用管理费用和销售费用之和表示；PROD 为公司 i 在 q 季度的生产成本，用公司该季度的销售成本和本季度与上一季度存货变动额之和表示。$TA_{i,q-1}$ 为公司 i 在 q-1 季度的总资产，$REV_{i,q}$ 和 $REV_{i,q-1}$ 分别为公司 i 在 q 和 q-1 季度的营业收入，$\triangle REV_{i,q-1}$ 为公司 i 在 q 季度相对于 q-1 季度新增的营业收入。

具体地，我们分别对模型 5.7-5.9[②] 采用最小二乘法（OLS）分行业、分季度计算出公司季度的正常经营活动现金流量净额、酌量性费用和生产成本，然后再用公司实际值减去上述三个变量的估计值，得到的残差即为销售操控、费用操控和生产操控，分别用 RM_CFO、RM_DISX 和 RM_PROD 表示。同时，当公司采用真实活动盈余管理调高利润时，异常经营活动现金流和异常费用通常较低，而异常生产成本较高；考虑到公司可能同时利用以上两种或两种以上的真实活动盈余管理手段，而这三种真实盈余操控之间存在抵消效应，因此，我们根据巴特武和科恒（Bartov and Cohen，2007）、科恒（Cohen，2007）、章（Zang，2012）、李增福等（2011）和袁知柱等（2014）等的相关研究，构建了式（5.10）表示的真实盈余管理综合指标 RM。如果 RM 为正（负），表示公司通过真实盈余管理调增（调减）了会计盈余。同时，定义正向真实活动盈余管理虚拟变量 PosRM，在 RM>0 时 PosRM 赋值为

---

① 酌量性费用通常包括研发费用、管理费用和销售费用，由于我国上市公司研发费用是合并到管理费用和消费费用中的，而非分开披露，因此，对中国上市公司酌量性费用的度量通常采用管理费用和销售费用之和表示。

② 模型 5.7 是将 CFO 表示为销售收入和销售收入变动额的线性函数，分季度、分行业计算出每家公司正常的经营活动现金流量净额水平，然后用实际的 CFO 减去正常的 CFO，残差表示异常经营活动现金流量净额，即销售操控额，残差越小，表明企业通过调低异常经营活动现金流量来提高会计盈余的程度越高；模型 5.8 是用 DISX 对当季度的销售收入进行回归得到正常的酌量性费用，用实际酌量性费用减去正常费用，残差表示异常酌量性费用操控额，残差越小，表明企业通过调低异常酌量性费用提高会计盈余的可能性越高；模型 5.9 是用 PROD 对本季度销售收入、销售收入变动和上季度销售收入变动进行回归估计出正常的生产成本，然后用实际生产成本减去正常的生产成本，残差则为异常生产成本，表示生产操控额，该残差越大，表明企业通过操控产品成本提高企业会计盈余的可能性越高。

1，否则为 0。

2. 解释变量：股权质押①

（1）股权质押哑变量。PRE_PLE 表示控股股东股权质押前一季度的哑变量，如果控股股东在未来一季度进行了股权质押，则 PRE_PLE 为 1，否则为 0；NEW_PLE 表示控股股东当季度进行股权质押的哑变量，NEW_PLE 对于控股股东在当季度进行了质押的情况为 1，否则为 0；CONT_PLE 表示控股股东股权处于质押期内的哑变量，CONT_PLE 对于控股股东当季度存在股权质押但未解押的情况为 1，否则为 0。

（2）股权质押（金额）规模②。PRE_SPM 为控股股东在下一季度累计质押金额的自然对数，按照 Ln（股价 × 股数 × 质押率③）进行计算，并预期 PRE_SPM 和 EM 正相关；NEW_SPM 为控股股东在当季度质押金额的自然对数；CONT_SPM 为控股股东在当季度尚未解押金额的自然对数。

本章股权质押变量设计见图 5.1。

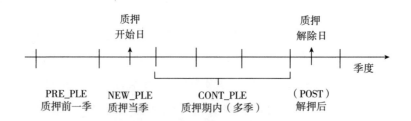

图 5.1　本章股权质押变量设计

3. 控制变量

根据已有研究，我们控制了以下可能会影响公司盈余管理的变量：市值规模 LNMV、控股股东持股比例 TOP1、国有控股 SOE、资产负债率 LEV、盈

---

① 由于我们选择季度数据研究控股股东股权质押与盈余管理之间的关系，而 RESSET 数据库提供的公司各股东的股权质押原始数据是按照上市公司的每位股东的每次质押股权逐次呈现的，因此，我们在构建季度数据形式的控股股东股权质押变量时参照了前人构建年度质押变量的方法。

② 如果同一季度内发生了多次控股股东股权质押，则按照各次质押金额之和计算，因为这些质押可视为受同一季度盈余管理影响。

③ 对于主板、中小板和创业板的上市公司，其质押率分别设置为 0.5、0.4 和 0.3。

利能力 ROA、会计弹性 NOA、破产风险 Z、成长性 TOBINQ、分析师跟踪 ANALYST、机构投资者持股比例 INST 以及年度（Year）、季度（Qua）和行业（Ind）哑变量。所有变量定义如表 5.1 所示。为避免异常值的影响，我们对所有连续变量在 1% 和 99% 分位处进行缩尾处理。

表 5.1   **主要变量定义**

类型	变量名称	变量符号	变量定义
被解释变量	应计盈余管理	DA	根据迪琼等（Dechow et al. ,1995）提出的修正的 Jones 模型计算的操控性应计利润
		DA +	DA >0 时,DA + = DA,正向应计盈余管理
		DA −	DA <0 时,DA − = |DA|,负向应计盈余管理,|DA| 为 DA 的绝对值
		PosDA	DA >0 时,PosDA 为 1,否则为 0
	真实盈余管理	RM_CFO	异常经营活动现金流量净额,表示销售操控
		RM_DISX	异常酌量性费用,表示费用操控
		RM_PROD	异常生产成本,表示生产操控
		RM	RM = RM_PROD − RM_CFO − RM_DISX,表示综合真实盈余管理
		PosRM	RM >0 时,PosRM 为 1,否则为 0
解释变量	股权质押	PRE_PLE	控股股东质押季前 1 个季度为 1,否则为 0
		NEW_PLE	发生控股股东股权质押为 1,否则为 0
		CONT_PLE	当季度存在控股股东股权质押取 1,否则为 0
		PRE_SPM	控股股东在下一季度实际质押金额的自然对数
		NEW_SPM	控股股东在当季度新质押金额的自然对数
		CONT_SPM	控股股东在当季度尚未解押金额的自然对数

续表

类型	变量名称	变量符号	变量定义
控制变量	公司规模	LNMV	季末流通股市值的自然对数
	股权集中度	TOP1	第一大股东持股比例
	国有控股	SOE	最终控制人是国有控股时为1,否则为0
	负债率	LEV	季度总负债/季末总资产
	盈利能力	ROA	季度净利润/季末总资产
	会计弹性	NOA	会计弹性,上季度末净营运资产与营业收入之比
	破产风险	Z*	根据阿特曼(Altman,1968)计算,值越低,破产风险越高
	托宾Q	TOBINQ	成长性
	分析师跟踪	ANALYST	Ln(1 + 季度分析师跟踪人数)
	机构持股比例	INST	季度机构投资者持股比例之和
	年度虚拟变量	Year	以2004年为基础组,其余年度为1,否则为0
	季度虚拟变量	Qua	以第一季度为基础组,第二、三、四季度分别取1
	行业虚拟变量	Ind	以A类行业为参照组,共设置11个行业虚拟变量

注:* 阿特曼(Altman,1968)对公司信用风险指数的计算采用公式 $z = 1.2x1 + 1.4x2 + 3.3x3 + 0.6x4 + 1.0x5$,其中,x1 为营运资本与总资产的比例,x2 为未分配利润与资产总额的比例,x3 为扣除利息和所得税之前的利润与总资产的比例,x4 为股票市值与负债总额的比例,x5 为销售额与资产总额的比例。通过对 ZScore 模型的研究分析得出 Z 值与公司发生财务危机的可能性成反比,Z 值越小,公司发生财务危机的可能性就越大,信用等级越低;Z 值越大,公司发生财务危机的可能性就越小,信用等级越高。当 Z < 1.8 时,企业属于破产之列;当 1.8 < Z < 2.675 时,企业属于"灰色区域",很难得出企业是否肯定破产的结论;当 Z > 2.675 时,公司财务状况良好,破产可能性极小。

5.4　实证结果与分析

5.4.1　描述性统计

表5.2 列示了主要变量的描述性统计,可以发现,DA 的最小值和最大值分别为 -0.316 和 0.341,表明样本公司同时进行了向上和向下的盈余管理,但 DA 的均值和中位数分别为 0.033 和 0.031(都为正),说明样本公司主要

进行了正向的应计盈余管理。RM 的最小值和最大值分别为 − 0.378 和 0.323，均值和中位数分别为 − 0.005 和 − 0.001，说明样本公司会采用进行真实盈余管理负向调整会计盈余。从真实盈余管理各分变量（RM_CFO、RM_DISX、RM_PROD）来看，其均值在 − 0.005 ~ 0.001 之间，表明上市公司会策略性地采用三种类型的真实盈余管理。股权质押变量方面，PRE_PLE 的均值为 0.162，说明全部样本中有 16.2% 的公司—季度观测属于控股股东质押前一季度。当季度新质押金额 NEW_SPM 的标准差为 6.03，表明上市公司控股股东之间的质押金额存在较大的差异。

控制变量方面，公司规模（LNMV）最小值为 19.219，最大值为 26.941，均值为 21.708，说明不同公司的市值规模存在较大差异。TOP1 的均值为 0.336（33.6%），说明我国上市公司股权集中度较为集中。SOE 的均值为 0.443，说明 44.3% 的样本公司为国有上市公司。资产负债率（LEV）均值为 41.6%，表明样本公司资产负债率适中，采取了适宜的资本结构。平均总资产报酬率（ROA）为 3.1%。会计弹性（NOA）的均值为 1.972，这与袁知柱等（2014）计算的 NOA 均值（1.344）较为接近，但又都比臧（Zang, 2012）统计的美国上市公司 NOA 均值（0.517）大，表明我国上市公司的会计弹性较低，应计盈余管理程度较高。Z 的均值为 1.247，表明样本公司的财务状况不稳定。成长性（TOBINQ）均值为 0.863（小于 1），表明大部分样本公司的市场价值要低于账面价值。此外，INST 的最小值和最大值分别为 0 和 0.883，说明我国上市公司机构投资者持股比例存在较大差异，即部分上市公司无机构投资者，而一些公司的机构投资者持股达半数以上，而 INST 均值为 0.054，即机构投资者持股占公司股本的比例平均为 5.4%，说明我国上市公司机构投资者发展十分不足。

5.4.2　相关性分析

表 5.3 列示了主要变量间的 Pearson 相关系数。DA 与 RM 的相关系数为正（0.292），且在 1% 的水平上显著，说明样本公司可能同时进行了应计和真实盈余管理。两个股权质押规模变量之间呈现出高度的显著正相关（0.999），说明二者在度量方面具有一致性。

表 5.2　主要变量描述性统计[*]

类型	变量名称	变量符号	观测值	均值	最小值	中位数	最大值	标准差
被解释变量	应计盈余管理	DA	83222	0.033	−0.316	0.031	0.341	0.089
	正向的应计盈余管理	DA +	58351	0.069	0.000	0.052	0.341	0.066
	负向的应计盈余管理	DA −	24871	0.061	0.000	0.033	0.316	0.074
	真实盈余管理	RM	83222	−0.005	−0.378	−0.001	0.323	0.117
	销售操控	RM_CFO	83222	0.001	−0.174	0.003	0.164	0.058
	费用操控	RM_DISX	83222	0.0001	−0.086	−0.004	0.153	0.038
	生产操控	RM_PROD	83222	−0.005	−0.208	−0.002	0.186	0.061
解释变量	质押前的季度	PRE_PLE	83222	0.162	0.000	0.000	1.000	0.368
	发生质押的季度	NEW_PLE	83222	0.105	0.000	0.000	1.000	0.307
	存在质押的季度	CONT_PLE	83222	0.236	0.000	0.000	1.000	0.425
	下一季度实际质押金额	PRE_SPM	83222	0.014	0.000	0.000	1.000	0.118
	当季度新质押金额	NEW_SPM	83222	2.04	0.000	0.000	29.000	6.030
	当季度尚未解押金额	CONT_SPM	83222	2.21	0.000	0.000	31.200	6.530

续表

类型	变量名称	变量符号	观测值	均值	最小值	中位数	最大值	标准差
	公司规模	LNMV	83222	21.708	19.219	21.300	26.941	1.100
	股权集中度	TOP1	83222	0.336	0.022	0.306	0.894	0.149
	国有控股	SOE	83222	0.443	0.000	0.000	1.000	0.497
	负债率	LEV	83222	0.416	0.042	0.415	1.000	0.215
	盈利能力	ROA	83222	0.031	−0.149	0.026	0.176	0.043
控制变量	会计弹性	NOA	83222	1.972	0.479	1.489	9.706	1.424
	破产风险	Z	80286	1.247	−12.860	0.437	21.180	3.269
	托宾 Q	TOBINQ	80286	0.863	−3.948	0.844	3.924	0.697
	分析师跟踪	ANALYST	83222	0.907	0.000	0.693	3.890	1.000
	机构持股比例	INST	83222	0.054	0.000	0.029	0.883	0.076

注: DA + (DA−) 只针对 DA >0 (DA <0) 的样本。

* 样本描述性统计中股权质押变量只针对有控股股东股权质押的公司季度观测。

表 5.3

主要变量相关系数

变量名称	变量符号	(1)	(2)	(3)	(4)	(5)	(6)	(7)	(8)
应计盈余管理	DA	1	—	—	—	—	—	—	—
真实盈余管理	RM	0.292***	1	—	—	—	—	—	—
		(0.000)							
质押前的季度	PRE_PLE	0.019***	0.024***	1	—	—	—	—	—
		(0.000)	(0.000)						
发生质押的季度	NEW_PLE	0.010***	0.012***	0.073***	1	—	—	—	—
		(0.000)	(0.000)	(0.000)					
存在质押的季度	CONT_PLE	−0.006	0.040***	−0.301***	0.277***	1	—	—	—
		(0.111)	(0.000)	(0.000)	(0.000)				
下一季度实际质押金额	PRE_SPM	0.018***	0.022***	0.706***	0.062***	0.365***	1	—	—
		(0.000)	(0.000)	(0.000)	(0.000)	(0.000)			
当季度新质押金额	NEW_SPM	0.020***	0.06	0.258***	0.594***	0.468***	0.887**	1	—
		(0.000)	(0.168)	(0.000)	(0.000)	(0.000)	(0.061)		
当季度尚未解押金额	CONT_SPM	0.019***	0.021***	0.706***	0.062***	0.365***	0.351**	0.999***	1
		(0.000)	(0.000)	(0.001)	(0.000)	(0.000)	(0.000)	(0.000)	(0.000)

注：（1）~（8）分别表示变量 DA、RM、PRE_PLE、NEW_PLE、CONT_PLE、PRE_SPM、NEW_SPM 及 CONT_SPM，括号内为 p 值；***、**、*
分别表示在 1%、5% 和 10% 的水平上显著。

PRE_PLE 与 DA、RM 的相关系数分别为 0.019 和 0.024，且均通过了 1% 水平的显著性检验，说明上市公司在控股股东质押前同时存在明显的正向应计和真实盈余管理动机，初步验证了 H5.1 和 H5.2。另外，NEW_PLE 与 DA 的相关系数为正（0.010）且在 1% 的水平上显著，与 RM 的相关系数为正（0.012），也在 1% 的水平上显著，表明控股股东质押当期仍然存在显著的正向应计盈余管理动机。CONT_PLE 与 DA 的相关系数为负（-0.006）但不显著，与 RM 的相关系数为正（0.04）且在 1% 的水平上显著，表明上市公司在控股股东质押期内的应计盈余管理动机减弱，真实盈余管理动机增强，这与王斌和宋春霞（2015）的研究结论一致。

PRE_SPM 与 DA 的相关系数为正（0.018）且在 1% 水平上显著，与 RM 的相关系数也在 1% 的水平上显著为正（0.022），表明控股股东预计质押规模的扩大会提高"事前"应计和真实盈余管理程度，H5.3 和 H5.4 得到初步证实。NEW_SPM、CONT_SPM 与 DA 的相关系数为正且在 1% 的水平上显著，NEW_SPM 与 RM 的相关系数虽不显著但为正，CONT_SPM 与 RM 的相关系数为正且在 1% 的水平上显著。

5.4.3 多元回归结果分析

为进一步验证本书的研究假设和描述性统计结果，我们运用多元回归模型来分析各解释变量对控股股东股权质押前一季度进行正向应计和真实活动盈余管理动机及程度的影响。

1. 控股股东股权质押动机与应计盈余管理

表 5.4 是对 H5.1 的检验，被解释变量分别是正向应计盈余管理哑变量（PosDA）、应计盈余管理程度（DA）、正向应计盈余管理程度（DA +）和负向应计盈余管理程度（DA -）。模型 1～模型 4 采用 Logit 方法进行回归，模型 5～模型 7 采用 OLS 方法进行回归。

表 5.4

控股股东股权质押动机与应计盈余管理

变量名称	变量符号	PosDA				DA	DA +	DA –
		正向的应计盈余管理动机				应计盈余管理	正向的应计盈余管理	负向的应计盈余管理
		(1)	(2)	(3)	(4)	(5)	(6)	(7)
质押前的季度	PRE_PLE	0.066 **	—	—	0.054 *	0.003 ***	0.002 **	–0.002
		(2.394)	—	—	(1.866)	(2.935)	(2.049)	(–1.314)
发生质押的季度	NEW_PLE	—	0.028	—	0.003	0.002	0.006 ***	0.005 **
		—	(0.698)	—	(0.082)	(1.623)	(4.421)	(2.110)
存在质押的季度	CONT_PLE	—	—	0.038 **	0.026	0.000	–0.002 **	–0.002 **
		—	—	(2.008)	(1.248)	(0.659)	(–2.392)	(–2.012)
公司规模	LNMV	–0.022 **	–0.022 **	–0.022 **	–0.022 **	–0.002 ***	–0.005 ***	–0.005 ***
		(–2.178)	(–2.169)	(–2.178)	(–2.171)	(–6.690)	(–14.772)	(–8.714)
股权集中度	TOP1	0.227 ***	0.219 ***	0.220 ***	0.226 ***	0.006 ***	–0.002	0.006 **
		(4.124)	(3.992)	(4.001)	(4.111)	(2.975)	(–1.066)	(2.046)
国有控股	SOE	0.078 ***	0.071 ***	0.079 ***	0.083 ***	0.001 *	–0.001 **	–0.001
		(4.190)	(3.851)	(4.181)	(4.371)	(1.908)	(–2.071)	(–1.047)
负债率	LEV	–0.933 ***	–0.927 ***	–0.937 ***	–0.939 ***	–0.007 ***	0.028 ***	0.020 ***
		(–17.649)	(–17.559)	(–17.661)	(–17.696)	(–3.424)	(16.656)	(7.376)
盈利能力	ROA	–7.235 ***	–7.226 ***	–7.240 ***	–7.243 ***	–0.351 ***	–0.161 ***	–0.192 ***
		(–26.356)	(–26.327)	(–26.370)	(–26.377)	(–36.205)	(–18.134)	(–15.330)

续表

变量名称	变量符号	PosDA 正向的应计盈余管理动机				DA 应计盈余管理	DA+ 正向的应计盈余管理	DA− 负向的应计盈余管理
		(1)	(2)	(3)	(4)	(5)	(6)	(7)
会计弹性	NOA	−0.011*** (−3.719)	−0.011*** (−3.739)	−0.011*** (−3.724)	−0.011*** (−3.710)	−0.001*** (−5.009)	−0.000*** (−5.200)	−0.000 (−0.642)
破产风险	Z	−0.175*** (−10.018)	−0.175*** (−10.013)	−0.174*** (−9.947)	−0.174*** (−9.968)	−0.002*** (−3.946)	0.006*** (10.997)	0.009*** (10.639)
托宾 Q	TONBINQ	0.058*** (8.200)	0.057*** (8.138)	0.058*** (8.225)	0.058*** (8.251)	0.000 (0.771)	0.004*** (20.934)	0.006*** (16.027)
分析师跟踪	ANALYST	0.053*** (4.932)	0.053*** (4.936)	0.053*** (4.981)	0.053*** (4.964)	0.001*** (3.316)	0.000 (0.572)	0.001 (1.295)
机构持股比例	INST	−0.072 (−0.894)	−0.074 (−0.920)	−0.069 (−0.866)	−0.069 (−0.858)	−0.002 (−0.587)	−0.003 (−1.013)	−0.002 (−0.393)
常数项	Constant	1.268*** (9.859)	1.270*** (9.871)	1.263*** (9.811)	1.262*** (9.799)	0.029*** (6.317)	0.069*** (17.293)	0.080*** (11.860)
年度、季度	Year,Qua	控制	控制	控制	控制	控制	控制	控制
行业	Ind	控制	控制	控制	控制	控制	控制	控制
伪 R²/调整后 R²	Pseudo/Adj R²	0.0678	0.0677	0.0678	0.0678	0.100	0.154	0.145
卡方值/F 值	Chi²/F	6625	6620	6624	6627	191.1	218.7	86.89
样本量	N	80286	80286	80286	80286	80286	56413	23873

注：括号内为 z 或 t 统计量；***、**、*分别表示在 1%、5% 和 10% 的水平上显著。

117

　　在模型 1 中，PRE_PLE 的回归系数为 0.066，且在 5% 的水平上显著，表明在不控制控股股东股权质押的其他阶段时，上市公司在控股股东质押前一个季度存在明显的正向应计盈余管理行为，边际效应检验结果表明，控股股东股权质押将上市公司在质押前进行正向盈余管理的概率提高了 72%。模型 2 中，NEW_PLE 的回归系数为 0.028，未通过 10% 的水平上的显著性检验，表明在不控制控股股东股权质押的其他阶段时，上市公司管理层在控股股东质押当期进行正向的应计盈余管理的动机不明显，这可能与质权人的监督效应在控股股东质押后被引入上市公司有关。模型 3 中，CONT_PLE 的回归系数为 0.038，在 5% 的水平上显著，表明在不控制控股股东股权质押的其他阶段时，上市公司在控股股东质押期内仍然有显著的动机实施正向的应计盈余管理行为，其目的是将公司股价维持在较高的水平上，以维持控股股东对上市公司控制权的安全性。模型 4 是在控制了控股股东股权质押各阶段（PRE_PLE、NEW_PLE、CONT_PLE）的回归结果。由模型 4 的回归结果可知，PRE_PLE 的回归系数为 0.054，在 10% 的水平上显著，而 NEW_PLE 和 CONT_PLE 的回归系数不再显著，表明与控股股东进行质押当期和质押期内相比，上市公司管理层在控股股东质押前一季度进行正向应计盈余管理的动机更高，由此说明我国上市公司管理层明显存在为配合控股股东股权质押的"事前"机会主义盈余管理动机，即管理层与控股股东在股权质押前"合谋"操纵盈余来影响股价的行为在中国上市公司中是一个普遍的现象。

　　模型 5～模型 7 也是在控制了控股股东股权质押各阶段（PRE_PLE、NEW_PLE、CONT_PLE）的回归结果。由模型 5 可知，PRE_PLE 的回归系数为 0.003，在 1% 的水平上显著，而 NEW_PLE 和 CONT_PLE 的回归系数虽然为正，但也不显著，表明与控股股东进行质押当期和质押期内相比，上市公司管理层在控股股东质押前一季度存在明显的正向应计盈余管理。此外，在模型 6 中，PRE_PLE 的回归系数（0.002）在 5% 的水平上显著，NEW_PLE 的回归系数（0.006）为正，且在 1% 的水平上显著，但 CONT_PLE 的回归系数为负（-0.002），且通过了 5% 的水平上的显著性检验，模型 6 的回归结果表明，样本公司主要进行了正向的应计盈余管理行为。而在模型 7 中，PRE_PLE 的回归系数为负（-0.002）但不显著，因而我们没有明显的证据支持上市公司管理层在控股股东股权质押前会实施负向盈余管理这一论断。总的来说，表 5.4 的回归结果表明，上市公司在控股股东质押前会采用应计项目来调高会计盈余。

控制变量方面，以模型 1 为例，LNMV 的回归系数显著为负，说明市值越高的公司受到媒体、分析师和社会公众的关注越多，因而具有较低的动机进行应计盈余管理，这与瓦茨和齐默尔曼（Watts and Zimmerman，1978）提出的政治成本假说的预测相一致。TOP1 和 SOE 的回归系数在 1% 的水平上显著为正，说明具有较高持股比例的控股股东和国有上市公司具有较大的正向盈余管理动机。LEV 的回归系数在 1% 的水平上显著为负，说明上市公司管理层进行应计盈余管理动机与负债率显著负相关，负债的公司治理作用得以体现。ROA 的回系数显著为负，表明盈利能力越差的公司其管理层进行应计盈余管理的动机越强。NOA 的回归系数也显著为负，且通过了 1% 的水平上的显著性检验，说明会计弹性越大（NOA 越大，应计盈余操纵空间越小）的公司，管理层实施正向盈余管理的动机越小，这与现有文献的发现一致。Z 的回归系数为负（−0.175），且通过了 1% 的水平上的显著性检验，表明 Z 值越大（财务状况良好，破产可能性越小）的公司，管理层实施正向应计盈余管理的动机越小。TOBINQ 的回归系数在 1% 的水平上显著为正，表明高成长性的公司实施正向盈余管理的动机越高，盈余管理幅度也越大，其可能的原因在于，投资者与高成长性公司管理层之间的信息不对称程度越高，"内部人"（控股股东或管理层）从盈余管理中获得的收益越多，因而有较强的动机实施盈余管理。ANALYST 的回归系数在 1% 的显著性水平上为正，说明分析师跟踪对上市公司应计盈余管理的治理效应有限，这与李春涛等（2016）的研究结论一致。INST 的回归系数不显著，说明我国上市公司的机构投资者在一定程度上未发挥其对公司应计盈余管理的约束作用。其他控制变量的回归系数不再赘述。总的来看，表 5.4 各回归结果都通过了 F 检验，模型总体显著，H5.1 得以验证。

2. 控股股东股权质押动机与真实盈余管理

表 5.5 是对 H5.2 的检验，模型 1 ~ 模型 4 的被解释变量是正向真实盈余管理哑变量（PosRM），模型 5 ~ 模型 7 的被解释变量分别是综合的真实盈余管理程度（RM）、销售操控（RM_CFO）、费用操控（RM_DISX）和生产操控（RM_PROD），模型 1 ~ 模型 4 采用 Logit 方法进行回归，模型 5 ~ 模型 7 采用 OLS 方法进行回归。

表5.5 控股股东股权质押动机与真实盈余管理

变量名称	变量符号	PosRM 正向真实盈余管理				RM 真实盈余管理	RM_CFO 销售操控	RM_DISX 费用操控	RM_PROD 生产操控
		(1)	(2)	(3)	(4)	(5)	(6)	(7)	(8)
质押前的季度	PRE_PLE	0.158 *** (6.274)	— —	— —	0.122 *** (4.593)	0.008 *** (5.656)	−0.003 *** (−4.619)	−0.001 *** (−3.361)	0.003 *** (4.021)
发生质押的季度	NEW_PLE	— —	0.122 *** (3.332)	— —	0.059 (1.518)	0.004 ** (1.981)	−0.003 *** (−2.756)	0.000 (0.636)	0.001 (1.274)
存在质押的季度	CONT_PLE	— —	— —	0.105 *** (6.014)	0.069 *** (3.598)	0.001 (1.428)	−0.000 (−0.231)	−0.001 *** (−4.149)	−0.000 (−0.066)
公司规模	LNMV	0.024 ** (2.567)	0.025 *** (2.623)	0.024 *** (2.530)	0.024 *** (2.585)	−0.000 (−0.133)	0.003 *** (12.080)	−0.001 *** (−5.353)	0.002 *** (8.911)
股权集中度	TOP1	0.101 ** (1.977)	0.117 ** (2.301)	0.117 ** (2.307)	0.102 ** (2.010)	0.008 *** (3.039)	0.010 *** (7.617)	−0.012 *** (−14.066)	0.006 *** (4.523)
国有控股	SOE	0.072 *** (4.161)	0.057 *** (3.315)	0.078 *** (4.410)	0.087 *** (4.926)	0.005 *** (5.387)	−0.003 *** (−5.488)	0.001 ** (2.337)	0.003 *** (6.559)
负债率	LEV	1.085 *** (21.813)	1.098 *** (22.100)	1.071 *** (21.455)	1.067 *** (21.366)	0.063 *** (25.667)	−0.022 *** (−16.660)	−0.007 *** (−9.086)	0.034 *** (26.580)
盈利能力	ROA	−12.295 *** (−43.066)	−12.317 *** (−43.141)	−12.274 *** (−42.986)	−12.271 *** (−42.975)	−0.751 *** (−60.238)	0.335 *** (50.938)	−0.014 *** (−3.436)	−0.435 *** (−67.987)
会计弹性	NOA	0.045 *** (16.010)	0.045 *** (16.025)	0.045 *** (16.022)	0.045 *** (16.006)	0.003 *** (20.207)	−0.001 *** (−13.519)	−0.001 *** (−13.857)	0.001 *** (18.007)

续表

变量名称	变量符号	PosRM 正向真实盈余管理动机				RM 真实盈余管理	RM_CFO 销售操控	RM_DISX 费用操控	RM_PROD 生产操控
		(1)	(2)	(3)	(4)	(5)	(6)	(7)	(8)
破产风险	Z	0.061***	0.061***	0.064***	0.063***	0.003***	-0.009***	0.003***	-0.003***
		(3.652)	(3.653)	(3.858)	(3.800)	(4.052)	(-20.416)	(12.793)	(-6.629)
托宾Q	TONBINQ	0.084***	0.083***	0.085***	0.085***	-0.007***	0.000	0.002***	-0.005***
		(12.719)	(12.547)	(12.825)	(-12.905)	(-23.312)	(0.709)	(23.177)	(-31.502)
分析师跟踪	ANALYST	0.225***	0.225***	0.224***	0.224***	0.015***	-0.002***	-0.005***	0.008***
		(23.132)	(23.113)	(22.987)	(23.042)	(30.047)	(-6.230)	(-33.342)	(31.458)
机构持股比例	INST	-0.537***	-0.540***	-0.530***	-0.529***	-0.024***	0.005***	0.010***	-0.009***
		(-7.087)	(-7.140)	(-6.998)	(-6.979)	(-6.519)	(2.688)	(8.442)	(-4.786)
常数项	Constant	-0.441***	-0.442***	-0.454***	-0.461***	-0.008	-0.031***	0.012***	-0.026***
		(-3.684)	(-3.687)	(-3.788)	(-3.845)	(-1.347)	(-9.876)	(6.176)	(-8.608)
年度、季度	Year、Qua	控制	控制	控制	控制	控制	控制	控制	控制
行业	Ind	控制	控制	控制	控制	控制	控制	控制	控制
伪 R^2/调整后 R^2	Pseudo/Adj R^2	0.073	0.076	0.072	0.073	0.148	0.062	0.039	0.191
卡方值/F值	Chi²/F	8103	8074	8099	8123	298.5	114.7	72.07	404.7
样本量	N	80286	80286	80286	80286	80286	80286	80286	80286

注：括号内为 z 或 t 统计量；***、**、* 分别表示在 1%、5% 和 10% 的水平上显著。

121

在模型 1 中，PRE_PLE 的回归系数显著为正（0.158），且在 1% 的水平上显著，说明上市公司管理层在控股股东股权质押前一季度存在明显的采用真实盈余管理来向上操纵盈余的行为。在模型 2 中，NEW_PLE 的回归系数为 0.122，也在 1% 的水平上显著，但该回归系数略低于模型 1 中 PRE_PLE 的回归系数，说明上市公司在控股股东股权质押当季度仍然存显著的通过构造真实经济活动来正向调整盈余的动机。在模型 3 中，CONT_PLE 的回归系数也为正（0.105），仍然通过了 1% 的水平上的显著性检验，表明处于控股股东股权质押期内的上市公司管理层实施真实盈余管理的动机也十分明显，但动机会分别弱于管理层在控股股东股权质押前和质押期内的动机。

模型 4 是控制了控股股东在股权质押各阶段（PRE_PLE、NEW_PLE、CONT_PLE）后的真实盈余管理动机回归结果。从模型 4 可以看出，PRE_PLE 和 CONT_PLE 的回归系数仍然显著为正（分别为 0.122 和 0.069），且在 1% 的水平上显著，而 NEW_PLE 的回归系数（0.059）虽然为正，但与模型 2 中的回归系数相比变得不显著，且模型 4 的回归结果中，NEW_PLE 的回归系数大于 CONT_PLE，表明与控股股东股权质押当期和质押期内相比，上市公司管理层在控股股东股权质押前进行正向的真实盈余管理动机最高。模型 5 中以 RM 为被解释变量的回归结果也表明，上市公司管理层在控股股东股权质押前的真实盈余管理幅度也分别高于质押当期和质押期内的真实盈余管理幅度，H5.2 得以证实。此外，我们将销售操控、费用操控和生产操控作为被解释变量，以分别考察真实盈余管理的不同方式与控股股东股权质押之间的关系。在模型 6 ~ 模型 8 中，PRE_PLE 对 RM_CFO、RM_DISX 和 RM_PROD 的回归系数分别为 -0.003、-0.001 和 0.003，均在 1% 的水平上显著，这表明控股股东预计进行股权质押会导致上市公司在其质押前较低的非正常经营活动现金流量、较低的非正常酌量性费用和较高的非正常生产成本，即控股股东股权质押从不同方面提高了质押前的真实盈余管理程度。

在控制变量方面，NOA 的回归系数显著为正，说明会计弹性越大（NOA 值越高，应计盈余操纵空间越小）的公司进行真实盈余管理的动机较大；LEV 和 ANALYST 的回归系数为正，且在 1% 的水平上显著，其可能的原因在于真实盈余管理具有更强的隐蔽性，使得债权人和分析师较难识别出上市公司该类盈余管理行为，这与现有文献中的发现一致（李春涛等，2016）。然而，与表5.4中的回归结果相反，Z在真实盈余管理回归下的系数为正，表明财务状况良好（Z越大）的公司，其管理层实施正向真实盈余管理的动机越大。其他控制变量的回归系数与表5.4大致相同，可见，H5.2得到支持。

3. 控股股东股权质押规模与应计盈余管理程度

表5.6列示了控股股东股权质押规模与应计盈余管理程度的多元回归结果。模型1~模型4、模型5和模型6的被解释变量分别为DA、DA+和DA－，主要解释变量是预计质押规模（PRE_SPM），所有模型采用OLS方法进行回归。模型1~模型3是未控制控股股东股权质押各阶段的回归结果。

表5.6　　　　　　　　　控股股东预计质押规模与应计盈余管理程度

变量名称	变量符号	DA				DA＋	DA－
		应计盈余管理				正向应计盈余管理	负向应计盈余管理
		(1)	(2)	(3)	(4)	(5)	(6)
下一季度实际质押金额	PRE_SPM	0.005 ***	—	—	0.008 **	0.009 ***	－0.004
		(4.793)			(2.431)	(3.198)	(－0.723)
当季度新质押金额	NEW_SPM	—	0.002 ***	—	－0.003 **	－0.003 ***	－0.004 *
			(4.207)		(－2.286)	(－3.008)	(－1.956)
当季度尚未解押金额	CONT_SPM	—	—	0.002 ***	0.002 **	0.003 ***	0.003 *
				(4.295)	(2.179)	(2.763)	(1.924)
公司规模	LnMV	－0.002 ***	－0.002 ***	－0.002 ***	－0.002 ***	－0.005 ***	－0.005 ***
		(－6.785)	(－6.734)	(－6.730)	(－6.764)	(－14.956)	(－8.671)
股权集中度	TOP1	0.006 ***	0.006 ***	0.006 ***	0.006 ***	0.002	0.006 **
		(3.096)	(3.007)	(3.013)	(3.140)	(1.212)	(2.144)
国有控股	SOE	0.001 *	0.001 *	0.001 *	0.001 *	－0.001	－0.001
		(1.924)	(1.810)	(1.826)	(1.892)	(－1.628)	(－1.027)
负债率	LEV	－0.007 ***	－0.006 ***	－0.006 ***	－0.007 ***	0.027 ***	0.020 ***
		(－3.408)	(－3.355)	(－3.361)	(－3.431)	(16.423)	(7.300)
盈利能力	ROA	0.351 ***	0.351 ***	0.351 ***	0.351 ***	0.162 ***	－0.192 ***
		(36.212)	(36.212)	(36.211)	(36.166)	(18.154)	(－15.291)
会计弹性	NOA	－0.001 ***	－0.001 ***	－0.001 ***	－0.001 ***	－0.000 ***	0.000
		(－5.029)	(－5.050)	(－5.050)	(－5.007)	(－5.165)	(0.628)

续表

变量名称	变量符号	DA				DA +	DA −
		应计盈余管理				正向应计盈余管理	负向应计盈余管理
		(1)	(2)	(3)	(4)	(5)	(6)
破产风险	Z	− 0.003 ***	− 0.003 ***	− 0.003 ***	− 0.003 ***	0.006 ***	0.009 ***
		(− 3.963)	(− 3.965)	(− 3.968)	(− 4.006)	(11.046)	(10.638)
托宾 Q	TONBINQ	− 0.000	− 0.000	− 0.000	− 0.000	0.004 ***	0.006 ***
		(− 0.771)	(− 0.735)	(− 0.751)	(− 0.933)	(20.593)	(15.774)
分析师跟踪	ANALYST	0.001 ***	0.001 ***	0.001 ***	0.001 ***	0.000	0.001
		(3.293)	(3.294)	(3.285)	(3.173)	(0.499)	(1.216)
机构持股比例	INST	− 0.002	− 0.002	− 0.002	− 0.002	− 0.002	− 0.002
		(− 0.595)	(− 0.604)	(− 0.605)	(− 0.626)	(− 0.997)	(− 0.419)
常数项	Constant	0.030 ***	0.030 ***	0.030 ***	0.030 ***	0.069 ***	0.080 ***
		(6.429)	(6.373)	(6.371)	(6.457)	(17.434)	(11.834)
年度、季度	Year、Qua	控制	控制	控制	控制	控制	控制
行业	Ind	控制	控制	控制	控制	控制	控制
调整后 R^2	Adj. R^2	0.100	0.100	0.100	0.100	0.154	0.145
F 值	F	199.7	199.6	199.6	191.4	218.8	86.97
样本量	N	80286	80286	80286	80286	56413	23873

注：括号内为 t 值；*** 、** 和 * 分别表示 1%、5% 和 10% 的显著性水平。

在模型 1 中，PRE_SPM 的回归系数为 0.005，在 1% 的水平上显著为正，说明控股股东预计质押规模越大，上市公司在控股股东股权质押前的应计盈余管理水平越高，即应计盈余管理程度与股权质押规模之间存在显著的正相关关系。模型 2 中，NEW_SPM 的回归系数为 0.002，在 1% 的水平上显著为正，说明控股股东当期的质押规模越大，上市公司应计盈余管理程度越高。模型 3 中，CONT_SPM 的回归系数也为 0.002，且在 1% 的水平上显著，表明上市公司管理层在控股股东股权质押期内仍会进行向上调整的应计盈余管理，且控股股东股权质押期内的质押规模越大，应计盈余管理程度越高，这表明质押期内的控股股东需要将公司股价维持在较高的水平来维护其控制权的安全性。

模型4是控制了控股股东股权质押各阶段的回归结果。从模型4可知，PRE_SPM的回归系数为0.008，在5%的水平上显著为正，但NEW_SPM的回归系数变为负（-0.003），CONT_SPM的回归系数仍为正（0.002），说明与质押当期和质押期内相比，上市公司在控股股东股权质押前的应计盈余管理幅度更大，H5.3得以证实。此外，模型5和模型6列示了控股股东在股权质押各阶段实施正向和负向盈余管理的回归结果，PRE_SPM在以DA+为被解释变量下的回归系数显著为正（0.009），在以DA-为被解释变量下的回归系数为负（-0.004）但不显著。其他控制变量的系数符号与显著性和表5.4类似。总的来说，表5.6的回归结果表明，上市公司在应计盈余管理程度与控股股东预计质押规模之间存在显著的正相关关系，H5.3得以证实。各模型经调整后的R^2均大于10%，可见模型的解释力较好，F值均在1%的水平上显著，说明方程总体线性显著，模型的多元回归分析是有效的。

4. 控股股东预计质押规模与真实盈余管理程度

表5.7列示了控股股东预计质押规模与真实盈余管理的多元回归结果。模型1中，PRE_SPM的回归系数在1%的水平上显著为正（0.009），表明控股股东预计质押规模与上市公司真实盈余管理幅度显著正相关。在模型2中，NEW_SPM的回归系数在1%的显著性水平上为正（0.004），说明控股股东当季度质押的规模越大，管理层越可能进行较大幅度的真实盈余管理。在模型3中，CONT_SPM的回归系数为0.003，在1%的水平上显著为正，表明控股股东（在质押期内）已质押、尚未解除质押的规模越大，上市公司的真实盈余管理幅度越大。

模型4是控制了控股股东股权质押各阶段的回归结果。从模型4可知，PRE_SPM的回归系数仍然为正（0.01）且显著，但NEW_SPM和CONT_SPM的回归系数变得不显著，说明上市公司在控股股东股权质押当季和质押期内的质押规模与真实盈余管理幅度之间的关系弱于质押前的时期预计质押规模与真实盈余管理幅度之间的关系。

此外，PRE_SPM在模型5~模型7中的回归系数分别为-0.004、-0.002和0.004，且RM_CFO和RM_DISX下的回归系数不显著，但RM_PROD下的回归系数在10%的水平上显著，表明随着控股股东预计质押规模的扩大，

表 5.7 控股股东预计质押规模与真实盈余管理程度

变量名称	变量符号	RM 真实盈余管理				RM_CFO 销售操控	RM_DISX 费用操控	RM_PROD 生产操控
		(1)	(2)	(3)	(4)	(5)	(6)	(7)
下一季度实际质押金额	PRE_SPM	0.009*** (6.850)	— —	— —	0.010** (2.288)	-0.004 (-1.630)	-0.002 (-1.542)	0.004* (1.901)
当季度新质押金额	NEW_SPM	— —	0.0004*** (6.455)	— —	-0.000 (-0.186)	0.002** (2.264)	-0.001 (-1.115)	0.001 (1.475)
当季度尚未解押金额	CONT_SPM	— —	— —	0.003*** (6.460)	0.000 (0.178)	-0.002** (-2.349)	0.001 (1.136)	-0.001 (-1.581)
公司规模	LNMV	-0.000 (-0.262)	-0.000 (-0.187)	-0.000 (-0.182)	-0.000 (-0.260)	0.003*** (12.152)	-0.001*** (-5.295)	0.002*** (8.770)
股权集中度	TOP1	0.008*** (2.953)	0.008*** (3.060)	0.008*** (3.058)	0.008*** (2.948)	0.010*** (7.763)	-0.012*** (-13.987)	0.006*** (4.540)
国有控股	SOE	0.004*** (5.070)	0.004*** (4.989)	0.004*** (4.989)	0.004*** (5.065)	-0.003*** (-5.642)	0.001*** (3.323)	0.003*** (6.418)
负债率	LEV	0.064*** (25.958)	0.064*** (26.020)	0.064*** (26.017)	0.064*** (25.954)	-0.022*** (-16.720)	-0.008*** (-9.564)	0.034*** (26.772)
盈利能力	ROA	-0.752*** (-60.300)	-0.751*** (-60.288)	-0.751*** (-60.293)	-0.752*** (-60.294)	0.335*** (50.980)	-0.014*** (-3.335)	-0.435*** (-67.995)
会计弹性	NOA	0.003*** (20.244)	0.003*** (20.275)	0.003*** (20.274)	0.003*** (20.240)	-0.001*** (-13.549)	-0.001*** (-13.887)	0.001*** (18.020)

续表

变量名称	变量符号	RM 真实盈余管理				RM_CFO 销售操控	RM_DISX 费用操控	RM_PROD 生产操控
		(1)	(2)	(3)	(4)	(5)	(6)	(7)
破产风险	Z	0.003***	0.003***	0.003***	0.003***	-0.009***	0.003***	-0.003***
		(4.016)	(4.014)	(4.009)	(4.011)	(-20.386)	(12.916)	(-6.593)
托宾Q	TONBINQ	-0.007***	-0.007***	-0.007***	-0.007***	0.000	0.002***	-0.005***
		(-23.258)	(-23.222)	(-23.239)	(-23.209)	(0.896)	(22.839)	(-31.305)
分析师跟踪	ANALYST	-0.015***	-0.015***	-0.015***	-0.015***	0.002***	0.005***	-0.008***
		(-30.106)	(-30.103)	(-30.117)	(-30.072)	(6.364)	(33.360)	(-31.344)
机构持股比例	INST	-0.025***	-0.025***	-0.025***	-0.025***	0.005***	0.010***	-0.009***
		(-6.565)	(-6.571)	(-6.574)	(-6.567)	(2.719)	(8.531)	(-4.785)
常数项	Constant	-0.007	-0.007	-0.008	-0.007	-0.032***	0.012***	-0.026***
		(-1.165)	(-1.252)	(-1.253)	(-1.161)	(-9.989)	(5.992)	(-8.476)
年度、季度	Year、Qua	控制	控制	控制	控制	控制	控制	控制
行业	Ind	控制	控制	控制	控制	控制	控制	控制
调整后 R^2	Adj R^2	0.148	0.148	0.148	0.148	0.0626	0.0397	0.191
F值	F	311.7	311.5	311.5	298.4	115.1	71.58	404.6
样本量	N	80286	80286	80286	80286	80286	80286	80286

注：括号内为 t 值；***、** 和 * 分别表示1%、5% 和 10% 的显著性水平。

管理层通过生产操控实施真实盈余管理的幅度也随之提高，但销售操控和酌量性费用操控的幅度变化不明显。然而，模型 5 的回归结果显示，NEW_SPM 的回归系数在 RM_CFO 下显著为正，CONT_SPM 的回归系数在 RM_CFO 下显著为负，说明随着控股股东股权质押当季度和质押期内股权质押规模的扩大，上市公司管理层主要采用了销售操控或影响公司非正常经营活动现金流的方式进行真实盈余管理。

因此，表 5.7 的回归结果表明，控股股东预计的质押规模对上市公司真实盈余管理产生了显著影响，尽管上市公司管理层同时存在三种类型的真实盈余管理动机（由表 5.5 的回归结果可知），但随着控股股东预计质押规模的扩大，上市公司主要采用了生产操控类型的真实盈余管理方法，H5.4 得以支持。其他控制变量的符号与表 5.4 的回归结果类似，不再赘述。

5.5　稳健性检验

为检验本章研究结论的可靠性，我们进行了如下稳健性检验。

5.5.1　改变盈余管理度量方式和增加控制变量

我们也采用科萨瑞等（Kothari et al.，2005）提出的业绩匹配模型重新计算各季度的应计盈余管理程度，具体是在 Jones 模型基础上加入滞后一季度的 ROA 重新分季度、分行业回归而得。相应地，我们也借鉴科恒等（Cohen et al.，2008）的方法重新构建真实盈余管理变量 RM1 = RM_PROD − RM_DISX，RM2 = − RM_CFO − RM_DISX，并构建相应的正向盈余管理哑变量，研究结论仍然成立。

同时，考虑到应计盈余管理与真实盈余管理之间可能存在的替代或互补关系，我们分别在应计盈余管理回归中控制真实盈余管理、在真实盈余管理回归中控制应计盈余管理后重新回归，回归结果不改变现有的研究结论。此外，为了控制异方差和自相关带来的影响，我们重新对表 5.4 ~ 表 5.7 的回归进行季度的 Cluster 处理，所有研究结论基本不受影响，所有变量的 VIF 值均小于 5，说明上述回归不存在严重的多重共线性影响。

5.5.2 改变控股股东股权质押变量度量方式

1. 我们也按照控股股东在季度累计质押次数的自然对数、季度累计质押股数的自然对数、季度累计质押股数占其季度末持有上市公司股份数的比例，以及季度累计质押股数占其季度末持有上市公司股份数的比例度量控股股东季度的质押规模，重新对模型 5.2 进行回归，回归结果不改变现有的研究结论。

2. 按盈余公告日重新计算控股股东股权质押变量

由于我们主要关注上市公司管理层在控股股东股权质押前的盈余管理行为，因而将控股股东质押前最近一次公布财务报告所归属的季度确定为最有可能进行季度性盈余管理的期间。同时，我们将上市公司在季度性盈余公告日后 90 天内发生的控股股东股权质押事件视为受到该季度盈余管理影响的质押，并据此重新计算控股股东股权质押相关变量（PRE_PLE、NEW_PLE、CONT_PLE、PRE_SPM、NEW_SPM 和 CONT_SPM）。我们采用重新定义后的控股股东股权质押变量对模型 5.1 和模型 5.2 回归，回归结果不改变现有的研究结论。

5.5.3 内生性问题

尽管本章检验控股股东股权质押对盈余管理的影响控制了部分变量，但理论上仍可能存在具有某类特征的上市公司被控股股东质押的可能性高，而具有这类特征的公司管理层自身也有更强的动机实施盈余管理，因而可能存在遗漏变量导致的内生性问题。除了运用 OLS 分析外，我们采用两阶段最小二乘法（2SLS）进行回归。前文第 3 章研究发现，融资约束、资产担保能力和信用等级都会影响上市公司控股股东股权质押的意愿，鉴于此，在第一阶段回归中，采用 Probit 回归方法，以控股股东质押前一季度虚拟变量（PRE_PLE）、质押当季度虚拟变量（NEW_PLE）和质押状态虚拟变量（CONT_PLE）分别为被解释变量，以融资约束（FC）、资产担保能力（COLL）、信用等级（Z）、资本市场态势（BULL）、货币市场态势（MP）及公司特征（控股股东持股比例、产权性质、公司规模、负债率、盈利能力、公司年龄、成

长性、审计意见、行业等）为自变量和控制变量，具体模型设计参见模型
3.1。在第二阶段，我们采用第一阶段回归得到的各股权质押变量的预测值代
替实际值重新对模型 5.1 进行回归，第二阶段的回归结果见表 5.8。从表 5.8
可知，PRE_PLE 和 NEW_PLE 预测值的回归系数为正，且在不同水平上显著，
CONT_PLE 预测值的回归系数显著为负，这与 OLS 回归结果一致，表明管理
层在控股股东股权质押前存在强烈的动机会实施正向的应计和真实活动盈余
管理行为。

表 5.8　　控股股东股权质押与盈余管理的 2SLS 回归——第二阶段结果

变量名称	变量符号	PosDA	DA	PosRM	RM
		正向应计盈余管理动机	应计盈余管理	正向真实盈余管理动机	真实盈余管理
		（1）	（2）	（3）	（4）
某季度为质押前的季度概率	$PRE\hat{}\_PLE$	0.836 ***	0.882 ***	2.311 ***	1.793 ***
		（4.726）	（5.538）	（2.839）	（2.887）
某季度为发生质押的季度概率	$NEW\hat{}\_PLE$	0.945	0.246 ***	1.686 ***	1.446 ***
		（1.625）	（3.356）	（2.706）	（2.709）
某季度存在质押的概率	$CONT\hat{}\_PLE$	− 0.823 ***	− 0.319 ***	− 0.599	− 0.123 *
		（− 4.695）	（− 6.094）	（− 1.080）	（− 1.820）
公司规模	LNMV	− 0.038 ***	− 0.003 ***	− 0.012	− 0.002 ***
		（− 3.029）	（− 5.643）	（− 1.003）	（− 2.798）
股权集中度	TOP1	− 0.289 ***	− 0.007 ***	0.090 *	0.006 **
		（− 5.029）	（− 3.603）	（1.660）	（2.320）
国有控股	SOE	0.072 ***	0.001 **	0.104 ***	0.006 ***
		（3.832）	（2.149）	（5.850）	（7.009）
负债率	LEV	− 0.988 ***	− 0.011 ***	0.735 ***	0.044 ***
		（− 17.462）	（− 5.511）	（13.657）	（16.934）
盈利能力	ROA	7.342 ***	0.365 ***	− 12.175 ***	− 0.736 ***
		（26.010）	（37.126）	（− 41.191）	（− 58.120）
会计弹性	NOA	0.011 ***	0.001 ***	0.027 ***	0.002 ***
		（3.378）	（5.254）	（8.850）	（11.595）

续表

变量名称	变量符号	PosDA	DA	PosRM	RM
		正向应计盈余管理动机	应计盈余管理	正向真实盈余管理动机	真实盈余管理
		（1）	（2）	（3）	（4）
破产风险	Z	−0.454***	−0.016***	0.515***	0.008***
		（−8.324）	（−8.312）	（9.885）	（3.060）
托宾Q	TONBINQ	−0.042***	0.000	−0.070***	−0.007***
		（−5.317）	（0.013）	（−9.265）	（−19.128）
分析师跟踪	ANALYST	0.041***	0.001**	−0.247***	−0.016***
		（3.631）	（2.374）	（−23.682）	（−30.939）
机构持股比例	INST	−0.100	−0.001	−0.517***	−0.024***
		（−1.221）	（−0.387）	（−6.677）	（−6.415）
常数项	Constant	2.670***	−1.526***	−1.532***	−2.019***
		（11.179）	（−4.123）	（−6.769）	（−4.235）
年度、季度	Year/Qua	控制	控制	控制	控制
行业	Ind	控制	控制	控制	控制
伪R^2/调整后R^2	Pseudo/Adj R^2	0.067	0.097	0.085	0.165
卡方值/F值	Chi^2/F	6060	170.4	8644	309.3
样本量	N	80286	80286	80286	80286

注：第1列与第3列括号内为z统计量，第2列与第4列括号内为t统计量；***、**、*分别表示在1%、5%和10%的水平上显著。

5.5.4 会计准则变迁对股权质押公司盈余管理的影响

2007年1月1日，我国开始实施与国际财务报告准则（IFRS）实质趋同的新会计准则，以替代旧会计准则。新会计准则包含1项基本准则和38项具体准则，其核心特征是引入公允价值这一计量属性。尽管新准则大幅压缩了会计估计和会计政策选择项目，限制企业调节利润的空间和范围，从而从一定程度上可以规范和控制企业的利润操纵行为（刘永涛等，2011），但公允价值计量属性的引入会给管理层预留较大的空间，由此导致新会计准则可能成为上市公司盈余管理的工具（沈烈和张西萍，2007）。因此，会计准则变迁对上市公司盈余管理行为的影响不容小觑。为剔除新旧会计准则对研究结论的影响，我们将 2004 ~ 2015 年的样本区间划分为新准则实施前（2004 ~ 2006 年）和新准则实施后（2007 ~ 2015 年）的两个区间重新验证本章的研究假设，未列示的回归结果显示，无论是采用 DA 还是 RM 来衡量盈余管理，新会计准则实施后的回归结果中的 PRE_PLE 都在 1% 的水平上显著为正，说明管理层在控股股东股权质押前实施正向盈余管理的行为在新会计准则下更为明显，可能的原因在于新会计准则扩大了管理层的盈余操纵空间。

5.6　进一步的研究

5.6.1　盈余公告日前的市场表现、股权质押与盈余管理

前文研究发现，上市公司管理层存在为配合控股股东股权质押的机会主义性质的正向盈余管理行为，目的是在质押前提高公司股价，进而降低控股股东的质押成本。我们进一步对样本公司在控股股东股权质押前的股价表现进行了区分，预计哪些在控股股东股权质押前（也是上市公司盈余公告日前）股价表现较差的公司中，管理层在控股股东质押前进行正向盈余管理的动机和幅度更大。

为检验该问题，我们参照莫小东和蔡幸（2016）的研究，对发生控股股东股权质押的公司按照首次质押前的行业（Ind）、产权性质（SOE）、公司规模（SIZE）进行配对，Pledge[①] 对于发生控股股东质押的公司为 1，配对公司为 0。为计算公司股票的市场表现，我们首先采用市场调整法计算样本公司 i 在 t 日的超额收益率，用 $R_{i,t}$ 表示公司 i 第 t 日的收益率，$R_{m,t}$ 表示第 t 日的市场收益率，则公司 i 相对于市场的超额收益率为 $AR_{i,t} = R_{i,t} - R_{m,t}$；然后，将每次盈余公告日附近的超额收益率简单加总计算累积超额收益率 $CAR_i(t_1, t_2) = \sum_{t_1}^{t_2} AR_{i,t}$。接下来，我们采用模型 5.10 进行检验：

$$EM = \beta_0 + \beta_1 PreCAR + \beta_2 PreCAR * Pledge + Pledge + CVs + Year + Qua + Ind + \varepsilon \qquad (5.10)$$

———————————

① 变量 Pledge 按照控股股东进行的每笔质押设定，其含义实际上与本章前文中的 NEW_PLE 相同。

其中，被解释变量[①] EM 包括正向应计盈余管理哑变量（PosDA）、正向真实盈余管理哑变量（PosRM）、应计盈余管理程度（DA）和真实盈余管理程度（RM）。解释变量为上市公司在季度盈余公告日前［-20，-2］时段内的超额累积收益率，即 PreCAR = CAR［-20，2］。为便于表述的方便，我们在回归模型中对 PreCAR 取相反数，PreCAR 的值越高，表明盈余公告日前的公司股价表现越差，并预计交乘项 PreCAR × Pledge 的回归系数显著为正。控制变量（CVs）的含义与前文一致。回归结果见表5.9。

表5.9　盈余公告日前的市场表现、股权质押与盈余管理的多元回归结果

变量名称	变量符号	PosDA	PosRM	DA	RM
		正向应计 盈余管理	正向真实 盈余管理	应计 盈余管理	真实 盈余管理
		（1）	（2）	（3）	（4）
盈余公告日前20日内的 超额累积收益率	PreCAR	1.338	0.720	0.000	0.043
		(1.633)	(1.538)	(0.004)	(1.644)
质押公司盈余公告日前20 日内的超额累积收益率	PreCAR × Pledge	0.181***	0.084*	0.005***	0.006***
		(3.696)	(1.922)	(2.863)	(2.633)
发生控股股东质押 的公司	Pledge	0.932	0.231	-0.023	0.006
		(1.323)	(0.360)	(-0.834)	(0.178)
公司规模	LNMV	0.016	0.021	-0.003**	-0.001
		(0.447)	(0.649)	(-2.422)	(-0.439)
股权集中度	TOP1	-0.448***	0.088	-0.000	0.005
		(-2.596)	(0.554)	(-0.018)	(0.660)
国有控股	SOE	0.058	-0.023	-0.004	-0.008**
		(0.753)	(-0.319)	(-1.548)	(-2.251)
负债率	LEV	-1.006***	1.213***	-0.008	0.074***
		(-5.706)	(7.317)	(-1.164)	(8.989)
盈利能力	ROA	7.906***	-13.137***	0.356***	-0.829***
		(8.631)	(-13.968)	(10.933)	(-19.977)

---

①　如果上市公司进行了正向的应计盈余管理或真实盈余管理，则 PosDA 和 PosRM 分别为1，否则为0。

续表

变量名称	变量符号	PosDA	PosRM	DA	RM
		正向应计 盈余管理	正向真实 盈余管理	应计 盈余管理	真实 盈余管理
		(1)	(2)	(3)	(4)
会计弹性	NOA	0.005	0.048 ***	0.000	0.003 ***
		(0.540)	(5.840)	(0.690)	(6.701)
破产风险	Z	− 0.238 ***	0.003	− 0.003	0.003
		(− 4.012)	(0.049)	(− 1.504)	(1.148)
托宾 Q	TONBINQ	− 0.049 **	− 0.176 ***	0.000	− 0.011 ***
		(− 2.101)	(− 7.944)	(0.262)	(− 10.575)
分析师跟踪	ANALYST	0.037	− 0.179 ***	− 0.000	− 0.013 ***
		(1.166)	(− 6.216)	(− 0.075)	(− 9.248)
机构持股比例	INST	− 0.284	− 0.540 *	− 0.001	− 0.023
		(− 0.839)	(− 1.653)	(− 0.089)	(− 1.416)
常数项	Constant	1.075 **	0.087	0.050 ***	0.022
		(2.419)	(0.211)	(3.057)	(1.050)
年度、季度	Year、Qua	控制	控制	控制	控制
行业	Ind	控制	控制	控制	控制
伪 R^2/调整后 R^2	Pseudo/Adj R^2	0.047	0.029	0.039	0.045
卡方值/F 值	Chi^2/F	505.6	356.6	14.59	16.77
样本量	N	8878	8878	8878	8878

注：括号内为 z（t）统计量，*** 、** 和 * 分别表示 1%、5% 和 10% 的显著性水平。

从表 5.9 第 1～2 列可知，PreCAR 的回归系数不显著，说明配对公司的盈余管理决策与盈余公告日前的股价表现不相关。PreCAR × Pledge 的回归系数为正，且至少在 10% 的水平上显著，说明与配对公司相比，质押公司在控股股东质押前的股价越低迷，管理层越有可能进行正向的应计或真实盈余管理。从第 3～4 列可知，PreCAR 的回归系数不显著，说明配对公司的盈余管理幅度与盈余公告日前的股价表现相关性较低。PreCAR × Pledge 的回归系数为正，且在 1% 的水平上显著，说明与配对公司相比，股权质押公司盈余公告日前的股价越低迷，管理层进行应计或真实盈余管理的程度越大。

5.6.2　股权质押规模、剩余质押空间与盈余管理

本章前文研究发现，质押规模越大，控股股东从一个单位的盈余管理中可获得的"边际收益"越大，为了充分利用来之不易的质押资格和筹集到更多的资金，控股股东会要求管理层进行大幅度的应计和真实活动盈余管理。

然而，管理层在控股股东股权质押前实施的机会主义盈余管理行为并不是无限制的。事实上，在股权质押实际操作中，质权人会控制其对单一客户（股东）的质押规模。例如，"某全国商业银行"在其《股权质押业务指引》中就对"客户集中度"做出了明确的规定：（1）单笔业务质押的股票规模不超过总股本的10%；（2）同一股票质押累计占比不超过20%。可见，质权人会对股东可质押的上市公司股权的最高比例进行限定。那么，我们有理由相信，随着控股股东累计质押规模的不断扩大，其剩余质押空间①将越来越窄，而剩余质押空间的收缩将导致控股股东陷入"无股可质"的尴尬局面，在这样的情况下，唯有更大幅度地推高股价才能增加控股股东从股权质押中获得的"额外收益"，换言之，质押空间被压缩将极有可能强化管理层（受控股股东影响）的正向盈余管理动机。

为验证上述预判，我们将剩余质押空间定义为"控股股东持股比例－累计质押股数占公司股本的比例"，取值在 0 ~ 1 之间；并定义变量 LOW，在控股股东剩余质押空间低于10%时 LOW 为1，表示较低的剩余质押空间，否则为0。我们进一步构建交乘项 PRE_PLE * LOW、NOPRE_PLE * LOW、PRE_PLE * NOLOW、NOPRE_PLE * NOLOW，分别表示质押前（PRE_PLE =1）且剩余质押空间低（LOW =1）的季度、非质押前（PRE_PLE =0）且剩余质押空间低（LOW =1）、质押前（PRE_PLE =1）且剩余质押空间高（LOW =0）的季度，以及非质押前（PRE_PLE =0）且剩余质押空间高（LOW =0）的季度。交乘变量 NEW_PLE × LOW、NONEW_PLE × LOW、NEW_PLE × NOLOW、

---

①　借鉴现有文献对于上市公司财务柔性和剩余负债能力的定义（董理和茅宁，2016），我们将剩余质押空间定义为控股股东持股比例扣除其累计质押股数占持有的上市公司股份比例后的部分。我们认为，剩余质押空间的存在能够为控股股东在公司股价跌至"警戒线"甚至"平仓线"而被质权人要求补充质押时发挥"缓冲"作用，可满足未来不利情况下的控股股东能够继续进行质押融资的能力。

NONEW_PLE×NOLOW、CONT_PLE×LOW、NOCONT_PLE×LOW、CONT_PLE×NOLOW、NOCONT_PLE×NOLOW 的构建方法类似。我们以 NOPRE_PLE×NOLOW、NONEW_PLE×NOLOW 和 NOCONT_PLE_NOLOW 表示的样本作为基础组，将除这些基础组变量之外的交乘变量放入模型 5.1 中重新回归，并主要关注交乘项 PRE_PLE×LOW、NEW_PLE×LOW 和 CONT_PLE×LOW 的回归系数，预计 PRE_PLE×LOW 的回归系数显著大于 0，表示随着控股股东剩余质押空间缩小，管理层在控股股东股权质押前、质押当期和质押期内的机会主义盈余管理的动机更大。

表 5.10 列示了考虑控股股东剩余质押空间后，上市公司在控股股东"质押前""质押当期""质押期内"三个时段盈余管理动机的回归结果。从表 5.10 可知，在第 1 列 DA 和第 4 列 RM 的回归结果中，PRE_PLE×LOW 的回归系数分别为 0.006 和 0.009，且都在 1% 的水平上显著，说明与控股股东股权质押前剩余质押空间高（基础组）的某公司的某个季度相比，当控股股东剩余空间较低时，上市公司管理层进行应计和真实盈余管理的动机更强，由此表明随着控股股东剩余质押空间的缩小，上市公司管理层盈余管理的动机也随之增加，这进一步证实了控股股东与管理层在基于质押背景下的"合谋"行为，从而支持了我们的预判。在第 1 列 DA 的回归结果中，比较 PRE_PLE×LOW 和 PRE_PLE×NOLOW 的回归系数发现，前者显著大于后者，二者的差异在 5% 的水平上显著（P = 0.015）；但在第 4 列 RM 的回归结果中，比较 PRE_PLE×LOW 和 PRE_PLE×NOLOW 的回归系数发现，前者大于后者，但二者的差异不显著（P = 0.303），说明当控股股东剩余质押空间被压缩后，管理层在"质押前"的应计盈余管理的动机强于真实盈余管理动机。此外，NEW_PLE×LOW 在第 2 列 DA 下的回归系数（0.005）为正，在 5% 的水平上显著，而 NEW_PLE×NOLOW 的回归系数（0.003）为正但不显著，二者不存在显著的差异（P = 0.381）；NEW_PLE×LOW 在第 5 列 RM 下的回归系数（0.005）为正，且在 10% 的水平上显著，而 NEW_PLE×NOLOW 的回归系数（0.003）也为正但不显著，二者仍然不存在显著的差异（P = 0.692），说明当控股股东剩余质押空间被压缩后，管理层在"质押当期"同时存在应计盈余管理动机和真实盈余管理动机。并且，CONT_PLE×LOW 在第 3 列 DA 下的回归系数（0.002）与 CONT_PLE×NOLOW 的回归系数（0.001）不存在显著

差异（P = 0.531），CONT_PLE × LOW 在第 6 列 RM 下的回归系数（0.001）与 CONT_PLE × NOLOW 的回归系数（0.006）存在显著差异（P = 0.022），说明当控股股东剩余质押空间被压缩后，管理层在质押期内的应计盈余管理动机弱于真实盈余管理动机。

总的来说，表 5.10 的回归结果表明剩余质押空间的存在，而随着剩余质押空间的缩小，控股股东和管理层的盈余管理动机也会有所加强。各模型经调整 R^2 较高，模型具有较好的解释力。

表 5.10　　　　　　控股股东质押、剩余质押空间与盈余管理

变量	DA			RM		
	应计盈余管理			真实盈余管理		
	（1）	（2）	（3）	（4）	（5）	（6）
PRE_PLE × LOW	0.006***	—	—	0.009***	—	—
	(4.013)	—	—	(4.359)	—	—
PRE_PLE × NOLOW	0.002	—	—	0.007***	—	—
	(1.576)	—	—	(4.023)	—	—
NOPRE_PLE × LOW	0.002*	—	—	0.000	—	—
	(1.797)	—	—	(0.024)	—	—
NEW_PLE × LOW	—	0.005**	—	—	0.005*	—
	—	(2.206)	—	—	(1.656)	—
NEW_PLE × NOLOW	—	0.003	—	—	0.003	—
	—	(1.353)	—	—	(1.400)	—
NONEW_PLE × LOW	—	0.003**	—	—	0.001	—
	—	(2.534)	—	—	(0.405)	—
CONT_PLE × LOW	—	—	0.002**	—	—	0.001
	—	—	(2.252)	—	—	(1.087)
CONT_PLE × NOLOW	—	—	0.001	—	—	0.006*
	—	—	(0.829)	—	—	(1.846)
NOCONT_PLE × LOW	—	—	−0.001	—	—	0.002
	—	—	(−0.633)	—	—	(1.494)

变量	DA			RM		
	应计盈余管理			真实盈余管理		
	(1)	(2)	(3)	(4)	(5)	(6)
PRE_PLE	—	0.003 ***	0.003 ***	—	0.007 ***	0.008 ***
	—	(2.772)	(2.769)	—	(5.618)	(5.642)
NEW_PLE	0.003 *	—	0.003 *	0.004 **	—	0.004 **
	(1.695)	—	(1.678)	(2.006)	—	(1.969)
CONT_PLE	− 0.000	− 0.001	—	0.001	0.001	—
	(− 0.435)	(− 0.594)	—	(1.161)	(1.077)	—
LNMV	− 0.003 ***	− 0.003 ***	− 0.003 ***	− 0.000	− 0.000	− 0.000
	(− 6.862)	(− 6.841)	(− 6.828)	(− 0.182)	(− 0.163)	(− 0.227)
TOP1	− 0.005 ***	− 0.005 ***	− 0.005 ***	0.008 ***	0.008 ***	0.009 ***
	(− 2.659)	(− 2.593)	(− 2.605)	(3.020)	(3.077)	(3.285)
SOE	0.001 **	0.002 **	0.002 **	0.005 ***	0.005 ***	0.005 ***
	(2.147)	(2.177)	(2.172)	(5.387)	(5.407)	(5.440)
LEV	− 0.007 ***	− 0.007 ***	− 0.007 ***	0.063 ***	0.063 ***	0.063 ***
	(− 3.468)	(− 3.463)	(− 3.464)	(25.652)	(25.655)	(25.658)
ROA	0.351 ***	0.351 ***	0.351 ***	− 0.751 ***	− 0.751 ***	− 0.751 ***
	(36.212)	(36.211)	(36.213)	(− 60.236)	(− 60.235)	(− 60.250)
NOA	0.001 ***	0.001 ***	0.001 ***	0.003 ***	0.003 ***	0.003 ***
	(4.987)	(4.986)	(4.991)	(20.203)	(20.202)	(20.143)
Z	− 0.002 ***	− 0.002 ***	− 0.002 ***	0.003 ***	0.003 ***	0.003 ***
	(− 3.888)	(− 3.876)	(− 3.882)	(4.054)	(4.063)	(4.125)
TONBINQ	− 0.000	− 0.000	− 0.000	− 0.007 ***	− 0.007 ***	− 0.007 ***
	(− 0.747)	(− 0.758)	(− 0.751)	(− 23.300)	(− 23.306)	(− 23.343)
ANALYST	0.001 ***	0.001 ***	0.001 ***	− 0.015 ***	− 0.015 ***	− 0.015 ***
	(3.432)	(3.443)	(3.437)	(− 29.993)	(− 29.987)	(− 29.943)
INST	− 0.002	− 0.002	− 0.002	− 0.024 ***	− 0.024 ***	− 0.024 ***
	(− 0.632)	(− 0.631)	(− 0.632)	(− 6.528)	(− 6.526)	(− 6.517)
Constant	0.030 ***	0.030 ***	0.030 ***	− 0.008	− 0.008	− 0.008
	(6.414)	(6.377)	(6.377)	(− 1.302)	(− 1.337)	(− 1.336)

变量	DA			RM		
	应计盈余管理			真实盈余管理		
	（1）	（2）	（3）	（4）	（5）	（6）
年度、季度	控制	控制	控制	控制	控制	控制
行业	控制	控制	控制	控制	控制	控制
Adj R²	0.100	0.100	0.100	0.148	0.148	0.148
F	183.5	183.4	183.4	286.4	286.4	286.4
N	80286	80286	80286	80286	80286	80286

注：表格中各交乘项变量的定义见正文；括号内为 t 统计量，***、** 和 * 分别表示1%、5% 和 10% 的显著性水平。

5.7　本章小结

我国上市公司控股股东控制现象严重，控股股东在股权质押过程中有强烈的动机通过正向的应计和真实活动盈余管理来获得质押资格和提高质押融资额。本章以我国沪、深两市 2004～2015 年间 A 股非金融类上市公司季度数据为样本，实证研究了控股股东股权质押前的盈余管理行为的存在性及特征。研究发现，控股股东股权质押动机是上市公司进行盈余管理的重要影响因素，或者说，盈余管理是我国上市公司控股股东股权质押的"前奏"，即上市公司控股股东可能通过盈余管理向质权人展示出一幅乐观的公司前景图。具体而言：（1）由于应计盈余管理和真实活动盈余管理各有特点和利弊，管理层在控股股东股权质押前的盈余管理方式上没有选择单一化的策略，而是同时选择两种方式"向上"操纵盈余。因为只有综合采用应计盈余管理和真实活动盈余管理两种手段，才有可能达到控股股东需要的盈余目标，也就是说，上市公司管理层在控股股东股权质押前的一个季度内既实施了应计盈余管理，也实施了真实活动盈余管理的正向盈余操纵行为。（2）控股股东预计的质押规模越大，质押前的应计和真实活动盈余管理程度越高。上述结论在进行替换变量、控制内生性问题等稳健性检验后，仍然成立。此外，上市公司管理层的应计和真实盈余管理行为在控股股东质押当季和质押期内可能不会立即停止，而是继续采用两种盈余管理的组合方式来继续支撑公司股价。此外，进一步研究发现，控股股东股权质押前（也是上市公司盈余公告日前）股价表现较差的公司中，受到控股股东影响的管理层在控股股东股权质押前进行正向盈余管理的动机和幅度更大。

上述研究结论表明，控股股东为了获得更多的私有收益，会要求公司管理当局在其质押前通过操纵应计项目和真实经济活动而达到提高其获得质押资格和质押融资额的目的，这种行为虽然短期内提高了公司股价，但随着应计项目"反转"的到来，公司股价在随后时期必然会跌回到正常的水平，这就会加剧公司股价的波动，从而加大公司风险，并最终损害质权人和广大中小股东的利益，且不利于公司的长远发展。本章的研究丰富了我们对于中国上市公司控股股东股权质押背景下的盈余管理行为的理解，并将盈余管理的研究从"事后"拓展到了"事前"。

6

控股股东股权质押与会计稳健性

　　会计信息质量一直是会计学术界和实务界关注的热点问题，本章研究控股股东股权质押对以（条件）会计稳健性[①]为代表的会计信息质量的影响。一方面，会计稳健性通过及时确认损失、延迟确认收益，有助于质权人及时发现控股股东违约，从而采取措施保护自身利益[②]，因而可以推测质权人存在对上市公司会计稳健性的需求，由此导致控股股东股权质押与会计稳健性应该正相关；另一方面，会计稳健性将导致公司资产价值的低估和股价下降，而质押品价值下降又将危及质权人利益实现，这是质权人和控股股东都不愿意看到的，这意味着质权人对上市公司会计稳健性需求和控股股东对会计稳健性的供给可能不足，从而导致控股股东股权质押与会计稳健性应该负相关。因此，控股股东股权质押与会计稳健性之间到底是怎样的关系有待实证检验。

---

　　① 根据泊和司瓦库马（Ball and Shivakumar，2005）、毕威尔和拉研（Beaver and Ryan，2005）的研究，会计稳健性包括条件稳健性和非条件稳健性。其中，条件稳健性又称为利润表稳健性、消息依赖型稳健性和事后稳健性，主要是指 Basu（1997）所定义的盈余对坏消息的反映比好消息更为及时（通常被称为非对称及时性），如存货计价中使用成本与市价孰低、资产计提减值准备等；非条件稳健性又称为资产负债表稳健性、与消息无关的稳健性、事前稳健性，它意味着在财务报表生成之前就采取稳健的措施，使财务报告系统对未来可能的坏消息具有免疫性，如无形资产在开发过程中的直接费用化、固定资产的加速折旧等。强（Qiang，2007）的经验证据表明，契约引发条件稳健性，诉讼引发条件稳健性和非条件稳健性，监管和税收引发非条件稳健性。因此，与非条件稳健性相比，巴苏（Basu，1997，2005）、泊等（Ball et al.，2000）、泊和司瓦库马（Ball and Shivakumar，2005，2008）、强（Qiang，2007）的研究表明，条件稳健性与公司治理和契约机制更为相关。考虑到我们更多的是从契约角度和质权人公司治理角色出发加以研究，因此，本研究仅对控股股东股权质押与上市公司条件稳健性（不是"非条件稳健性"）之间的关系进行实证分析。

　　② 在传统的债务关系中，稳健的会计盈余提供了对债务偿还更多的保障，使得债权人可以较早地发现上市公司触发违约条款的情形，从而可以及时要求公司偿还借款，进而保护债权人利益。

6.1 引言

会计稳健性不仅是内生于会计制度的财务报告机制，同时也是重要的财务报告质量特征之一。毕利斯（Bliss，1924）指出，会计稳健性的基本含义是不预计任何不确定的收益，并预计所有可能的损失。巴苏（Basu，1997）认为，会计稳健性要求上市公司对"好消息"（收益）比对"坏消息"（损失）的确认需要更为严格的标准，同时也意味着"坏消息"的确认应更为及时。拉那等（Lara et al.，2011）、阿姆德等（Ahmed et al.，2002）、拉那等（Lara et al.，2016）、于忠泊等（2013）、胡等（Hu et al.，2014）等的现有文献主要从权益资本成本、债务资本成本、投资效率、盈余信息含量、信息环境角度研究了会计稳健性给上市公司和资本市场带来的经济后果，普遍认为会计稳健性是协调企业契约各方利益冲突的机制，有助于降低契约各方信息不对称和代理成本，提高契约效率。瓦茨（Watts，2003a）、拉方得和瓦茨（LaFond and Watts，2008）认为，提高会计稳健性有利于保护投资者利益。然而，国内外学者还主要致力于对会计稳健性影响因素的研究。例如，泊和司瓦库马（Ball and Shivakumanr，2005）从股权结构、阿姆德和杜越曼（Ahmed and Duellman，2007）研究了董事会特征对公司会计稳健性的影响，布什曼（2004）、拉那等（Lara et al.，2007；2009）、陈德球等（2013）等研究了公司治理如何影响会计稳健性，阿姆德和杜越曼（Ahmed and Duellman，2013）、拉方得和洛褚德乎瑞（LaFond and Roychowdury，2008）、张兆国等（2011）、黎文婧和卢锐（2013）、孙光国和赵健宇（2014）研究了管理层特征[1]对会计稳健性的影响，毛新述和戴德明（2009）研究了会计稳健性如何受到会计准则的影响。此外，泊等（Ball et al.，2000）、布什曼和匹欧特洛斯科（Bushman and Piotroski，2006）从制度环境等静态角度分析了它们对会计稳健性的影响，得到了丰富的研究结论。但在影响因素方面，鲜有研究是从一个长期、动态的角度关注上市公司会计稳健性的变化过程及背后的机制和原因。

控股股东行为一直是公司治理领域中的热点话题。由于西方成熟资本市

---

① 包括管理者背景特征、管理层权力、管理层过度自信和管理层持股等。

场国家普遍具有较为分散的股权结构，上市公司通常情况下不存在控股股东或大股东，单个股东行为对上市公司的影响也较为有限。然而，在处于新兴加转型时期的中国，上市公司由于存在国有股"一股独大"、治理机制不完善等方面的问题，控股股东与外部中小股东间的代理问题和信息不对称较为突出，因此，控股股东行为将对上市公司将产生举足轻重的影响。一方面，拉波塔等（La Porta et al.，2000）、炯森等（Johnson et al.，2000）、余明贵和夏新平（2004）、佟岩和王化成（2007）研究发现，控股股东不仅可能通过关联交易从上市公司获取利益，一系列研究还发现，上市公司可能通过直接的资金侵占（李增泉等，2004）、担保（饶育蕾等，2008）或操纵上市公司财务报告等会计信息披露方式（陆正飞和王鹏，2013）。从上市公司获取资源和控制权私有收益（刘启亮等，2008）。另一方面，费尔德曼等（Friedman et al.，2003）认为，控股股东也可能通过利益输出"支持"上市公司发展。

近年来，上市公司控股股东股权质押在中国A股市场愈演愈烈，得到了实务界和学术界的普遍关注。耶等（2003）、陈等（2007）研究表明，股权质押公司具有较高的代理成本。陈和胡（Chen and Hu，2003）发现，存在股权质押的公司具有较高的信用风险，考等（2004）发现，股权质押公司普遍具有较低的经营绩效。此外，中国学者研究发现，股权质押公司还存在较为严重的资金侵占问题（谭燕和吴静，2013；黄志忠和韩湘云，2014）。同时，股权质押存在弱化激励效应和强化侵占效应，使得质押公司具有较低的市场价值（郝项超和梁琪，2009），且在质权人监督效应下，质押公司倾向于采用隐蔽性较高的真实活动盈余管理代替应计盈余管理（王斌和宋春霞，2015）。此外，控股股东出于防范"控制权转移风险"的考虑会竭力抑制上市公司在质押期内的股价暴跌风险（谢德仁等，2016），但意识到质押公司具有较高的经营风险和审计风险的审计师会提高其对质押公司的审计收费（张龙平等，2016）。然而，作为会计信息质量之一的"会计稳健性"① 是否会受到上市公司控股股东股权质

---

① 在众多的会计信息质量中，本书关注控股股东股权质押与会计稳健性之间的关系。这是因为，在股权质押过程中，质押股东与质权人之间存在信息不对称，而拉方得和瓦茨（LaFond and Watts，2008）指出，会计稳健性作为对信息不对称的天然反应机制，其信号作用的发挥有助于减少质押各方的信息阻塞和利益冲突。同时，桂和威瑞恰（Guay and Verrecchia，2006）也认为，可以通过提高管理层的盈余操纵成本来抑制管理层的盈余管理行为，进而成为质权人和外部投资者利益保护的重要机制。

押的影响呢？目前国内外尚无学者对此问题展开研究，此为本章研究的首要和主要动机。另外，现有文献对上市公司股权结构或大股东行为与会计稳健性的研究主要集中于股权性质（朱茶芬和李志文，2008）、金字塔股权结构（梁利辉等，2014）、大股东控制（董红星，2009）、控股股东掏空与支持（周晓苏和杨忠海，2010）等方面，而基于控股股东融资背景的研究还很缺乏。鉴于上述原因，本章将控股股东股权质押这一融资行为与上市公司会计稳健性纳入同一研究框架，深入研究控股股东股权质押对于上市公司会计稳健性的动态影响。

鉴于此，本章以2004～2015年沪深A股上市公司非金融类上市数据为样本，利用会计稳健性作为衡量会计信息质量的关键指标，在堪和瓦茨（Khan and Watts，2009）提出的会计稳健性（Cscore）指数和Basu模型基础上，从动态视角考察控股股东股权质押与会计稳健性之间的关系，深入剖析控股股东股权质押导致上市公司会计稳健性波动背后的利益动因。研究发现，控股股东股权质押会对会计稳健性产生显著影响，具体而言：（1）横截面分析表明，与非质押公司相比，质押公司在控股股东"质押前"和"质押期内"的会计稳健性较低，二者在控股股东"解押后"的会计稳健性没有显著差异；（2）时间序列分析表明，质押公司在控股股东"质押前"的会计稳健性水平最低，"质押期内"会计稳健性仍然较低（但高于质押前），"解押后"的会计稳健性明显提高，即上市公司会计稳健性会在控股股东股权质押的不同阶段呈现动态变化的特征。

本章的研究贡献在于：（1）张（Zhang，2008）、科斯特洛和摩尔曼（Costello and Moerman，2011）、格拉哈姆等（Graham et al.，2011）、克木等（Kim et al.，2011）和哈森等（Hasan et al.，2013）等已有研究主要着眼于从银行信贷市场和公司债的角度研究贷款抵押（担保）、银企关系与会计稳健性的关系，发现抵押（担保）可以降低银行对公司会计稳健性的需求。我们首次研究了控股股东股权质押与会计稳健性之间的关系，从股权质押角度为会计稳健性的债务契约解释提供新的经验证据，对现有文献进行了有益的补充。（2）我们首次从动态角度研究了上市公司在控股股东股权"质押前""质押期内""解押后"的会计稳健性水平，这有助于我们深刻理解控股股东在各阶段的动机。

6.2　理论分析与研究假设

企业债务来源众多，包括发行公司债、企业债、银行贷款、商业信用等方式，但发行债券需要满足特定的监管条件，而商业信用与企业的业务规模息息相关，因此，银行贷款成为我国企业债务融资的主要来源。研究发现，陈等（Chen et al.，2010）、程六兵和刘峰（2013）、王艳艳等（2014）发现银行产权性质会影响会计稳健性。陈等（Chen et al.，2013）也发现，借款抵押与担保对会计稳健性能够产生显著的影响。而尼克拉威（Nikolaev，2010）的研究发现，会计稳健性因银行贷款中是否采用限制性条款而不同。马丁和洛褚德乎瑞（Martin and Roychowdhury，2015）发现，信用违约互换也会影响会计稳健性。戴和杨（Dai and Yang，2015）提供了商业信贷影响会计稳健性的经验证据。此外，刘运国等（2010）以及朱凯和陈信元（2006）分别发现借款期限和银企关系都会对会计稳健性产生显著影响。在上述研究中，抵押和担保无疑是银行贷款合同中最为重要的条款之一。现有文献对债务契约中抵押和担保要求提供了"事前"和"事后"两方面的解释：一方面，饶建和韦斯顿（Rajan and Winston，1995）、吉梅列等（Jimenez et al.，2006）、格拉哈姆等（Graham et al.，2008）、克木等（Kim et al.，2011）研究发现，抵押和担保是解决债权人与债务人之间事前信息不对称和代理问题的机制设计，它们使得债权人可以据此推测债务人的违约风险。贝斯特（Bester，1985）研究发现，为降低贷款利率，具有较高破产风险的公司更有可能接受债权人提出的抵押条件。灿和卡纳塔（Chan and Kanata，1985）认为，抵押可以作为借贷双方就同一信息存在分歧的情况下的间接沟通渠道。贝散科和萨克尔（Besanko and Thakor，1987）对不同市场结构下抵押与信贷资源获取关系的研究时也发现，银行可以设计抵押与贷款利率反向的合同来识别借款人的风险。该观点认为，抵押和担保能够提高债权人对借款企业偿债能力的评估，降低债权人面临的借贷风险，从而缓解股东与债权人间的代理冲突，抵押物或担保物的存在可以向债权人发送借款企业偿债能力方面的信号。因此，从"事前"角度讲，抵押和担保与会计稳健性应该成正向相关关系。另外，贝格尔等（Berger et al.，2011）研究认为，抵押和担保在解决债务人事后道德风险、贷款契约执行等方面也能发挥其作用，且与事前信息不对称相比，抵押和担保在应对事后道德风险方面的作用更为重要。从"事后"角度讲，抵押物和担保物的存在可以形成对会计稳健性的有效替代，因此，抵押担保与会计稳健性应该成负相关关系。

近年来，部分学者关注到我国信贷市场上抵押担保这一债务契约设计与会计稳健性之间的关系。陈等（Chen et al.，2013）研究发现，银行对公司借款的抵押要求与会计稳健性显著负相关。王艳艳等（2014）研究表明，会计稳健性和抵押在缓解债务代理冲突中具有替代效应。后续研究发现，会计稳健性越高，抵押贷款占总贷款比重越低（周玮和徐玉德，2014；唐建新和唐春娇，2014）。而在贷款担保方面，平新乔（2009）的研究证实，债务人提供担保物可以降低银行对企业会计稳健性的需求。刘浩等（2010）发现，银行担保贷款对会计稳健性的需求明显高于信用贷款。程六兵和刘峰（2013）研究表明，会计稳健性与贷款抵押要求之间有替代关系。此外，刘文军（2014）也提供了会计稳健性能够降低非国有企业借款的担保概率的经验证据。因此，现有文献普遍认为，抵押、担保与会计稳健性之间存在显著的替代（负相关）关系。那么，与抵押和担保类似的股权质押与会计稳健性之间的关系是否也会呈现类似的特征呢？这有待于实证检验。

由于控股股东股权质押可能会对上市公司产生持续、深刻的影响，面对质权人监督和控股股东的收益—成本对比的变化，上市公司会计稳健性也将呈现出持续的动态变化过程，且会计稳健性的持续动态变化受到质权人需求和控股股东（管理层）供给双方力量强弱的影响。因此，我们主要从质权人需求与控股股东（管理层）供给两方面，以及从"质押前""质押期内""解押后"三个时段观察上市公司会计稳健性的变化，进而提出本章的主要研究假设。

6.2.1 股权质押前的会计稳健性

王（Wang，2009）指出，会计稳健性具有降低事前信息不对称的信号传递功能，进而影响契约效率，质押前的会计稳健性可从质押合同双方——质权人需求与管理层供给两方面加以分析。

第一，正如瓦茨（Watts，1993；2003a，b）所言，契约、诉讼、管制和税收是会计稳健性产生的主要原因。其中，后来的学者，如巴苏（Basu，1997）、强（Qiang，2007）、泊等（Ball et al.，2008）的研究都表明，契约是产生会计稳健性产生的最主要动因。王（Wang et al.，2009）对债务市场中的逆向选择模型的理论研究证实，在契约签订前，会计稳健性能够将公司运营风险相关的私有信息传递给债权人，进而通过降低事前的信息不对称使双方受益。因此，质权人必然存在对上市公司会计稳健性的需求，即质权人可能将会计稳健性作为发放质押贷款的前提条件。

第二，从股权质押机制设计来看：一方面，质权人一般会在业务标准中表明对"亏损"和发布"预亏"预测的公司股票的质押较为谨慎，这样的资质审核必定会使得存在亏损或潜在亏损上市公司的拟质押控股股东给管理层施加压力，要求管理层采用较为激进的会计政策和信息披露策略，管理层因而很有可能会延迟披露"坏消息"或提前确认"好消息"，以在控股股东质押前避免发生账面亏损，导致控股股东"质押前"的会计稳健性较低。另一方面，股权质押合同规定股东融资额度是"质押前20个交易日公司股价均值（或质押前1个交易日股价）""质押股数"和"质押率"三者的乘积，且"质押股数"和"质押率"分别由控股股东和质权人决定，股价则将直接影响控股股东股权质押的融资额。诸如泊和布朗（Ball and Brown，1968）、柏兰德和托马斯（Bernard and Thomas，1990）、欧森（Ohlson，1995）、灿尼和李维斯（Chaney and Lewis，1995）、萨布拉玛研（Subramanyam，1996）、费珊和欧森（Feltham and Ohlson，1999）等一系列研究表明，公司股价与会计盈余之间存在显著的正相关关系，而占美松等（2012）的研究认为，会计稳健性原则下"坏消息"被及时确认将导致公司净资产和收益被系统性低估，并进一步导致股价被低估、股票被抛售、经营或管理决策受影响、公司被接管和高管被更换等经济后果。因此，会计稳健性不利于短期内公司股价的提升，这恰恰是控股股东股权质押前不愿意看到的，即会计稳健性影响盈余和股价，进而影响控股股东股权质押中的利益实现。因此，控股股东为提高质押融资额，就必定要求管理层采用较为激进的会计政策，减少对会计稳健性的供给，即要求管理层延迟披露"坏消息"和提前确认"好消息"，使得上市公司在控股股东"质押前"的会计稳健性较低。

在我国，债权人维护自身利益的意识还较为薄弱，债权人利益保护机制也不够健全，即使质权人存在对会计稳健性"事前"的需求，但控股股东仍可以向管理层施加压力，促使管理层采用不稳健的会计政策而做出不利于质权人的行为。我们预计在控股股东股权质押前，上市公司内部的"好消息"比"坏消息"会得到更为及时的确认，因而具有较低的会计稳健性。基于上述分析，我们提出如下研究假设：

H6.1a（横截面）：与非质押公司相比，上市公司在控股股东股权质押前具有较低水平的会计稳健性。

H6.1b（时间序列）：与非质押期[①]相比，上市公司在控股股东股权质押前具有较低水平的会计稳健性。

6.2.2　股权质押期内的会计稳健性

林（Lin，2006）指出，会计稳健性具有降低事后信息不对称的信号传递功能，因而本文可以从会计稳健性发挥"事后"的信号传递功能的角度分析"质押期内"的会计稳健性。

一方面，从质权人需求角度看，由于股权质押可能会刺激控股股东做出次优的投资决策（比如进行高风险投资）从而损害质权人的利益，因此，质押合同签订后，整个质押期内控股股东和管理层的行为将受到质权人的监督和质押合同的约束。在质押期内，会计稳健性可以向质权人释放两个信号：第一个信号是由于会计稳健性能够及时将"坏消息"传递给质权人，提高控股股东技术性违约的可能性，从而降低质权人潜在的财富转移风险和保护质权人利益；根据陈等（Chen et al.，2007）、阿姆德等（Ahmed et al.，2002）、摩尔曼（Moerman，2005）和张（Zhang，2008）的研究，第二个信号是会计稳健性有助于限制管理层进行盈余管理等机会主义行为，从而降低债务代理成本，提高债务契约效率，即会计稳健性有助于质权人监督控股股东和管理层的经营行为，同时也有助于确保质押资金运用的有效性和合规性。然而，

---

①　非质押期指的是样本期内除去"质押前（一季度）""质押期内""解押后（一季度）"的其他季度。

会计稳健性可能并不是质权人保护自身利益的唯一措施，例如，质押合同中"警戒线"和"平仓线"① 两道防线的运用也可能与会计稳健性形成互补，从而降低质权人对会计稳健性的需求。因此，质权人是否存在质押公司会计稳健性的需求有待实证检验。

另一方面，从供给角度看，作为会计信息提供者②的控股股东和管理层的动机会影响会计信息质量。通常情况下，控股股东对公司会计稳健性存在两方面的影响，一是控股股东监督管理层的经营决策，与中小股东等外部利益相关者存在利益协同效应，从而有利于提高公司会计稳健性；二是控股股东对管理层的控制会降低其对会计信息的依赖程度，而且有可能侵占中小股东的利益，从而降低会计稳健性来掩盖其"掏空"真相（张子健和陈效东，2013），即存在壕沟防御效应，不利于提高公司的会计稳健性（董红星，2009）。在股权质押背景下，由于控股股东的控制权安全性与股价息息相关，采用稳健的会计政策（及时确认损失、延迟确认收益）会对短期内的公司股价产生不利影响，那么，处于质押期内的控股股东出于担心股价下跌所可能引发的控制权转移的考虑，自然会有强烈的动机要求管理层采用不稳健的会计政策，即质押期内的会计稳健性可能较低。

综上所述，从横截面角度看，质权人对会计稳健性需求与管理层对会计稳健性供给不足，将可能导致上市公司在质押期内的会计稳健性低于非

① 质权人在质押合同中通常会设置"警戒线"和"平仓线"两道防线来实时监测公司股价，一旦股价跌至"警戒线"附近，控股股东将被要求提前还款、补充质押或补充保证金，如果股价进一步跌至"平仓线"而控股股东无力偿还，质权人将有权处置该部分股权，从而导致控股股东丧失其对上市公司的控制权。

② 范和王（Fan and Wong，2002）、董红星（2009）、周晓苏和杨忠海（2010）、梁利辉等（2014）以及邵谊平和黄冰冰（2015）的相关研究表明，控股股东行为及其特征会影响上市公司的会计稳健性水平。其中，范和王（Fan and Wong，2002）对股权结构与会计信息含量关系的研究表明，在两权分离度高的公司中，控股股东与小股东之间存在较为严重的代理问题，控股股东基于自身利益的考虑而存在强烈的动机影响上市公司的会计信息含量，并使得外部投资者对公司盈余报告的可信度大大降低。他们在总结相关研究结论基础上提出了控股股东股权集中影响公司会计信息质量的两种效应：一是壕沟效应，指控股股东控制着财务报告政策并被认为拥有较强的机会主义动机防御中小股东，市场预期控股股东不会报告高质量的信息；二是信息效应，即集中的股权限制了公众对上市公司信息的获取能力和获取渠道，从而导致信息不透明和较低水平的信息含量。董红星（2009）发现，大股东控制具有显著的"壕沟防御效应"，体现为股权集中对上市公司会计稳健性产生显著的负面影响。梁利辉等（2014）、邵谊平和黄冰冰（2015）研究发现，终极控股股东的金字塔层级安排也会对上市公司的会计稳健性产生显著的影响，但研究结论存在差异。

质押公司。而从时间序列角度看，尽管"质押前"和"质押期内"的上市公司主观上均没有提高会计稳健性的动机，质押期内质权人监督效应的引入以及质权人存在对上市公司会计稳健性需求可能会使得上市公司会计稳健性虽然较低，但会高于质押前的水平。基于上述分析，我们提出如下假设：

H6.2a（横截面）：与非质押公司相比，上市公司在控股股东股权质押期内的会计稳健性更低。

H6.2b（时间序列）：与质押前相比，上市公司在控股股东股权质押期内的会计稳健性水平略有提高，但提高幅度有限。

6.2.3 股权解押后的会计稳健性

质押向上市公司引入了质权人外部监督效应，该外部监督效应则伴随着解押而消失，这意味着上市公司将不再面临质权人对会计稳健性的需求，导致由需求方引起的解押后的会计稳健性下降；同时，控股股东解押后将不再面临"警戒线"和"平仓线"对公司股价的监测，这意味着控股股东将不再担心公司股价下跌对其控制权安全性所构成的威胁，因而也将不再向管理层施加"压力"来"及时确认好消息、延迟确认坏消息"，即控股股东不再有动力继续维持质押期内不稳健的会计政策，导致由供给方引起的解押后的会计稳健性提高。由于控股股东可以凭借其对公司拥有的控制权（甚至是绝对控制权）显著影响会计信息质量，而质权人处于上市公司外部，质权人与控股股东之间存在的信息不对称，由此导致质权人对上市公司会计信息质量的影响可能会弱于控股股东，因而可以预计"需求方引起的会计稳健性下降的幅度"小于"供给方引起的会计稳健性提高的幅度"。因此，在需求与供给的相互作用下，从横截面角度看，控股股东解押后的会计稳健性可能会高于非质押公司，或恢复到非质押公司水平；而从时间序列角度看，与质押期内相比，解押后的会计稳健性可能有所提高。基于上述分析，我们提出如下假设：

H6.3a（横截面）：与非质押公司相比，上市公司在控股股东股权解押后的会计稳健性较高，但可能不显著。

H6.3b（时间序列）：与质押期内比，上市公司在控股股东股权解押后的会计稳健性水平显著提高。

图6.1描绘了质押公司在控股股东"质押前""质押期内""解押后"三个时段内的会计稳健性特征。

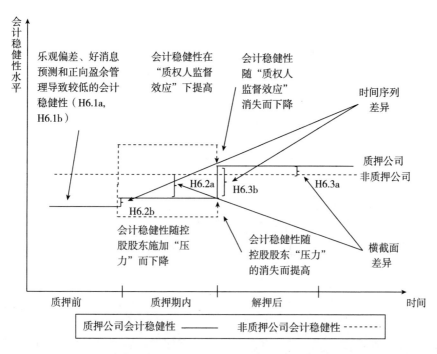

图6.1 控股股东股权质押前、质押期内与解押后的会计稳健性变化示意

6.3 研究设计

6.3.1 数据来源与样本筛选

本章以2004～2015年间沪、深A股上市公司为研究对象，研究控股股东股权质押对会计稳健性的影响。上市公司季度财务数据和控股股东数据来源于CSMAR数据库，股权质押数据来源于RESSET数据库。我们剔除了符合下列情形的公司：（1）金融行业公司，原因在于金融行业采用的会计准则与其他行业存在较大差异，财务数据的可比性较低；（2）同时发行B股或H股的公司；（3）资产负债率大于 1 的公司；（4）样本期间曾经被 ST、＊ST 和已经退市的公司；（5）上市不到两年的样本；（6）相关变量值缺失的样本。最后，我们得到 2004～2015 年间 2205 家具有完整财务数据信息的 62886 个公司—季度观测。

6.3.2 变量定义

1. 被解释变量：会计稳健性

在会计稳健性的计量方法中，目前广为采用的是 Basu（1997）盈余/报酬模型，该模型基于市场数据，用盈余对股价回报回归来检验会计稳健性是否存在。具体采用股票报酬率的正（负）作为"好（坏）消息"的代理变量，如果盈余对"坏消息"的反应比对"好消息"更为及时，则说明盈余越稳健，或稳健性越高。堪和瓦茨（Khan and Watts，2009）在 Basu 模型的基础上，建立了测度公司层面会计稳健性（CSCORE）指数模型。我们分别采用这两个模型度量会计稳健性，即在主检验中采用 CSCORE 度量会计稳健性来验证研究假设，同时采用 Basu 模型做稳健性测试。具体计算方法如下：

首先，Basu 模型为：

$$\mathrm{EPS}_{i,t} / \mathrm{P}_{i,t-1} = \alpha_0 + \alpha_1 \mathrm{DR}_{i,t} + \alpha_2 \mathrm{RET}_{i,t} + \alpha_3 \mathrm{RET}_{i,t} \times \mathrm{DR}_{i,t} + \varepsilon_{i,t} \quad (6.1)$$

其中，$\mathrm{EPS}_{i,t}$ 为 i 公司第 t 季度扣除非经常性损益后的每股盈余；$\mathrm{P}_{i,t-1}$ 为 i 公司 t 季度最后一个交易日的收盘价；$\mathrm{RET}_{i,t}$ 为 i 公司 t 季度经市场调整的持有期收益率。$\mathrm{DR}_{i,t}$ 为哑变量，$\mathrm{RET}_{i,t} < 0$ 时取 1，否则取 0。在上述 Basu 模型中，α_2（$\alpha_2 + \alpha_3$）度量了会计盈余与正（负）股票报酬率之间的相关关系，即会计盈余确认"好（坏）消息"的及时性，而 α_3 度量了会计盈余确认"坏消息"较之确认"好消息"的及时性，即会计稳健性系数。若 α_3 显著大于 0，则说明存在会计稳健性。

堪和瓦茨（Khan and Watts，2009）认为，Basu 模型中的 α_2 和 α_3 这两个系数对于不同公司在不同时间上存在差异，并把它们分别表示为公司投资机会集（以权益市值规模 MV、成长性 MTB 和负债率 LEV 为代理变量①）的函数。计量方法为：

$$GSCORE = \alpha_2 = \mu_1 + \mu_2 MV_{i,t} + \mu_3 MTB_{i,t} + \mu_4 LEV_{i,t} \qquad (6.2)$$

$$CSCORE = \alpha_3 = \lambda_1 + \lambda_2 MV_{i,t} + \lambda_3 MTB_{i,t} + \lambda_4 LEV_{i,t} \qquad (6.3)$$

将模型（6.2）和模型（6.3）代入模型（6.1）中，得到模型（6.4）：

$$EPS_{i,t} / P_{i,t-1} = \alpha_0 + \alpha_1 DR_{i,t} + (\mu_1 + \mu_2 MV_{i,t} + \mu_3 MTB_{i,t} + \mu_4 LEV_{i,t}) \times RET_{i,t} +$$
$$(\lambda_1 + \lambda_2 MV_{i,t} + \lambda_3 MTB_{i,t} + \lambda_4 LEV_{i,t}) \times RET_{i,t} \times DR_{i,t} + (\delta_1 MV_{i,t} + \delta_2 MTB_{i,t} +$$
$$\delta_3 LEV_{i,t} + \delta_4 DR_{i,t} \times MV_{i,t} + \delta_5 DR_{i,t} \times MTB_{i,t} + \delta_6 DR_{i,t} \times LEV_{i,t}) + \varepsilon_{i,t} \qquad (6.4)$$

通过对模型 6.4 分季度进行横截面回归得到 λ_i，$i = 1、2、3、4$，再将 λ_i 代入模型 6.3 中计算出每家公司的每个季度的会计稳健性指数 CSCORE。CSCORE 越大表示会计稳健性越高，会计盈余对"坏消息"比对"好消息"的非对称确认程度更高。

2. 解释变量：控股股东股权质押

本章同时采用横截面和时间序列方法分析控股股东股权质押对上市公司会计稳健性产生的动态影响。具体地：在横截面分析中，设计变量 TESTFIRM 对质押（试验）样本赋值为 1，对非质押（控制组）样本赋值为 0，以比较股权质押公司相对于非质押（控制组）公司在控股股东股权"质押前"（PRE）、"质押期内"（CONT）、"解押后"（POST）三个时期会计稳健性水平的高低；在时间序列分析中，仅采用质押样本研究股权质押公司在三个时期会计稳健性的变化趋势。主要变量设计如下：

股权质押公司：TESTFIRM 对于样本期内存在控股股东股权质押的公司为 1，对于控制组公司为 0。

股权质押时期：PRE、CONT 和 POST 分别表示控股股东股权"质押前""质押期内""解押后"三个时期。PRE 对于控股股东股权质押前一个季度为 1，否则为 0；CONT 对于控股股东股权质押期内的多个季度为 1，否则为 0；POST 对于控股股东解押后的一个季度为 1，否则为 0。质押时段的划分如图 6.2 所示。

---

① MV 为对数化后股票权益市场价值，MTB 为期末权益市值与账面价值之比，LEV 为公司债务总额与期末权益市值之比；根据本书的研究设计，我们按季计算公司的会计稳健性。

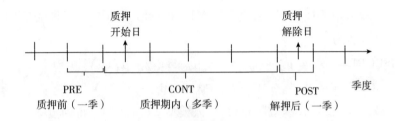

图 6.2　本章股权质押变量设计①

3. 控制变量

我们控制了产权属性 SOE、第一大股东持股比例 TOP1、董事会规模 BD-SIZE、两职合一 DUAL、独立董事比例 INDR、机构投资者持股比例 INST、管理层持股比例 MNG_HLD、诉讼风险 LIT、收益率波动 STDRET、成长性 GROWTH、是否亏损 LOSS、盈利能力 ROA、上市年龄 AGE、公司规模 SIZE、杠杆水平 LEV、市账比 MTB，以及年度 Year、季度 Qua 和行业 Ind 固定效应等因素对公司会计稳健性的影响。具体变量定义见表 6.1。

表 6.1　　　　　　　　　　　　　　主要变量定义

类型	变量名称	变量符号	变量定义
会计稳健性	会计盈余	EPS/P	季报披露的每股收益除以前一季度最后一个交易日的收盘价
	累计股票收益率	RET	上市公司季度内所有交易日的累计股票收益率
	坏消息哑变量	DR	RET<0 时为 1，否则为 0
	会计稳健性指数	CSCORE	根据堪和瓦茨（Khan and Watts,2009）计算的每家公司每个季度的会计稳健性指数
股权质押	质押公司	TESTFIRM	控股股东存在股权质押的公司为 1，否则为 0
	质押前	PRE	虚拟变量。控股股东股权质押前的一个季度
	质押期内	CONT	虚拟变量。控股股东股权质押期内的若干季度
	解押后	POST	虚拟变量。控股股东完全解押后的一个季度

---

① 本章定义的 CONT 实际上包括第 5 章"盈余管理章节"中 NEW_PLE 和 CONT_PLE 两个变量取值为 1 的情况，即本章将控股股东股权质押当期视为上市公司处于控股股东过去质押内进行研究，以简化研究形式。

续表

类型	变量名称	变量符号	变量定义
控制变量	产权属性	SOE	国有控股上市公司时为1,否则为0
	股权集中度	TOP1	第一大股东持股比例
	董事会规模	BDSIZE	董事会人数的自然对数
	两职合一	DUAL	董事长总经理两职合一
	独立董事比例	INDR	独立董事人数占董事会人数的比例
	机构持股比例	INST	各机构投资者持股比例之和
	管理层持股比例	MNG_HLD	季度末管理层持股比例
	诉讼风险	LIT	对于高诉讼风险行业*赋值为1,否则为0
	收益率波动	STDRET	季度收益率标准差
	成长性	GROWTH	主营业务收入增长率
	盈利能力	ROA	净利润/总资产
	是否亏损	LOSS	季度亏损时为1,否则为0
	市值规模	MV	季度末流通股市值的自然对数
	公司规模	SIZE	总资产的自然对数
	负债率	LEV	总负债/总资产
	市账比	MTB	市值与账面价值之比
	上市年龄	AGE	$Ln(1 + 年度 - 上市年度)$
	年度哑变量	Year	以2004年为基础组,其他年度赋值为1,否则为0
	季度哑变量	Qua	以第1季度为基础组,其他季度赋值为1,否则为0
	行业哑变量	Ind	以A类行业为参照组,共设置21个行业虚拟变量

注: *根据科恒（Cohen, 2008 的研究），我们将高科技行业定义为高诉讼风险行业，证监会行业代码（名称）分别为 C5（电子）、C8（医药、生物制品）和 G（信息技术）。

6.3.3 模型设定

1. 横截面模型

为检验假设 H6.1、H6.2a、H6.3a，我们构建模型 6.5 进行横截面分析：

$$CSCORE_{i,t} = \beta_0 + \beta_1 TESTFIRM_{i,t} + CVs + \sum Year + \sum Qua + \sum Ind + \varepsilon_{i,t} \tag{6.5}$$

其中，被解释变量为会计稳健性指数（CSCORE），解释变量 TESTFIRM 对存在控股股东股权质押的公司为 1，否则为 0。CVs 为控制变量。需要说明的是，由于在计算 CSCORE 时采用了 MV、MTB 和 LEV 的线性组合，再加入这三个变量将带来较为严重的多重共线性（沈永建等，2013），因而在研究控股股东股权质押对会计稳健性的影响时不再控制这三个变量（后同）。

根据 H6.1a，预计在"质押前"的样本回归中，TESTFIRM 的回归系数 β_1 显著为负；根据 H6.2a，预计在"质押期内"的样本回归中，TESTFIRM 的回归系数 β_1 显著为负；根据 H6.3a，预计在"解押后"的样本回归中，TESTFIRM 的回归系数 β_1 显著为正或不显著。

2. 时间序列模型

为检验 H6.1b、H6.2b、H6.3b，构建模型 6.6 对质押样本进行时间序列分析：

$$\text{CSCORE}_{i,t} = \beta_0 + \beta_1 \text{PRE}_{i,t} + \beta_2 \text{CONT}_{i,t} + \beta_3 \text{POST}_{i,t} + \text{CVs} + \sum \text{Year} + \sum \text{Qua} + \sum \text{Ind} + \varepsilon_{i,t} \tag{6.6}$$

根据 H6.1b，质押前具有较低的会计稳健性，则预计 β_1 显著为负；根据 H6.2b，质押期内的会计稳健性会显著提高，则预计 β_2 显著为正；根据 H6.3b，解押后的会计稳健性会显著上升，则预计 β_3 显著为正。

6.4　实证结果与分析

6.4.1　描述性统计

表 6.2 列示了主要变量描述性统计。每股收益与股价之比（$\text{EPS}_{i,t}/P_{i,t-1}$）的平均值为 0.021，中位数为 0.024，呈现负偏态分布（均值小于中位数），说明盈余受坏消息的影响力度更大，易出现反转，即 2004～2015 年间我国上市公司盈余具有稳健性。累计季度超额收益率（RET）的平均值为 0.024，中位数为 -0.005，说明收益率呈现右偏分布，而其标准差为 1.123，大于会计盈余指标 $\text{EPS}_{i,t}/P_{i,t-1}$ 的标准差（0.068），说明市场波动率大于会计盈余。DR 的均值为 0.447，表明在剔除了非正常交易的公司后，44.7% 的公司股票年度收益率为负。会计稳健性指数（CSCORE）的均值为 0.052，中位数为 0.037，

均大于0，且呈现左偏（中位数小于均值），初步证实了样本公司会计盈余稳健性的存在。

表6.2 主要变量描述性统计

变量名称	变量符号	观测值	均值	最小值	中位数	最大值	标准差
会计盈余	$EPS_{i,t}/P_{i,t-1}$	62886	0.021	−0.097	0.024	0.109	0.068
坏消息哑变量	DR	62886	0.447	0.000	1.000	1.000	0.500
累计股票收益率	RET	62886	0.024	−0.434	−0.005	0.791	1.123
会计稳健性指数	CSCORE	62886	0.052	−0.880	0.037	0.163	0.040
质押公司	TESTFIRM	62886	0.732	0.000	0.000	1.000	0.487
质押前	PRE	62886	0.310	0.000	0.000	1.000	0.462
质押期内	CONT	62886	0.551	0.000	1.000	1.000	0.497
解押后	POST	62886	0.139	0.000	0.000	1.000	0.551
产权属性	SOE	62886	0.469	0.000	0.000	1.000	0.499
股权集中度	TOP1	62886	0.367	0.003	0.347	0.900	0.157
董事会规模	BDSIZE	62886	2.183	1.099	2.197	2.944	0.206
两职合一	DUAL	62886	0.175	0.000	0.000	1.000	0.380
独立董事比例	INDR	62886	0.365	0.000	0.333	0.800	0.054
机构持股比例	INST	62886	0.042	0.000	0.010	0.867	0.079
管理层持股比例	MNG_HLD	62886	0.067	0.000	0.0003	0.892	0.157
诉讼风险	LIT	62886	0.207	0.000	0.000	1.000	0.405
收益率波动	STDRET	62886	0.031	0.009	0.028	0.102	0.012
是否亏损	LOSS	62886	0.117	0.000	0.000	1.000	0.322
成长性	GROWTH	62886	0.365	−0.897	0.453	2.958	0.789
盈利能力	ROA	62886	0.028	−0.103	0.021	0.163	0.039
市值规模	BIG4	62886	0.063	0.000	0.000	1.000	0.243
上市年龄	AGE	62886	2.248	1.099	2.398	3.466	0.599

续表

变量名称	变量符号	观测值	均值	最小值	中位数	最大值	标准差
公司规模	SIZE	62886	21.810	19.550	21.700	25.510	1.204
负债率	LEV	62886	0.475	0.042	0.481	0.889	0.203
市账比	MTB	62886	2.002	0.619	1.508	9.705	1.360

股权质押变量方面，TESTFIRM 的均值为 0.732，说明存在控股股东股权质押的公司样本占全部样本的 73.2%。PRE、CONT 和 POST 的均值分别为 0.31、0.551 和 0.139，表明质押公司样本被划分为质押前、质押期内和解押后三个时段的比例分别为 31%、55.1% 和 13.9%。控制变量方面，SOE 的均值为 0.469，说明在 17848 家样本公司中，超过 1/2 的公司最终控制人为非国有控股股东，样本公司主要由非国有控股公司构成。TOP1 的均值为 0.367，中位数为 0.347，接近 50%，说明我国上市公司第一大股东持股比例较高，股权集中度较高，且标准差为 0.157，表明样本公司第一大股东持股比例差异也较大。SIZE 的均值为 21.81，说明样本公司规模较大。LEV 的均值为 0.475，即样本公司的债务比重较大，说明债务融资在公司融资中占有重要地位。MTB 的均值为 2.002，最小值为 0.619，最大值为 9.705，说明样本公司间的市账比的差异较大。

6.4.2 相关性分析

表 6.3 列示了主要变量相关系数检验结果。由表 6.3 可知，$EPS_{i,t}/P_{i,t-1}$ 与 CSCORE 显著负相关，说明我们采用 Khan and Watts（2009）模型计算的会计稳健性指数进行实证分析是可行的。CSCORE 与 TESTFIRM 显著负相关，初步说明控股股东股权质押会降低会计稳健性。同时，我们发现 RET 与 CSCORE 的相关系数也为正，且在 1% 的水平上显著。大部分控制变量之间相关系数的绝对值都小于 0.4，说明模型不存在严重的多重共线性问题。

表 6.3

主要变量相关系数

变量符号	变量名称	EPS$_{i,t}$/P$_{i,t-1}$	DR	RET	CSCORE	TESTFIRM	PRE	CONT	POST
		会计盈余	坏消息哑变量	累计股票收益率	会计稳健性指数	质押公司	质押前	质押期内	解押后
EPS$_{i,t}$/P$_{i,t-1}$	会计盈余	1.000	—	—	—	—	—	—	—
DR	坏消息哑变量	-0.070***	1.000	—	—	—	—	—	—
RET	累计股票收益率	0.057***	-0.719***	1.000	—	—	—	—	—
CSCORE	会计稳健性指数	-0.146***	0.103***	-0.110***	1.000	—	—	—	—
TESTFIRM	质押公司	-0.089***	-0.010***	0.018***	-0.021***	1.000	—	—	—
PRE	质押前	0.032***	-0.015***	0.022***	-0.023***	-0.027***	1.000	—	—
CONT	质押期内	-0.039***	-0.031***	0.043***	0.027***	0.091***	-0.743	1.000	—
POST	解押后	0.133***	-0.013***	0.018***	-0.008**	-0.095***	-0.269***	-0.445***	1.000

注：***、**和*分别表示在1%、5%和10%的水平上显著。

6.4.3 多元回归结果分析

1. 控股股东股权质押对会计稳健性影响的横截面分析

表 6.4 汇报了控股股东股权质押对会计稳健性影响的横截面分析回归结果，模型 1、模型 3、模型 5 分别是未加入控制变量的回归结果，模型 2、模型 4、模型 6 是加入控制变量的回归结果。首先，从质押前样本的回归结果看，模型 1 和模型 2 中 TESTFIRM 的回归系数分别为 −0.004 和 −0.002，均在 1% 的水平上显著为负，说明与非质押公司相比，质押公司在控股股东股权质押前具有相对较低的会计稳健性，这与 H6.1a 的预期一致。其次，从质押期内样本的回归结果看，模型 3 和模型 4 中 TESTFIRM 的回归系数分别为 −0.003 和 −0.001，也均在 1% 的水平上显著为负，说明与非质押公司相比，质押公司在控股股东股权质押期内的会计稳健性仍低于控制组公司，这可能与质权人的会计稳健性的需求不足以及管理层对会计稳健性的供给不足有关，H6.2a 成立。最后，从解押后样本的回归结果来看，模型 5 和模型 6 中 TESTFIRM 的回归系数分别为 0.004 和 0.003，且在 1% 的水平上显著，说明与非质押公司相比，质押公司在控股股东股权解押后的会计稳健性显著提高，支持 H6.3a 的假设。

从控制变量看，SOE 的回归系数为负，且在 1% 的水平上显著，说明国有控股公司的稳健性低于非国有控股公司。TOP1 的回归系数在 1% 的水平上显著为负，即控股股东持股比例越高，会计稳健性越低，可能是因为股权越集中，控股股东越不需要通过提高稳健性来解决信息不对称和满足外部股东对会计稳健性的需求，这与泊等（Ball et al.，2000）的研究结论一致。BDSIZE 的回归系数在 1% 的水平上显著为正，说明董事会规模越大，会计盈余越稳健，这在一定程度上反映了我国上市公司董事会对会计稳健性的监督作用。INDR 的回归系数在 1% 的水平上显著为正，说明独立董事占比越高，会计稳健性越高，这是因为与其他董事相比，独立董事较少受到公司控股股东、其他大股东和利益相关者的影响，且独立董事更注重公司整体利益和维护公司外部中小股东的合法利益，从而有助于提高公司的会计稳健性。INST 的回归系数显著为负，说明机构投资者对上市公司会计信息质量的监督作用有限。

此外，STDRET 的回归系数在 1% 的水平上显著为负，表明收益率高的公司具有较低的会计稳健性。LOSS 的回归系数在 1% 的水平上显著为正，表明亏损公司具有较高的会计稳健性。BIG4 的回归系数显著为正，说明经四大审计的公司具有较高的会计稳健性。除变量 DUAL、MNG_HLD、LIT 的回归系数不显著外，其他变量的回归系数符号及显著性与预期一致。各模型经调整 R^2 较高，回归结果具有较好的解释力。

表 6.4　控股股东股权质押与会计稳健性：基于 CSCORE 模型的横截面分析

变量名称	变量符号	质押前		质押期内		解押后	
		(1)	(2)	(3)	(4)	(5)	(6)
质押公司	TESTFIRM	− 0.004 ***	− 0.002 ***	− 0.003 ***	− 0.001 ***	0.004 ***	0.003 ***
		(− 8.355)	(− 3.186)	(− 9.147)	(− 2.858)	(2.814)	(2.870)
产权属性	SOE	—	− 0.002 ***	—	− 0.003 ***	—	− 0.003 ***
		—	(− 4.871)	—	(− 6.712)	—	(− 4.757)
股权集中度	TOP1	—	− 0.011 ***	—	− 0.011 ***	—	− 0.011 ***
		—	(− 8.866)	—	(− 10.455)	—	(− 7.572)
董事会规模	BDSIZE	—	0.011 ***	—	0.011 ***	—	0.011 ***
		—	(11.101)	—	(12.935)	—	(9.479)
两职合一	DUAL	—	− 0.000	—	− 0.000	—	0.000
		—	(− 0.437)	—	(− 1.032)	—	(0.431)
独立董事比例	INDR	—	0.013 ***	—	0.012 ***	—	0.014 ***
		—	(4.254)	—	(4.427)	—	(3.904)
机构持股比例	INST	—	− 0.011 ***	—	− 0.010 ***	—	− 0.011 ***
		—	(− 5.522)	—	(− 5.629)	—	(− 5.388)
管理层持股比例	MNG_HLD	—	− 0.002	—	− 0.001	—	0.000
		—	(− 1.394)	—	(− 1.002)	—	(0.177)
诉讼风险	LIT	—	− 0.002	—	− 0.003 *	—	− 0.001
		—	(− 1.067)	—	(− 1.740)	—	(− 0.335)
收益率波动	STDRET	—	− 0.005 ***	—	− 0.006 ***	—	− 0.006 ***
		—	(− 7.796)	—	(− 9.797)	—	(− 6.691)
是否亏损	LOSS	—	0.001 ***	—	0.001 ***	—	0.001 *
		—	(3.333)	—	(3.675)	—	(1.883)

变量名称	变量符号	质押前		质押期内		解押后	
		(1)	(2)	(3)	(4)	(5)	(6)
成长性	GROWTH	—	−0.091 ***	—	−0.090 ***	—	−0.096 ***
		—	(−16.171)	—	(−18.679)	—	(−14.814)
盈利能力	ROA	—	0.008 ***	—	0.008 ***	—	0.008 ***
		—	(12.495)	—	(13.207)	—	(11.738)
市值规模	BIG4	—	0.002 ***	—	0.002 ***	—	0.003 ***
		—	(6.790)	—	(6.962)	—	(7.611)
上市年龄	AGE	−0.002	−0.038 ***	0.000	−0.035 ***	−0.006 **	−0.043 ***
		(−1.071)	(−10.820)	(0.112)	(−11.710)	(−2.350)	(−10.497)
常数项	Constant	−0.004 ***	−0.002 ***	−0.003 ***	−0.001 ***	−0.004 **	−0.003 *
		(−8.355)	(−3.186)	(−9.147)	(−2.858)	(−2.314)	(−1.670)
年度、季度	Year、Qua	控制	控制	控制	控制	控制	控制
行业	Ind	控制	控制	控制	控制	控制	控制
调整后 R^2	Adj R^2	0.312	0.326	0.296	0.315	0.258	0.297
F 值	F	254.1	201.2	417.4	340.3	87.52	79.53
样本量	N	19501	19501	34668	34668	8717	8717

注：括号内为 t 统计量；*** 、** 、* 分别表示在 1%、5% 和 10% 的水平上显著。

2. 控股股东股权质押对会计稳健性影响的时间序列分析

表 6.5 汇报了时间序列分析法下的控股股东股权质押对会计稳健性的多元回归结果，主要解释变量包括 PRE、CONT 和 POST。首先，在模型 1 中，PRE 的回归系数为 −0.001，且在 1% 的水平上显著，表明上市公司在控股股东股权质押前的会计稳健性低于非质押期，这可能与管理层在控股股东股权质押前实施了正向盈余管理和发布了"好消息"和"乐观偏差"盈余预测有关，H6.1b 得到证实。其次，在模型 2 中，CONT 的回归系数为负（−0.001），且在 5% 的水平上显著，表明上市公司在控股股东股权质押期内的会计稳健性低于非质押期，但大致维持质押前的水平（与质押前相比并没有明显提高），这意味着，一方面，质押期内的管理层为满足质权人对会计稳健性的需求可能采用了较为稳健的会计政策，另一方面，受到控股股东压力的管理层对会计稳健性的供给动力又可能不足，由此导致质押期内的会计稳健性水平较低，

H6.2b 成立。最后，在模型 3 中，POST 的回归系数为正（0.002），且在 1%
的水平上显著，表明上市公司在控股股东解押后的会计稳健性高于非质押期，
即解押后的会计稳健性有显著提高，H6.3b 得到证实。各模型经调整的 R^2 都
较高，因而具有较好的解释力。表 6.5 中模型 1~模型 3 各主要解释变量的回
归系数符号和显著性在模型 4 中基本保持一致，各控制变量回归系数与表 6.4
中回归系数的符号和显著性也未发生显著改变，在此不再赘述。

表 6.5 控股股东股权质押与会计稳健性：基于 CSCORE 模型的时间序列分析

变量名称	变量符号	被解释变量：CSCORE			
		（1）	（2）	（3）	（4）
质押前	PRE	−0.001 ***	—	—	−0.001 **
		（−2.956）	—	—	（−2.329）
质押期内	CONT	—	−0.001 **	—	−0.001 *
		—	（−2.546）	—	（−1.905）
解押后	POST	—	—	0.002 ***	0.002 ***
		—	—	（2.927）	（2.722）
产权属性	SOE	−0.002 ***	−0.003 ***	−0.003 ***	−0.003 ***
		（−7.392）	（−8.351）	（−7.835）	（−8.011）
股权集中度	TOP1	−0.013 ***	−0.013 ***	−0.013 ***	−0.013 ***
		（−11.596）	（−11.526）	（−11.506）	（−11.647）
董事会规模	BDSIZE	0.012 ***	0.012 ***	0.012 ***	0.012 ***
		（15.167）	（15.215）	（15.167）	（15.225）
两职合一	DUAL	−0.001 ***	−0.001 ***	−0.001 ***	−0.001 ***
		（−3.282）	（−3.388）	（−3.319）	（−3.340）
独立董事比例	INDR	0.014 ***	0.014 ***	0.014 ***	0.014 ***
		（5.158）	（5.178）	（5.167）	（5.171）
机构持股比例	INST	−0.013 ***	−0.013 ***	−0.013 ***	−0.013 ***
		（−7.985）	（−7.921）	（−7.986）	（−7.907）
管理层持股比例	MNG_HLD	−0.002 **	−0.002 **	−0.002 **	−0.002 **
		（−2.088）	（−2.082）	（−2.112）	（−2.039）
收益率波动	STDRET	−0.346 ***	−0.349 ***	−0.347 ***	−0.347 ***
		（−21.891）	（−22.103）	（−21.998）	（−21.978）

续表

变量名称	变量符号	被解释变量：CSCORE			
		（1）	（2）	（3）	（4）
是否亏损	LOSS	− 0.002 ***	− 0.002 ***	− 0.002 ***	− 0.002 ***
		（− 4.501）	（− 4.487）	（− 4.486）	（− 4.505）
成长性	GROWTH	0.001 ***	0.001 ***	0.001 ***	0.001 ***
		（3.992）	（3.946）	（3.983）	（3.949）
盈利能力	ROA	− 0.050 ***	− 0.048 ***	− 0.049 ***	− 0.048 ***
		（− 11.452）	（− 11.151）	（− 11.409）	（− 11.172）
市值规模	BIG4	0.005 ***	0.005 ***	0.005 ***	0.005 ***
		（4.814）	（4.832）	（4.845）	（4.834）
上市年龄	AGE	0.001 ***	0.001 ***	0.001 ***	0.001 ***
		（3.425）	（3.424）	（3.449）	（3.385）
常数项	Constant	− 0.027 ***	− 0.027 ***	− 0.027 ***	− 0.027 ***
		（− 9.143）	（− 9.250）	（− 9.150）	（− 9.258）
年度、季度	Year、Qua	控制	控制	控制	控制
行业	Ind	控制	控制	控制	控制
调整后 R^2	Adj. R^2	0.323	0.324	0.323	0.324
F 值	F	636.3	636.5	636.2	611.8
样本量	N	46083	46083	46083	46083

注：括号内为 t 统计量；*** 、** 、* 分别表示在 1%、5% 和 10% 的水平上显著。

6.5 稳健性检验

6.5.1 改变会计稳健性的度量方法

1. 横截面模型下的稳健性检验

首先，我们采用公司前四个季度会计稳健性的平均值（CSQ4Mean）替代当季度的会计稳健性（CSCORE），重新检验控股股东股权"质押前""质押期内""解押后"三个时期的会计稳健性的动态变化特征。回归结果与前面的研究结论一致。

其次，我们参照泊（Ball，2000）、克瑞希南等（Krishnan et al.，2005）、刘峰和周福源（2007）等相关研究，采用 Basu 模型进行横截面分析的稳健性检验：

$$\begin{aligned}
\text{EPS}_{i,t} / P_{i,t-1} = {} & \alpha_0 + \alpha_1 \text{DR}_{i,t} + \alpha_2 \text{RET}_{i,t} + \alpha_3 \text{DR}_{i,t} \times \text{RET}_{i,t} + \alpha_4 \text{TESTFIRM}_{i,t} + \\
& \alpha_5 \text{TESTFIRM}_{i,t} \times \text{DR}_{i,t} + \alpha_6 \text{TESTFIRM}_{i,t} \times \text{RET}_{i,t} + \alpha_7 \text{TESTFIRM}_{i,t} \times \text{DR}_{i,t} \times \\
& \text{RET}_{i,t} + \alpha_8 \text{SIZE}_{i,t} + \alpha_9 \text{SIZE}_{i,t} \times \text{DR}_{i,t} + \alpha_{10} \text{SIZE}_{i,t} \times \text{RET}_{i,t} + \alpha_{11} \text{SIZE}_{i,t} \times \\
& \text{DR}_{i,t} \times \text{RET}_{i,t} + \alpha_{12} \text{MTB}_{i,t} + \alpha_{13} \text{MTB}_{i,t} \times \text{DR}_{i,t} + \alpha_{14} \text{MTB}_{i,t} \times \text{RET}_{i,t} + \alpha_{15} \text{MTB}_{i,t} \times \\
& \text{DR}_{i,t} \times \text{RET}_{i,t} + \alpha_{16} \text{LEV}_{i,t} + \alpha_{17} \text{LEV}_{i,t} \times \text{DR}_{i,t} + \alpha_{18} \text{LEV}_{i,t} \times \text{RET}_{i,t} + \alpha_{19} \text{LEV}_{i,t} \times \\
& \text{DR}_{i,t} \times \text{RET}_{i,t} + \varepsilon_{i,t}
\end{aligned} \tag{6.7}$$

在模型 6.7 中，α_2 和（$\alpha_2 + \alpha_3$）度量非质押公司会计盈余分别对"好消息"和"坏消息"的反应程度，α_3 衡量了非质押公司（TESTFIRM = 0）的会计稳健性，而（$\alpha_2 + \alpha_6$）和（$\alpha_2 + \alpha_3 + \alpha_6 + \alpha_7$）度量了质押公司会计盈余分别对"好消息"和"坏消息"的反应程度，（$\alpha_3 + \alpha_7$）衡量了质押公司（TESTFIRM = 1）的会计稳健性。因此，α_7 衡量了质押公司相对于非质押公司会计稳健性的差异。

根据 H6.1a 和 H6.2a，预计采用质押前、质押期内和解押后的样本回归结果中的 α_7 显著小于 0；根据 H6.3a，预计采用解押后的样本回归结果中的 α_7 不显著。

回归结果见表 6.6。

表 6.6　控股股东股权质押与会计稳健性：基于 Basu 模型的横截面分析

变量	（1）	（2）	（3）	（4）
	全样本	质押前	质押期内	解押后
DR	− 0.002 ***	− 0.008	− 0.014 ***	0.001
	（− 6.160）	（− 1.397）	（− 2.877）	（0.064）
RET	0.005 ***	0.022	0.002	0.009
	（6.210）	（1.371）	（0.196）	（0.304）
DR × RET	0.025 ***	0.017 ***	0.041 ***	0.021 ***
	（6.242）	（2.746）	（3.416）	（2.732）

续表

变量	（1）	（2）	（3）	（4）
	全样本	质押前	质押期内	解押后
TESTFIRM	—	− 0. 002 **	− 0. 004 **	− 0. 003 **
	—	（− 3. 168）	（− 6. 938）	（− 2. 655）
DR × TESTFIRM	—	− 0. 002	0. 002 *	− 0. 003
	—	（− 1. 451）	（1. 876）	（− 1. 410）
RET × TESTFIRM	—	− 0. 000	0. 000	− 0. 003
	—	（− 0. 126）	（0. 026）	（− 0. 644）
DR × RET × TESTFIRM	—	− 0. 006 **	− 0. 005 **	0. 002
	—	（− 2. 378）	（− 2. 216）	（1. 139）
SIZE	—	0. 003 **	0. 004 **	0. 007 **
	—	（8. 732）	（16. 434）	（11. 802）
DR × SIZE	—	0. 001	0. 001 **	0. 001
	—	（1. 440）	（2. 942）	（0. 238）
RET × SIZE	—	− 0. 002	− 0. 001	− 0. 001
	—	（− 1. 438）	（− 0. 668）	（− 0. 522）
DR × RET × SIZE	—	0. 001	− 0. 002 *	0. 001
	—	（1. 125）	（− 1. 808）	（0. 481）
LEV	—	0. 001 **	0. 001 **	0. 002 **
	—	（2. 890）	（5. 309）	（4. 318）
DR × LEV	—	− 0. 001 **	− 0. 001 **	− 0. 001
	—	（− 3. 601）	（− 2. 849）	（− 1. 571）
RET × LEV	—	0. 001	0. 002 *	0. 004
	—	（0. 623）	（1. 664）	（1. 456）
DR × RET × LEV	—	0. 006 **	0. 006 **	0. 009 *
	—	（2. 202）	（2. 648）	（1. 867）
MTB	—	− 0. 005 **	− 0. 003 **	− 0. 003 **
	—	（− 13. 220）	（− 15. 227）	（− 6. 840）
DR × MTB	—	− 0. 000	− 0. 001 **	− 0. 001
	—	（− 0. 668）	（− 2. 717）	（− 0. 868）
RET × MTB	—	0. 003 **	0. 001 **	0. 002 **
	—	（2. 990）	（2. 554）	（2. 277）

续表

变量	（1）	（2）	（3）	（4）
	全样本	质押前	质押期内	解押后
DR × RET × MTB	—	− 0. 012 ***	− 0. 004 ***	− 0. 008 **
	—	（ − 4. 303）	（ − 3. 594）	（ − 2. 408）
Constant	0. 017 ***	− 0. 007 *	− 0. 030 ***	− 0. 070 ***
	（7. 025）	（ − 1. 669）	（ − 9. 117）	（ − 8. 665）
年度、季度	控制	控制	控制	控制
行业	控制	控制	控制	控制
AdjR^2	0. 009	0. 062	0. 070	0. 097
F	185. 5	67. 60	136. 9	49. 32
N	62886	19501	34668	8717

注：各变量定义见正文；括号内为 t 统计量；*** 、** 、* 分别表示在1%、5%和10%的水平上显著。

从表6.6可知，模型1中采用全样本的回归结果中，DR × RET 的回归系数为0.025，在1%的水平上显著为正，表明上市公司整体上具有稳健性。具体而言，会计盈余对"好消息"的反应系数为0.005，说明在股票回报率为正时，会计盈余与股票回报率之间存在显著的正向相关关系；DR × RET 的回归系数（t 值）为0.025（6.242），说明会计盈余对"坏消息"的敏感度显著大于对"好消息"的敏感度，那么，会计盈余对"坏消息"的反应系数为0.03（0.005 +0.025），即会计盈余对"坏消息"的反应系数是对"好消息"的6倍（0.03/0.005），这与李增泉和卢文彬（2003）、徐昕和沈红波（2010）的研究结论基本一致。

我们重点关注交乘项 DR × RET × TESTFIRM 在不同质押阶段中的回归系数及显著性。不难发现，在模型2中，DR × RET × TESTFIRM 的回归系数显著为负（ − 0.006），表明上市公司在质押前的会计稳健性较低，H6.1a 得以证实。在模型3中，DR × RET × TESTFIRM 的回归系数在1%的水平上显著为负（ − 0.005），表明质押期内的稳健性仍然低于非质押公司，这符合 H6.2a 的预期。再次，在模型4中，DR × RET × TESTFIRM 的回归系数为正（0.002），但不显著，表明控股股东解押后上市公司会计稳健性将恢复到非质押公司的水平，这与 H6.3a 一致。总的来说，即与非质押公司相比，质押公司在控股股东股权质押前的会计稳健性相对较低，质押期内的会计稳健性仍较低，解押后二者不存在显著差异。

最后，SIZE、LEV 的回归系数显著为正，MTB 的回归系数显著为负。RET×SIZE 和 RET×LEV 的回归系数基本不显著，RET×MTB 的回归系数显著为正。DR×RET×SIZE 的回归系数基本不显著，DR×RET×LEV 的回归系数显著为正，DR×RET×MTB 的回归系数显著为负。各模型的拟合优度较高，解释力较强，各变量 VIF 值低于 5，不存在严重的多重共线性问题。

2. 时间序列模型下的稳健性检验

我们也在模型 6.1 所表示的 Basu 模型中加入质押前（PRE）、质押期内（CONT）与解押后（POST）及它们与 RET、DR 的交乘项，构造模型 6.8 进行稳健性检验：

$$\begin{aligned}
\text{EPS}_{i,t} / P_{i,t-1} &= \alpha_0 + \alpha_1 \text{DR}_{i,t} + \alpha_2 \text{RET}_{i,t} + \alpha_3 \text{DR}_{i,t} \times \text{RET}_{i,t} + \alpha_4 \text{PRE}_{i,t} + \\
&\alpha_5 \text{PRE}_{i,t} \times \text{DR}_{i,t} + \alpha_6 \text{PRE}_{i,t} \times \text{RET}_{i,t} + \alpha_7 \text{PRE}_{i,t} \times \text{DR}_{i,t} \times \text{RET}_{i,t} + \alpha_8 \text{CONT}_{i,t} + \\
&\alpha_9 \text{CONT}_{i,t} \times \text{DR}_{i,t} + \alpha_{10} \text{CONT}_{i,t} \times \text{RET}_{i,t} + \alpha_{11} \text{CONT}_{i,t} \times \text{DR}_{i,t} \times \text{RET}_{i,t} + \alpha_{12} \\
&\text{POST}_{i,t} + \alpha_{13} \text{POST}_{i,t} \times \text{DR}_{i,t} + \alpha_{14} \text{POST}_{i,t} \times \text{RET}_{i,t} + \alpha_{15} \text{POST}_{i,t} \times \text{DR}_{i,t} \times \text{RET}_{i,t} + \\
&\alpha_{16} \text{SIZE}_{i,t} + \alpha_{17} \text{SIZE}_{i,t} \times \text{DR}_{i,t} + \alpha_{18} \text{SIZE}_{i,t} \times \text{RET}_{i,t} + \alpha_{19} \text{SIZE}_{i,t} \times \text{DR}_{i,t} \times \text{RET}_{i,t} + \alpha_{20} \\
&\text{MTB}_{i,t} + \alpha_{21} \text{MTB}_{i,t} \times \text{DR}_{i,t} + \alpha_{22} \text{MTB}_{i,t} \times \text{RET}_{i,t} + \alpha_{23} \text{MTB}_{i,t} \times \text{DR}_{i,t} \times \text{RET}_{i,t} + \alpha_{24} \\
&\text{LEV}_{i,t} + \alpha_{25} \text{LEV}_{i,t} \times \text{DR}_{i,t} + \alpha_{26} \text{LEV}_{i,t} \times \text{RET}_{i,t} + \alpha_{27} \text{LEV}_{i,t} \times \text{DR}_{i,t} \times \text{RET}_{i,t} + \varepsilon_{i,t}
\end{aligned}$$

$$(6.8)$$

在模型 6.8 中，α_3 衡量了上市公司"非质押时期"的会计稳健性，$(\alpha_3 + \alpha_7)$ 衡量了质押公司在控股股东"质押前"的会计稳健性，$(\alpha_3 + \alpha_{11})$ 衡量了质押公司在控股股东"质押期内"的会计稳健性，$(\alpha_3 + \alpha_{15})$ 衡量了质押公司在控股股东"解押后"的会计稳健性。因此，$(\alpha_{11} - \alpha_7)$ 衡量了"质押期内"相对于"质押前"的会计稳健性差异，$(\alpha_{15} - \alpha_{11})$ 衡量了"解押后"相对于"质押期内"的会计稳健性差异。根据 H6.1b、H6.2b、H6.3b，我们预计 α_7 和 α_{11} 显著小于 0，α_{15} 显著大于 0。回归结果见表 6.7。

从表 6.7 的回归结果可知，各模型中 RET 回归系数显著为正，与预期相符，DR×RET 的回归系数显著为正，表明上市公司整体存在会计稳健性。模型 1~模型3中 DR×RET×PRE、DR×RET×CONT 和 DR×RET×POST 的回归系数分别为 −0.009、−0.005 和 0.008，且至少在 5% 的水平上显著，H6.1b、H6.2b、H6.3b 仍然成立。

表6.7　控股股东股权质押与会计稳健性：基于 Basu 模型的时间序列分析

变量	被解释变量：$EPS_{i,t}/P_{i,t-1}$		
	(1)	(2)	(3)
DR	0.008	0.011 *	0.013
	(1.592)	(1.776)	(1.417)
RET	0.014 **	0.013 **	0.013 **
	(2.349)	(2.292)	(2.266)
DR×RET	0.041 ***	0.035 ***	0.034 ***
	(4.017)	(3.586)	(3.500)
PRE	0.005 ***	—	—
	(9.434)	—	—
DR×PRE	−0.002 **	—	—
	(−2.472)	—	—
RET×PRE	0.003	—	—
	(1.301)	—	—
DR×RET×PRE	−0.009 **	—	—
	(−2.427)	—	—
CONT	—	−0.003 ***	—
	—	(−7.076)	—
DR×CONT	—	0.002 **	—
	—	(2.548)	—
RET×CONT	—	−0.000	—
	—	(−0.256)	—
DR×RET×CONT	—	−0.005 ***	—
	—	(−2.740)	—
POST	—	—	−0.001 **
	—	—	(−2.121)

续表

变量	被解释变量: $EPS_{i,t} / P_{i,t-1}$		
	(1)	(2)	(3)
DR × POST	—	—	−0.001
	—	—	(−0.563)
RET × POST	—	—	−0.002
	—	—	(−0.837)
DR × RET × POST	—	—	0.008 ***
	—	—	(2.620)
SIZE	0.004 ***	0.003 ***	0.003 ***
	(16.843)	(15.184)	(14.143)
DR × SIZE	0.001 **	0.001 ***	0.001 ***
	(2.398)	(2.888)	(3.697)
RET × SIZE	−0.001 *	−0.001	−0.001
	(−1.718)	(−1.489)	(−1.512)
DR × RET × SIZE	−0.002 *	−0.001 *	−0.001
	(−1.836)	(−1.694)	(−1.559)
LEV	0.002 ***	0.002 ***	0.002 ***
	(8.318)	(7.953)	(7.885)
DR × LEV	−0.002 ***	−0.002 ***	−0.002 ***
	(−5.035)	(−4.964)	(−4.805)
RET × LEV	0.002	0.002	0.002
	(1.264)	(1.258)	(1.165)
DR × RET × LEV	0.009 ***	0.009 ***	0.010 ***
	(4.351)	(4.346)	(4.543)
MTB	−0.002 ***	−0.002 ***	−0.003 ***
	(−14.424)	(−14.457)	(−15.028)
DR × MTB	−0.001 ***	−0.001 ***	−0.001 ***
	(−2.760)	(−2.787)	(−2.645)
RET × MTB	0.001 **	0.001 *	0.001 *
	(2.033)	(1.855)	(1.900)

变量	被解释变量：$EPS_{i,t} / P_{i,t-1}$		
	(1)	(2)	(3)
DR × RET × MTB	−0.004***	−0.004***	−0.004***
	(−3.348)	(−3.225)	(−3.161)
Constant	−0.030***	−0.020***	−0.018***
	(−10.481)	(−7.613)	(−6.956)
年度、季度	控制	控制	控制
行业	控制	控制	控制
Adj R²	0.059	0.055	0.053
F	151.6	140.7	135.9
N	46083	46083	46083

注：各变量定义见正文；括号内为 t 统计量；*** 、** 、* 分别表示在1%、5%和10%的水平上显著。

6.5.2　内生性问题

我们仍采用两阶段（2SLS）模型来解决遗漏变量产生的内生性问题。在第一阶段回归中，采用 Probit 回归方法，以控股股东股权质押前一季度虚拟变量（PRE）、质押期内季度虚拟变量（CONT）和解押后季度虚拟变量（POST）分别为被解释变量，以融资约束（FC）、资产担保能力（COLL）、信用评级（Z）、资本市场态势（BULL）、货币市场态势（MP）及其他公司特征（控股股东持股比例、产权性质、公司规模、负债率、盈利能力、公司年龄、成长性、审计意见、行业等）为自变量和控制变量；在第二阶段，采用第一阶段回归得到的各股权质押变量的预测值代替实际值重新对模型6.6进行回归，第二阶段的回归结果见表6.8。从表6.8可知，PRE 和 CONT 预测值的回归系数为负，且分别在1%和5%的水平上显著，POST 预测值的回归系数在1%的水平上显著为正，这与表6.5中的 OLS 回归结果基本一致，表明与非质押公司相比，控股股东股权质押前和质押期内的会计稳健性较低，但解押后的会计稳健性显著较高。因此，H6.1b、H6.2b 和 H6.3b 成立。

表 6.8 控股股东股权质押与会计稳健性 2SLS 回归——第二阶段回归结果

变量名称	变量符号	被解释变量:CSCORE			
		(1)	(2)	(3)	(4)
某季度为质押前季度的概率	$\hat{PRE}$	−0.018 ***	—	—	−0.160 ***
		(−4.288)	—	—	(−11.933)
某季度存在质押的概率	$\hat{CONT}$	—	−0.009 **	—	−0.011 ***
		—	(−2.230)	—	(−3.172)
某季度为解押后的季度概率	$\hat{POST}$	—	—	0.045 ***	0.231 ***
		—	—	(9.512)	(16.346)
产权属性	SOE	−0.006 ***	−0.004 ***	−0.009 **	−0.005 ***
		(−8.092)	(−5.878)	(−12.777)	(−6.857)
股权集中度	TOP1	−0.015 ***	−0.017 ***	−0.014 ***	−0.015 ***
		(−13.594)	(−15.766)	(−12.414)	(−12.475)
董事会规模	BDSIZE	0.010 ***	0.010 ***	0.010 ***	0.009 ***
		(12.455)	(12.298)	(12.360)	(10.551)
两职合一	DUAL	−0.002 ***	−0.001 ***	−0.002 ***	−0.001 ***
		(−3.646)	(−3.535)	(−3.597)	(−3.058)
独立董事比例	INDR	0.004	0.004	0.004	0.002
		(1.535)	(1.603)	(1.387)	(0.655)
机构持股比例	INST	0.004 **	0.005 ***	0.004 **	0.003 *
		(2.451)	(2.584)	(2.290)	(1.816)
管理层持股比例	MNG_HLD	−0.005 ***	−0.004 ***	−0.004 ***	−0.002
		(−3.761)	(−3.439)	(−3.324)	(−1.356)
收益率波动	STDRET	−0.694 ***	−0.689 ***	−0.702 ***	−0.697 ***
		(−53.932)	(−53.725)	(−54.605)	(−54.311)
是否亏损	LOSS	−0.007 ***	−0.007 ***	−0.007 ***	−0.006 ***
		(−13.083)	(−13.006)	(−13.105)	(−12.304)
成长性	GROWTH	0.010 ***	0.010 ***	0.011 ***	0.010 ***
		(52.606)	(52.421)	(52.858)	(52.031)
盈利能力	ROA	−0.126 ***	−0.127 ***	−0.120 ***	−0.121 ***
		(−28.000)	(−26.880)	(−26.445)	(−25.224)

变量名称	变量符号	被解释变量：CSCORE			
		(1)	(2)	(3)	(4)
市值规模	BIG4	0.008 ***	0.008 ***	0.008 ***	0.006 ***
		(11.780)	(11.725)	(11.570)	(9.125)
上市年龄	AGE	-0.001 **	-0.001 **	-0.002 ***	-0.006 ***
		(-2.155)	(-2.343)	(-5.396)	(-13.444)
常数项	Constant	0.014 ***	0.016 ***	0.014 ***	0.034 ***
		(5.450)	(5.827)	(5.601)	(11.584)
年度、季度	Year、Qua	控制	控制	控制	控制
行业	Ind	控制	控制	控制	控制
调整后 R^2	Adj. R^2	0.359	0.338	0.343	0.377
F 值	F	726.7	696.5	665.4	702.4
样本量	N	46083	46083	46083	46083

注：括号内为 t 统计量；*** 、** 分别表示在 1%、5% 的水平上显著。

6.5.3　会计准则变迁对股权质押公司会计稳健性的影响

为避免 2007 年新会计准则对研究结论的影响，我们将样本划分为新准则实施前（2004～2006 年）和实施后（2007～2015 年）两个子样本重新检验。未列示的检验结果显示，控股股东股权质押对上市公司会计稳健性的影响主要体现在新准则实施期间，可能的原因在于，随着新会计准则实施，有股权质押的控股股东不仅可以与管理层"合谋"实施机会主义盈余预测和盈余管理行为，还可以要求管理层采用公允价值进行市值管理，从而强化控股股东股权质押对会计稳健性的影响。

6.6　本章小结

本章以 2004～2015 年间中国沪、深 A 股上市公司为样本，采用会计稳健性指数（CSCORE）和巴苏（Basu）模型研究了控股股东股权质押对上市公司"质押前""质押期内""解押后"会计稳健性的动态影响。研究发现：（1）与非质押公司相比，质押公司在控股股东股权质押前的会计稳健性水平相对较低，在质押期内的会计稳健性仍较低，解押后的会计稳健性水平恢复到非质押公司的水平；（2）上市公司质押前的会计稳健性处于较低水平；质押期内的会计稳健性水平比质押前略有提高但仍然较低，这是质权人对会计稳健性的"需求"与控股股东防范控制权转移而对会计稳健性"供给"二者综合力量的结果；解押后的会计稳健性略有上升，很大程度上与控股股东不再担心控制权转移而丧失了采用"不稳健"会计政策的动力有关。因此，会计稳健性是控股股东根据其质押融资需求而做出的长期策略选择。

7

控股股东股权质押与股价暴跌风险

从第 4 和第 5 章的研究发现，中国上市公司管理层存在为配合控股股东股权质押的机会主义盈余预测和盈余管理行为。而第 6 章的横截面分析表明，上市公司在控股股东"质押前"和"质押期内"的会计稳健性低于非质押公司，"解押后"的会计稳健性不存在明显差异。本章致力于将控股股东股权质押、管理层盈余预测、盈余管理、会计稳健性和股价暴跌风险纳入一个统一的研究框架，首先研究控股股东股权质押对上市公司股价暴跌风险的直接影响，进而研究管理层盈余预测质量、盈余管理和会计稳健性在两者关系中的中介作用。

7.1 引言

金和梅耶思（Jin and Myers，2006）、柯萨瑞等（Kothari et al.，2009）、胡通等（Hutton et al.，2009）将股价暴跌①定义为市场指数或个股价格在无任何前兆的情况下突然急速下降的现象。卡伦和方（Callen and Fang，2013）、科密和张（Kim and Zhang，2016）研究指出，股价暴跌风险更易发生在高代理成本的公司。斯腾（Stein，1989）发现，管理层出于薪酬动机和职业生涯等因素考虑，可能会利用其与外部投资者之间的信息不对称进行隐藏"坏消息"的行为。

---

① 股价暴跌又称为股价崩盘、股价崩溃。

近年来，股权质押已成为中国上市公司股东日益频繁采用的新兴担保融资方式。与传统的实物资产和权利担保相比，股票具有更高的流动性和更易于变现等特征，这使得股东可以较为便捷地通过股权质押获得融资。但股权质押本身蕴含一定的市场风险，表现为股权价值的波动幅度和频率都远远高于传统的不动产、动产和其他权利（李中亚和董慎秋，2011）。本章研究控股股东股权质押与公司股价暴跌风险之间的关系以及前者作用于后者的机制和途径。根据股权质押原理，质权人按照质押前 20 个交易日公司股价均值或质押前 1 个交易日的股价作为发放质押贷款的重要依据，因此，理性的控股股东在质押前存在强烈的动机要求公司管理层调节质押物（股权）价值，表现为通过发布"好消息"和"乐观偏差"的盈余预测，或通过调整应计项目与安排真实经济交易的手段向上操纵会计盈余来推高股价，使得股价在短时期内虚高并逐步形成"股价泡沫"。待到控股股东获得质押资格和质押融资后，随着控股股东质押公告的发布，外部中小股东开始根据公告内容①揣测控股股东股权质押动机，外部中小股东对控股股东股权质押的不同解读将直接反映在公司股价的变动中。如果外部中小股东在质押其内发现显著的信息不对称，特别是当质押期内的公司股价下跌到预先设置的"警戒线"甚至"平仓线"附近、控股股东被质权人要求增加质押或提前还款、导致上市公司控股股东及经营环境面临重大不确定因素的情况下，为避免潜在的损失，部分中小股东会选择尽快卖出手中股票，而不管控股股东能否及时挽救公司股价，另一部分中小股东可能会等待控股股东采取行动而选择"观望"。因此，陈等（Chen et al.，2001）、宏和斯腾（Hong and Stein，2003）以及陈国进等（2010）的研究发现，在外部中小股东异质信念等因素的作用下，公司股价将承受较大的暴跌风险。同时，根据施莱弗（Shleifer，1986）、欧菲克和瑞卡德森（Ofek and Richardson，2000）提出的市场供需理论，无论是控股股东通过卖出其未出质股票来提前还款，还是控股股东因无力偿还而导致质权人将质押股票在二级市场上集中抛售，都会导致公司股票供给的急剧增加，由于股

---

① 在质押公告中，上市公司通常会向市场说明质押股东、质权人、出质股数、质押期限、出质股数占股东自身持股数的比例、出质股数占公司股本的比例，部分公告中会说明质押资金的用途和利率等情况。

票的需求曲线向下倾斜，而在外部中小股东对公司股票需求不变、甚至降低的情况下，供应筹码大幅增加就会使得公司股价难免陷入下跌的负向循环，使得已经处于崩溃边缘的股价再次下滑，甚至引发"雪崩效应"。这就是股权质押引发公司股价暴跌的全过程。

表 7.1 统计了 2004～2015 年间我国上市公司股东股权质押期间的股价表现。在这期间，我国 A 股市场共发生 20164① 次股东的股权质押，有 11445 次质押有公开的质押起始日和解除日。其中，有 56.53% 的股票在质押期间股价出现上涨，有 23.44% 的股票下跌幅度在 40% 以内，因此我们将这 91.61% 的股权质押认定为"安全"。而剩余的接近 10% 的质押，由于股票下跌幅度超过 40%，若在下跌过程中没有补仓措施，或无法保障安全。其中，下跌幅度在 40%～50% 之间的有 76 次，下跌 50%～60% 之间的有 54 次，有 70 次下跌幅度在 60% 以上，跌幅最大者甚至达到 84.71%。

表 7.1　　控股股东股权质押期间股票涨跌幅统计（2004～2015 年）

涨跌幅	2004～2015 年		市场高位时期		市场低位时期	
	数量(次)	占比(%)	数量(次)	占比(%)	数量(次)	占比(%)
−60% 以下	429	3.75	101	25.83	330	2.99
−60%～−50%	446	3.89	61	15.60	387	3.50
−50%～−40%	600	5.24	53	13.55	538	4.87
−40%～−30%	785	6.86	28	7.16	763	6.90
−30%～−20%	825	7.21	29	7.42	788	7.13
−20%～−10%	721	6.30	27	6.91	880	7.96
−10%～0%	906	7.92	18	4.60	952	8.61
0 以上	6470	56.53	74	18.93	6400	57.90
合计	11445	100.00	391	100.00	11054	100.00

注：质押数据来源于 WIND 数据库，股价数据来源于 CSMAR 数据库。

2006 年以来，我国股票市场经历了 2007 年及 2008 年的极端的牛市、熊

---

① 这包括所有股东（控股股东和非控股股东）的质押，也包括同时发行 B 股或 H 股的公司和 ST 公司的股票。

市，股票在此期间出现偏离正常情况的大幅涨跌，将此时期的市场与常态市场放在一起观察，难免有失公允。因此，我们以4000点（沪深300指数）作为划分依据①，将市场划分为高位和低位期间②，分别观察质押股票的股价表现。统计发现：（1）市场高位时期，共有391次股权质押。直至这些股票解除质押，仅有74次质押期内股价上涨，占比18.93%；有101次质押期内股票下跌幅度超过60%，占比25.83%；另外，分别有61次（15.60%）、53次（13.55%）股票质押期间下跌幅度在50%～60%和40%～50%之间，共计54.98%（25.83%＋15.6%＋13.55%）次质押在质押期内处于超过40%跌幅的"危险"状态。（2）市场低位时期，总共11054次股权质押中，有387次（3.50%）质押在质押期内下跌超过60%，另分别有538次（4.87%）、29次（1.39%）在质押期间下跌幅度在50%～60%和40%～50%之间。因此，在同等跌幅的情况下，市场高位时期质押的股票数量和比例都比低位时期质押的股票高，这说明在市场高位时期质押的股票需要承受较大的下跌压力，或者说，控股股东在高位时期更有可能受"机会主义"动机驱使而进行股权质押。

关于股权质押与股价暴跌风险的关系，谢德仁等（2016）采用沪、深两市A股上市公司2004～2013年的大样本数据检验发现，与非质押公司相比，股权质押公司在质押期内具有相对更低的暴跌风险，而控股股东解除质押后，上市公司的股价暴跌风险随之高企，且这种现象在非国有控股公司更为明显。可见，大样本实证研究与我们理论预期结论和实际观察到的质押股票市场表现似乎不太吻合。那么，值得进一步思考的问题是，股权质押通过哪些渠道或途径影响了公司股价暴跌风险呢？这些渠道和途径之间是否存在互相影响的情况？鉴于此，本章以2004～2015年间我国沪、深两市A股非金融类上市公司为样本，在谢德仁等（2016）的基础上，进一步检验上市公司管理层盈

---

① 从CSMAR数据库中有关沪深300指数2005年4月～2015年12月期间的月度数据显示，该指数位于4000点以上的时期包括2007年7月～2008年2月，以及2015年3～6月；具体而言，2007年7月23日和2008年3月14日的沪深300指数分别为4156.72点和4157.84点，2015年3月30日和2015年7月2日的沪深300指数分别为4088.18点和4108点。

② 我们将2007年7月23日～2008年3月14日、2015年3月30日～2015年7月2日沪深300指数位于4000点以上的期间划分为高位时期，样本期内的其余时期为低位时期。

余预测质量、盈余管理和会计稳健性在控股股东股权质押与股价暴跌风险之间可能存在的中介效应作用。研究发现，在控股股东股权质押期内和解押后的股价暴跌风险与控股股东股权质押之间的关系中，管理层盈余预测偏差与会计稳健性都发挥了部分中介效应，而盈余管理发挥了完全的中介效应，但质押期内和解押后的中介效应作用方向相反，且前两者的中介效应之和强于后者的完全中介效应，由此导致上市公司在控股股东质押期内的股价暴跌风险较低，而在控股股东解押后的股价暴跌风险较高。

本研究主要的贡献主要体现在以下两个方面：（1）与以往文献研究股东股权质押对公司价值等公司经营层面的影响不同，本研究从控股股东股权质押的视角探寻其对上市公司股价暴跌风险的影响及作用机制，丰富了控股股东股权质押经济后果方面的研究。（2）证监会和上海、深圳证券交易所要求上市公司披露持股比例超过 5% 的股东股权质押信息，这在一定程度上增加了上市公司的信息披露成本，然而对这一政策要求可能的收益尚缺乏充分的研究。本章从股价暴跌风险角度为这一政策要求的成本—收益分析提供了经验证据，同时也丰富了暴跌风险影响因素的研究。

7.2　股价暴跌风险相关文献回顾

到目前为止，国内外学者主要从不完全信息理性预期、行为金融学理论和信息结构理论三个视角对股价暴跌风险进行了研究和解释。首先，在不完全信息理性预期方面，坎贝尔和亨切尔（Campbell and Hentschel，1992）、罗默（Romer，1993）将股价暴跌解读为知情交易者集中释放其私有信息及非知情者交易行为共同作用的结果。曹等（Cao et al.，2002）、巴利伟和韦利斯（Barlevy and Veronesi，2003）发现，市场上理性的非知情交易者越多，市场越容易形成暴跌。其次，陈等（Chen et al.，2001）使用去趋势成交量作为投资者异质信念的代理变量，对美国 1962~1998 年间上市公司的股价表现进行了研究，研究结论也支持了"投资者异质信念引发股价暴跌"的观点。宏和斯腾（Hong and Stein，2003）从行为金融学角度的研究出发，发现投资者异质信念反映了交易双方的私有信息，在公司基本面没有出现较大变动的情况下会导致公司股价发生变动。陈国进和张贻军（2009）则基于我国股市限制卖空的特殊制度背景，发现个股暴跌风险与投资者异质信念正相关，成为我国学者中对上市公司股价暴跌风险较早进行研究的文献。而陶宏亮和申宇（2011）从信息透明度和投资者认知风险角度的研究表明，由于信息不透明导致的投资者认知风险的提高会最终引发上市公司股价暴跌风险的发生。

与上述两种观点将股价暴跌风险的发生归咎于投资者行为所不同的是，金和梅耶思（Jin and Myers，2006）则从信息结构的理论层面对股价暴跌风险的形成进行了解释：管理层基于个人机会主义动机而不愿意及时披露，随着时间的推移，公司内部的负面信息不断积累，以至于在某个特定的时刻达到临界值水平而导致负面信息在短期内集中向市场释放，引发股价暴跌。胡通等（Hutton et al.，2009）利用修正的琼斯模型，使用过去三年的操控性应计项目作为财务报告不透明度的代理变量，研究发现财务报告不透明度越高的公司，其股价中所包含的公司层面信息越少，股价在未来时期发生暴跌的风险也会越高。此后，大部分学者也从"公司内部坏消息累积释放"和"信息透明度"的角度研究公司股价暴跌风险的影响因素和形成机理，科密等（Kim et al.，2011a）发现，企业避税行为越严重，隐藏的坏消息越多。贝列克和刘（Bleck and Liu，2007）发现，存在对 CFO 进行期权激励的公司更可能存在坏消息隐藏行为。而科密等（Kim et al.，2016）发现，经理人存在过度自信的公司也更可能隐藏公司的坏消息。此外，马瑞尼和奥利维尔（Marine and Olivier，2008）发现，内部人交易更有利于经理人隐藏坏消息和"信息壁垒"的形成，降低公司信息透明度，进而导致公司股价暴跌风险的提高；相反，科密等（Kim et al.，2016）研究发现，采用稳健会计政策的公司具有较高的信息透明度。科密和张（Kim and Zhang，2016）研究表明，会计稳健性高的公司也具有较高的会计信息可比性，安德瑞等（Andreou et al.，2016）发现，具有较高会计稳健性的公司，其公司治理机制也较为完善。上述研究表明，具有较高会计稳健性的上市公司具有较高的信息透明度，导致经理人隐藏"坏消息"的成本较高，从而有助于降低公司股价暴跌风险。

我国学者在借鉴国外研究的基础上，也对股价暴跌风险展开了广泛和深入的研究，并得到了一些有价值的结论。代彬彬和岳衡（2015）基于货币政策这一宏观视角的研究发现，紧缩的货币政策会加剧个股暴跌风险。而大部分学者主要从公司微观层面展开了研究，发现经理人超额薪酬（Xu et al.，

2014）、非效率投资（田昆儒和孙瑜，2015；江宇轩和许年行，2015）、过度派现（顾小龙，2015）、公司违规（沈华玉和吴晓晖，2017）以及代理成本（陈翔宇和万鹏，2016）与公司股价暴跌风险显著正相关，而企业社会责任信息披露（权小锋等，2015）、高内部控制质量（王超恩和张瑞君，2015）和内部控制信息披露（叶康涛等，2015）、盈余稳健性（王冲和谢雅璐，2012）、盈余可比性（江轩宇，2015）和盈余持续性（杨棉之等，2017）等方面的高质量的会计信息（叶颖玫，2016）、女性高管（李小荣和刘行，2012）等有助于抑制公司股价暴跌风险。此外，在外部公司治理机制方面，李小荣等（2014）发现，遭受债务诉讼的公司具有较低的股价暴跌风险。潘越等（2011）发现，分析师关注有助于降低信息不透明对个股暴跌风险的负面影响。许年行等（2012）研究表明，分析师乐观偏差与个股暴跌风险之间呈现显著的正相关关系，而分析师利益冲突会加剧二者之间的相关关系。罗进辉和杜兴强（2014）及谢雅璐和王冲（2014）发现，媒体能够发挥对个股股价暴跌风险的治理作用。江宇轩（2013）及刘春和孙亮（2015）发现，较高的税收征管强度有助于抑制公司的税收激进度，改善公司治理，从而降低公司股价暴跌风险。此外，机构投资者在我国扮演着股市暴涨暴跌"助推器"的角色（陈国进等，2010），表现为机构投资者持股比例（曹丰等，2015）及机构投资者"羊群行为"（许年行等，2013）与股价暴跌风险显著正相关，而高管政治关联（罗进辉等，2015）、并购（辛宇等，2015）也会影响股价暴跌风险，而审计监督（田昆儒和孙瑜，2015）和审计师行业专长（江轩宇和伊志宏，2013；熊家才，2015）有助于抑制股价暴跌风险。此外，迪方得等（DeFond et al.，2015）研究表明，会计准则趋同会影响会计稳健性。卡伦和方（Callen and Fang，2015）发现，宗教文化对会计稳健性也会产生显著的影响。

　　我国上市公司普遍存在一个控制性大股东，它们通过控制权优势、信息优势和资源优势对上市公司形成超强控制，能够对公司管理层的财务会计行为产生举足轻重的影响。王化成等（2015）研究了大股东持股比例与股价暴跌风险之间的关系，发现第一大股东持股比例表示的股权集中度与股价暴跌风险之间呈显著的负相关关系，由此论证了上市公司大股东对管理层的"监督"作用。顾小龙和辛宇（2016）研究了实际控制人特征与上市公司股价暴跌风险之间的关系，发现实际控制人的现金流权与股价暴跌风险显著负相关，而控制权与现金流权分离度与股价暴跌风险显著正相关。然而，除这两篇文献及谢德仁等（2016）外，目前还较少有文献关注到特定事件背景下的上市公司控制性大股东动机或行为对公司股价暴跌风险的影响。鉴于股权质押日益成为我国上市公司控制性大股东普遍采用的融资方式，我们认为，结合中国资本市场特有的制度背景，考察控股股东股权质押对上市公司股价暴跌风险的影响对于资本市场健康发展和投资者利益保护尤为重要。

7.3 理论分析与研究假设

7.3.1 股权质押期内的股价暴跌风险

控股股东股权质押与股价暴跌风险之间的关系可以从代理成本观和控制权转移规避两个视角加以分析。

代理理论认为，委托人与代理人之间的信息不对称会导致代理成本的提高。以往的研究表明，股权质押存在多方面的代理问题。黎来芳（2005）指出，股权质押常常成为控股股东退出前"掏空"上市公司的重要方式。李永伟等（2007）认为，控股股东在股权质押中存在侵占中小股东利益的"隧道效应"现象。郝项超和梁琪（2009）也指出，最终控制人的股权质押存在明显的弱化激励效应和强化侵占效应的现象，从而导致公司价值的下降。因此，在市场有效的情况下，上市公司外部利益相关者将能够识别控股股东质押过程中的"掏空"和侵占行为，比如，认识到控股股东股权质押会提高上市公司经营风险的审计师也会提高其对质押公司的审计定价（张龙平等，2016）。而意识到控股股东质押会提高其投资风险的中小股东也将采用"用脚投票"的方式对控股股东的股权质押行为来表达"反对"意见，中小股东集中"抛售"公司股票的行为必然会提高上市公司在控股股东股权质押期内的股价暴跌风险。基于以上分析，我们提出如下研究假设：

H7.1a：（代理成本假设）与非质押公司相比，在控股股东股权质押期内的上市公司具有更高的股价暴跌风险，即控股股东股权质押与股价暴跌风险呈正相关。

相关研究表明，股权分置改革显著地提高了我国资本市场效率（廖理等，

2008；刘维奇等，2010），使得控股股东财富与公司股价密切相关（姜付秀等，2015）。然而，现有文献较少考虑到控股股东对上市公司股价暴跌风险的控制性影响。对控股股东而言，只要其不主动放弃控制权，那么，质押合同签订最为重要的工作就是要如何保住其对上市公司的控制。我们认为，控股股东不仅有动机，也有能力防范其控制权因股价的急剧下跌而发生转移。这是因为：一方面，从动机上看，控股股东是上市公司股价下跌（暴跌）的直接受害者，下跌的股价将直接导致控股股东财富缩水；特别是当控股股东几乎质押了其全部股票时，股价的下跌将极易导致控制权的转移。受此威胁，控股股东在股价下跌初期将有较强的动机采取一些有助于抑制公司股价发生暴跌的措施，从而避免股价发生实际的暴跌。而对于那些未质押的控股股东而言，他们虽然也有动机降低公司股价暴跌风险，但由于其控制权相对于有股权质押的控股股东更为安全，因而其努力降低股价暴跌风险的动机会相对较弱。另一方面，从能力上看，由于股权质押并未导致控股股东的控制权发生实质转移，质押后的控股股东在公司仍然享有对出质股票的表决权、分红权和新股优先认购权等方面的权利，这使得控股股东仍然也可以利用自己在信息和控制权等方面的优势，在公司股价处于危险境地的情况下，通过市值管理等方式挽救股价（李旎和郑国坚，2015；谢德仁等，2016）。此外，控股股东还可以通过提高质押资金的投资效率、提高公司治理质量和公司价值以获取正当的控制权"共享收益"等方式来增强自身的偿债能力[①]，从而规避其控制权发生转移（王斌等，2013）。根据上述分析，我们认为，处于质押期内的控股股东有强烈的动机和能力采取相应的措施挽救公司股价，从而降低公司股价暴跌风险，以维持其控制权的稳定性。

此外，站在质权人的角度分析，质权人发放质押贷款的目的是为获得利息而非股权。由于股权价值变动风险和道德风险的存在，"风险规避"的质权人也不希望看到被质押股权价值发生"严重缩水"的情况。这不仅是因为，质权人在控股股东无力偿还本金和利息的情况下股权需要耗费较大的成本，也还因为股权处置收益未必能够完全覆盖前期发放的质押贷款本金和利息。

---

① 王斌等（2013）指出，控股股东也会采用非公允关联交易和直接的资金侵占等"掏空"上市公司的方式来获取"控制权私有收益"，这也能一定程度上提高其偿债能力。

因此，质权人有动机减少质押决策所导致的质权人——股东/管理者之间的利益冲突，也希望控股股东致力于采取降低股价暴跌风险的措施。基于以上分析，我们提出如下研究假设：

H7.1b：（控制权转移规避假设）与非质押公司相比，公司在控股股东股权质押期内具有更低的股价暴跌风险，即控股股东股权质押与股价暴跌风险负相关。

7.3.2　股权质押期内股价暴跌风险的形成机制分析

控股股东股权质押除了能够直接影响股价暴跌风险外，还可能会通过一些间接途径产生影响。

1. 管理层盈余预测对质押期内股价暴跌风险的影响

第4章研究表明，管理层存在强烈的动机在控股股东股权质押前和质押期内发布"好消息"和"乐观偏差"盈余预测。一方面，泊和布朗（Ball and Brown，1968）研究发现，上市公司股价会对"好消息"做出积极反应，曼德克尔（Mandelker，1974）、贺国生等（2013）的研究进一步发现，上市公司股价也会对"好消息"提前做出反应，那么，管理层发布"好消息"的预测将有助于及时提高和维持公司股价，从而满足控股股东（在质押前和质押期内）对高股价的诉求。另一方面，沃马克（Womack，1996）针对分析师预测的研究表明，分析师发布的预测越乐观，公司股价的市场表现越好。类似地，管理层盈余预测"乐观偏差"越大，公司股价在质押期内发生暴跌的可能性越低，即管理层在质押期内发布的盈余预测"乐观偏差"与公司股价在质押期内发生暴跌风险之间应该呈显著的负相关关系。这意味着，管理层在控股股东质押前与质押期内的盈余预测"乐观偏差"越大（小），上市公司股价在质押期内①的暴跌风险将越低（高）。因此，我们预计，管理层在控股股东股权质押期内发布的"好消息"和"乐观偏差"的预测有助于抑制上市公司

---

① 由于前文的研究证实，管理层在控股股东"质押前"与"质押期内"这两个时段会采取类似性质的盈余预测和盈余管理行为，我们因而可以将这两个时段视为紧密衔接，并认为控股股东从"质押前"到"质押期内"时段属于一个较短的期间。因此，管理层在质押前的盈余预测"乐观偏差"还来不及在质押期内被"纠正"，因而能够与质押期内的盈余预测"乐观偏差"一起对质押期内的股价提供"支撑"。

质押期内的股价暴跌风险，即"股权质押—乐观偏差—低股价暴跌风险"是控股股东股权质押影响质押期内股价暴跌风险的第一条可能的路径。

2. 盈余管理对质押期内股价暴跌风险的影响

第5章研究发现，上市公司管理层在控股股东股权质押前存在为配合其质押的机会主义盈余管理行为，具体表现为，管理层在控股股东股权质押前会进行正向的应计和真实盈余管理，且在质押期内不会立即停止该盈余操纵行为。现有研究表明，应计盈余管理会使得公司基本面信息变得模糊。斯隆（Sloan，1996）研究发现，管理层会借助于对应计项目的调整来隐藏公司内部的"坏消息"。也就是说，胡通等（Hutton et al.，2009）的研究文献发现，无论是应计盈余管理还是真实盈余管理，都向市场释放了噪声，通过降低信息透明度的方式干扰上市公司股价波动，并使得"坏消息"不断地在公司内部积累和酝酿，但未必会在短期内集中释放，从而不会给短期内的股价构成下跌的压力。因此，我们认为，控股股东股权质押前和质押期内的盈余管理是上市公司隐藏"坏消息"的手段之一，正向盈余管理有助于抑制上市公司在质押期内的股价暴跌风险，即"股权质押—正向盈余管理—降低股价暴跌风险"是控股股东股权质押影响质押期内股价暴跌风险的第二条可能的路径。

3. 会计稳健性对质押期内股价暴跌风险的影响

根据巴苏（Basu，1997）对会计稳健性的定义，会计稳健性意味着经理人对好消息的确认比对坏消息确认需要更为严格的标准。格拉哈姆等（Graham et al.，2005）、柯萨瑞等（Kothari et al.，2009）、拉方得和瓦茨（LaFond and Watts，2008）的研究表明，会计稳健性意味着经理人会减少其在薪酬契约、职业安全、个人声誉等方面获取私有收益的动机和行为。泊（Ball，2001）、泊等（Ball et al.，2009）、拉方得和瓦茨（2009）认为，会计稳健性能够对上市公司管理层会计信息披露和盈余管理行为的约束和规范，从而提高上市公司信息披露的可信度和经理人机会主义行为被市场及时发现的概率，降低外部中小股东被误导以及"股价泡沫"出现的可能性。此外，泊和司瓦库马（Ball and Shivarkuma，2005）、泊（2001）、贝列克和刘（Bleck and Liu，2007）认为，会计稳健性对损失的及时确认还为公司股东和内部董事发送了及早发现亏损投资项目的"预警"信号，从而可以要求经理人及时停止此类投资项目，提高企业实际的经营决策的正确性和合理性，防止公司价值下降。总的来说，作为一项重要的会计信息质量和公司治理机制，会计稳健性有助于降低"坏消息"在公司内部被囤积的可能性和数量，进而降低"坏消息"突然集中释放而引起的股价暴跌，这就是科密和张（Kim and Zhang, 2016）的主要观点。

第 6 章研究表明，上市公司在控股股东质押前的会计稳健性水平较低，而质押期内的会计稳健性水平仍然较低。我们认为，控股股东"质押前"和"质押期内"的会计稳健性对"质押期内"的股价暴跌风险的影响可以从不同的利益相关者角度进行分析。一方面，张（Zhang, 2008）站在质权人和上市公司的角度看，发现会计稳健性有利于降低质权人与上市公司及其控股股东之间的代理冲突和信息不对称，也使得上市公司会计信息具有更高的可信性，表现为更为相关、可靠和真实，由此导致质权人更青睐于以较低的借款利率向高稳健性公司提供贷款。这意味着，如果控股股东和管理层在质押期内存在"迎合"质权人对"高会计稳健性"需求的动机，则又会主动提供会计稳健性。此外，对于投资者而言，较高稳健性公司具有更高的透明度和更低的投资风险，从而会倾向于购买这类公司的股票，反过来又会增加这类公司的股权价值，降低股价暴跌风险。另一方面，站在控股股东和管理层的角度看，在质押期内，管理层需要维持其在质押前通过"好消息""乐观偏差"预测、正向盈余管理等方式后形成的较高的股价水平，这意味着控股股东和管理层在主观上仍然会采用与质押前类似的较不稳健的会计政策①，即"及时确认收益、延迟确认损失"，短期内导致在控股股东股权质押期内的股价暴跌风险上升。我们认为，质权人处于上市公司外部，其对上市公司的影响小于控股股东和管理层，因而预计上市公司在质押期内采用稳健的会计政策会提高公司的股价暴跌风险。

前文已经证实股权质押对上市公司会计稳健性的影响，基于上述分析，

---

① 上市公司在控股股东"质押前"与"质押期内"会计稳健性水平的差异仅在于，在质押前需要大幅度"拉升"股价（特别是对于那些股价表现不好的公司），而质押期内仅需要"维稳"（维持股价水平），两个时期内的会计政策可能均不稳健，但由于控股股东在这两个时期内的目标不同，"质押期内"的会计稳健性水平可能会略微高于"质押前"，但二者与"解押后"的时期相比，仍然均不稳健。

我们预计股权质押期内的上市公司会计稳健性水平越低，股价暴跌风险越低，即"股权质押—降低会计稳健性—降低股价暴跌风险"是控股股东股权质押影响质押期内股价暴跌风险的第三条路径。

综上所述，控股股东股权质押将很大程度上通过盈余预测质量、盈余管理和会计稳健性对上市公司股价暴跌风险产生影响，换言之，盈余预测质量、盈余管理与会计稳健性很有可能在控股股东股权质押与股价暴跌风险之间发挥了中介效应[①]，即它们之间存在传导关系。基于上述分析，我们提出如下研究假设：

H7.2a：管理层在控股股东股权质押前和质押期内发布带有"乐观偏差"和"好消息"的盈余预测，有助于降低上市公司在质押期内的股价暴跌风险。

H7.2b：管理层在控股股东股权质押前和质押期内实施的正向的应计和真实盈余管理行为，有助于降低上市公司在质押期内的股价暴跌风险。

H7.2c：管理层在控股股东股权质押前和质押期内采用稳健[②]的会计政策，会提高上市公司在质押期内的股价暴跌风险。

7.3.3   股权解押后的股价暴跌风险

根据金和梅耶思（Jin and Myers，2006）提出的信息结构观，股价暴跌风险的产生离不开上市公司内部"坏消息"的集聚和集中释放。控股股东股权解押后，上市公司股价暴跌风险如何发生变化可从公司治理（质权人"监督效应"消失）、信息披露（"坏消息"集中释放）和控股股东主观愿望（维持控制权的动机）三方面分析。

首先，从公司治理角度讲，股权质押给上市公司引入了"质权人监督"

---

①   与中介效应相关（相近）的概念是调节效应。如果认为管理层盈余预测质量、盈余管理以及会计稳健性会改变控股股东股权质押对公司股价暴跌风险的影响，则认为这三个变量产生调节效应；如果认为控股股东股权质押会影响管理层盈余预测质量、盈余管理以及会计稳健性，而管理层盈余预测质量、盈余管理以及会计稳健性又会影响公司股价暴跌风险，则认为这三个变量产生中介效应。根据前文的分析，我们认为上述三个变量更有可能发挥中介效应。

②我们在提出此假设时主要是从上市公司控股股东（管理层）的角度而不是质权人或上市公司的角度，二者的差异在于：控股股东和管理层在质押前和质押期内都会采用以提高和维持股价为目的的"不稳健"的会计政策，因而会提高上市公司在质押期内的股价暴跌风险；而从质权人或上市公司的角度来看，上市公司在控股股东股权质押期内的会计稳健性处于较高的水平（与非质押公司相比），理应具有较低的股价暴跌风险。我们认为，两者并不矛盾，有待实证检验。

这一外部公司治理机制，如果该机制是有效的，那么，解押后这一治理机制的丧失必然会给上市公司带来不利的影响，包括股价暴跌风险的提高。

其次，从信息披露来看，尽管管理层在控股股东股权质押前和质押期内发布"乐观偏差"预测和正向盈余管理隐藏了部分"坏消息"，由于"坏消息"在公司内部的集聚是一个缓慢积累的过程，即质押前和质押期内被隐藏的"坏消息"在短期内难以达到"临界值"水平。由于"纸终究包不住火"，质押前和质押期内积累和隐藏的"坏消息"可能在控股股东股权解押后达到"临界值"而被集中释放，使得上市公司在控股股东股权质押前和质押期内被"高估"的股价开始向"内在价值"回归（袁知柱等，2012），导致股价暴跌风险在解押后攀升（与质押期内相比）。

此外，从控股股东主观愿望看，质押期内的上市公司和控股股东由于受到质权人的外部监督，会使得控股股东竭力隐藏公司"坏消息"以避免股价下跌至"警戒线"或"平仓线"所可能导致的控制权转移[①]。但是，待到控股股东股权解押后，控股股东的控制权发生转移的可能性随之降低，因此，控股股东很有可能会允许管理层将前期囤积的"坏消息"推迟到解押后（集中）释放。不仅如此，解押后的控股股东致力于降低公司股价暴跌风险的动机也随之下降，由此也可能导致上市公司股价暴跌风险的提高。基于上述分析，我们提出如下研究假设：

H7.3a：与非质押公司相比，上市公司在控股股东股权解押后的股价暴跌风险相对较高。

H7.3b：与质押期内相比，上市公司在控股股东股权解押后的股价暴跌风险有所提高。

7.3.4 股权解押后股价暴跌风险的变化机制分析

我们仍然从管理层盈余预测质量、盈余管理和会计稳健性三个角度探讨它们对于上市公司在控股股东股权解押后的股价暴跌风险的影响。

---

① 尽管中国资本市场上银行等金融机构股票质押业务的历史坏账率较低，股权质押导致强平事件也尚未密集爆发，但我们不能忽视现有股权质押机制设计中存在的"质押率不够精细"等问题可能给市场带来的潜在风险。

1. 管理层盈余预测对解押后股价暴跌风险的影响

前文研究结果表明，管理层在控股股东股权质押前发布了带有"乐观偏差"的盈余预测，且"乐观偏差"将推动公司股价被高估。然而，控股股东股权解押后，管理层在质押前和质押期内的盈余预测策略仍会影响上市公司的股价暴跌风险：一方面，随着控股股东股权解除质押，受控股股东影响的管理层将不再有动力继续发布带有"乐观偏差"的机会主义盈余预测，这会使得控股股东股权解押后的管理层发布的盈余预测信息更为客观和真实，解押后发布的少量的"利好消息"对公司股价的支撑作用也将较为有限；另一方面，随着公司股价向"基本面"回归，公司外部利益相关者（投资者、分析师、审计师和监管部门等）将及时获知到前期公司股价被高估的信息，在面临较高的处罚成本和声誉损失的情况下，管理层可能会对其前期的"乐观偏差"盈余预测予以"纠正"，这意味着上市公司在控股股东股权解押后的时期很有可能会发生"股价泡沫"破裂（即股价暴跌），从而使得控股股东股权解押后的上市公司具有较高的股价暴跌风险（与非质押公司相比）。因此，在管理层盈余预测这一路径分析下，上市公司在控股股东股权解押后的股价暴跌风险将随之提高。

2. 盈余管理对解押后股价暴跌风险的影响

前文研究发现，上市公司管理层存在配合控股股东股权质押"事前"的机会主义盈余管理行为，具体表现为，管理层在控股股东股权质押前会进行正向的应计和真实盈余管理，且在质押期内不会立即停止其盈余操纵行为。现有研究指出，上市公司的盈余管理行为会导致未来股价暴跌风险的提高。例如，布拉德肖（Bradshaw，2010）研究指出，操控性应计利润与投资者所感知到的未来股价暴跌风险显著正相关。朱（Zhu，2016）的实证研究证实，应计盈余管理程度高的公司，其股价在未来时期具有更高的暴跌风险。在真实盈余管理方面，弗兰茨等（Francis et al.，2011）将滞后三期的真实盈余管理绝对值之和作为上市公司当期真实盈余管理水平的代理变量[①]，对美国1994~2009年间上市公司数据的研究发现，真实盈余管理与未来时期的股价

---

① 弗兰茨等（Francis et al.，2011）是参照胡通等（Hutton et al.，2009）所采用的滞后三期的应计盈余管理的绝对值之和来度量财务报告不透明的方法来构建真实盈余管理变量。

暴跌风险之间也存在显著的正相关关系，即真实盈余管理程度较高的公司在未来时期需要承受较大的股价暴跌风险。

基于控股股东股权质押动机的盈余管理对上市公司在控股股东股权解押后股价暴跌风险影响的分析如下：一方面，阿哈洛力等（Aharony et al.，2000）、克瑞斯黑特尔和密卢马德（Kirschenheiter and Melumad，2002）、齐伟山和欧阳令南（2005）的研究发现，应计盈余管理的一个显著特征是应计项目会发生"反转"。杜洽密（Ducharme，2004）认为，应计项目"反转"将抵销前期超额应计项目增加当期收益的效应，并在一定程度上导致上市公司在控股股东股权解押后的业绩变差，甚至给投资者带来严重的损失。由于处于控股股东股权质押期内的上市公司仍然需要维持较高的股价水平，以防范股价下跌至"警戒线"或"平仓线"而可能引发的"爆仓"，因此，控股股东会竭力避免应计项目在质押期内就发生"反转"，而是更多地将其推迟到控股股东股权解押之后，这就意味着上市公司相关的"坏消息"将在控股股东股权解除质押后才开始被集中释放，从而可能导致上市公司股价暴跌风险的提高。另外，就真实盈余管理而言，其显著的特征是会给长期的公司价值产生负面影响，因此，随着控股股东股权质押期限届满，真实盈余管理对公司价值的影响也将逐渐显现。同时，根据有效市场理论，盈余管理一旦被市场发现，将极易造成机构投资者和外部中小股东对公司股票的"抛售"行为，加速"坏消息"被集中释放，从而也会提高公司的股价暴跌风险。因此，我们预计控股股东股权解押后的应计项目"反转"和真实盈余管理对公司价值带来的负面影响开始显现，将会提高上市公司在解押后的股价暴跌风险。也就是说，在管理层盈余管理这一路径分析下，上市公司在控股股东股权解押后的股价暴跌风险将随之提高。

3. 会计稳健性对解押后股价暴跌风险的影响

前文研究结果证实，控股股东股权解除质押会导致质权人外部监督效应的缺失，也会导致控股股东不再有动机提供稳健的会计政策，即上市公司在控股股东股权质押前、质押期内、解押后的会计稳健性水平分别低于、低于和高于非质押（控制组）公司（横截面），且上市公司在控股股东股权解押后的会计稳健性高于质押期内的水平（时间序列）。在长期来看，会计稳健性是一种重要的公司治理机制，通过及时确认坏消息和延迟确认好消息，有助于避免坏消息在公司内部"囤积",从而降低股价暴跌风险。那么,随着控股股东股权解押后的会计稳健性①提高,上市公司在控股股东股权解押后的股价暴跌风险可能会有所下降(与质押期内相比)。因此,在会计稳健性这一路径分析下,上市公司在控股股东股权解押后的股价暴跌风险将随之降低。

基于上述分析,我们提出如下研究假设:

H7.4a:管理层在控股股东股权质押前和质押期内发布的盈余预测"乐观偏差"在解押后得以"纠正",由此将提高解押后的股价暴跌风险。

H7.4b:管理层在控股股东股权质押前和质押期内为实施正向盈余管理而采用的应计项目在解押后发生"反转",由此将提高解押后的股价暴跌风险。

H7.4c:管理层在控股股东股权解押后采用稳健的会计政策,由此将降低解押后的股价暴跌风险。

7.4　研究设计

7.4.1　数据来源与样本筛选

本章选取 2004～2015 年我国沪、深 A 股上市公司为研究样本。股权质押数据来源于 WIND 数据库,股东信息、股价和财务数据来源于 CSMAR 数据库。我们对股权质押原始数据②与"第一大股东"数据按照大股东名称按公司比较,将 WIND 数据库中"质押股东"与 CSMAR 数据库中"第一大股东"名称相同的视为控股股东股权质押,否则视为非控股股东股权质押并予以剔除。经过上述筛选后,进一步剔除满足下列条件的样本:(1)金融类上市公司;(2)发行 B 股或 H 股的公司;(3)ST 和 *ST 的公司,因为这类公司本身更易出现股价暴跌事件;(4)季度交易天数小于 30 日的公司;(5)数据缺失的公司。最终得到 81002 个有效的公司—季度样本。我们定义变量

---

① 需要说明的是,此处的说法与"科密和张(2016)发现上市公司未来时期的股价暴跌风险与会计稳健性之间呈现出显著的负相关关系"并不矛盾,因为本研究的时间视角更短,而科密和张(2016)对会计稳健性的研究是考虑更长的区间。

② 具体在"公司研究—重大事项—报告期末股权质押冻结情况"子块,该原始数据包括了上市公司所有股东在各财务会计年度末的质押。

TESTFIRM 在试验组中为 1，在控制组中为 0，同时对试验组（质押组）和控制组（非质押组）公司划分为质押前（PRE）、质押期内（CONT）和解押后（POST）三个阶段，样本构成如表 7.2 所示。

表 7.2　　　　　　　　　　　　　　本章样本构成

分组	质押前 PRE	质押期内 CONT	解押后 POST	假设
TESTFIRM = 1	A	B(10956)	C(9503)	H7.3b(B + C)
TESTFIRM = 0	D	E(10956)	F(9503)	
假设	—	H7.1a,b(B + E)	H7.3a(C + F)	—

注：A ~ F 为代表相应的子样本的样本数，括号内为对假设检验时使用的样本来源和样本数。

7.4.2　模型设定

为检控股股东股权质押对股价暴跌风险的影响到底是符合"代理成本"假设还是"控制权转移规避"假设，以及盈余预测质量[①]（BIAS）、盈余管理（EM）和会计稳健性（CSCORE）在二者关系中的中介效应作用。我们在科密等（Kim et al.，2001a，2001b）和胡通等（Hutton et al.，2009）文献的基础上构建模型 7.1，并构建模型 7.2 ~ 模型 7.3 的检验控股股东股权质押对各中介变量的影响。最后，借鉴罗斯巴木和入斌（Rosenbaum and Rubin，1983），在模型 7.1 的基础上加入各中介变量构建模型 7.5 进行中介效应检验。

$$\text{CrashRisk}_{i,t} = \alpha_0 + \alpha_1 \text{Pledge} + \alpha_2 \text{CrashRisk}_{i,t-1} + \alpha_3 \text{AV\_RET}_{i,t-1} +$$
$$\alpha_4 \text{SIGMA}_{i,t-1} + \alpha_5 \text{DTURN}_{i,t-1} + \alpha_6 \text{OPACITY}_{i,t-1} + \alpha_7 \text{SIZE}_{i,t-1} + \alpha_8 \text{LEV}_{i,t-1} + \alpha_9$$
$$\text{ROA}_{i,t-1} + \alpha_{10} \text{MTB}_{i,t-1} + \sum \text{Year} + \sum \text{Qua} + \sum \text{Ind} + \varepsilon_{i,t} \tag{7.1}$$

$$\text{BIAS} = \beta_0 + \beta_1 \text{Pledge} + \text{CVs} + \sum \text{Year} + \sum \text{Qua} + \sum \text{Ind} + \varepsilon_{i,t} \tag{7.2}$$

$$\text{EM} = \beta_0 + \beta_1 \text{Pledge} + \text{CVs} + \sum \text{Year} + \sum \text{Qua} + \sum \text{Ind} + \varepsilon_{i,t} \tag{7.3}$$

[①] 本章选取盈余预测偏差作为管理层盈余预测质量的代理变量，以检验其在控股股东股权质押与股价暴跌风险关系中的中介效应。同时，我们选取的预测偏差（BIAS）参照了前文第 4 章 BIAS1 的定义。

$$CSCORE = \beta_0 + \beta_1 Pledge + CVs + \sum Year + \sum Qua + \sum Ind + \varepsilon_{i,t}$$

$$(7.4)$$

$$CrashRisk_{i,t} = \beta_0 + \beta_1 Pledge + \beta_2 BIAS(EM/CSCORE) + \beta_3 CrashRisk_{i,t-1} +$$
$$\beta_4 AV\_RET_{i,t-1} + \beta_5 SIGMA_{i,t-1} + \beta_6 DTURN_{i,t-1} + \beta_7 OPACITY_{i,t-1} + \beta_8 SIZE_{i,t-1} +$$
$$\beta_9 LEV_{i,t-1} + \beta_{10} ROA_{i,t-1} + \beta_{11} MTB_{i,t-1} + \sum Year + \sum Qua + \sum Ind + \varepsilon_{i,t}$$

$$(7.5)$$

其中，模型 7.1 和模型 7.5 的被解释变量为上市公司股价暴跌风险 $CrashRisk_{i,t}$，具体包括 $CRASH_{i,t}$、$NCSKEW_{i,t}$ 和 $DUOVL_{i,t}$。Pledge 为控股股东股权质押变量，横截面分析时用 TESTFIRM 代替 Pledge 进行检验，而在时间序列分析时采用 CONT、POST 代替 Pledge 进行检验。比如，我们在检验 H7.1a 与 H7.1b 时，采用质押公司（TESTFIRM = 1）与非质押公司（TESTFIRM = 0）同在"质押期内（CONT = 1）"的样本进行检验，并以 TESTFIRM 为解释变量。如果 H7.1a（H7.1b）成立，则模型 7.1 中 TESTFIRM 的回归系数 β_1 应显著大于（小于）0。

模型 7.1 是用股价暴跌风险对控股股东股权质押变量的回归。在横截面模型中，若 TESTFIRM 的回归系数 $\beta_1 > 0$，则控股股东股权质押与质押期内的股价暴跌风险正相关，H7.1a 或 H7.3a 成立；反之，若 $\beta_1 < 0$，则控股股东股权质押与质押期内的股价暴跌风险负相关，H7.1b 或 H7.3b 成立；在时间序列模型中，若 CONT（POST）的回归系数 $\beta_1 > 0$，则控股股东股权质押与质押期内（解押后）的股价暴跌风险正相关，H7.1a 或 H7.3a 成立；反之，若 CONT（POST）的回归系数 $\beta_1 < 0$，则控股股东股权质押与质押期内的股价暴跌风险负相关，H7.1b 或 H7.3b 成立；

模型 7.2 ~ 模型 7.4[①] 是三个中介变量（盈余预测质量 FQ、盈余管理程度 EM 和会计稳健性 CSCORE）分别对控股股东股权质押变量的回归。

模型 7.5 是在模型 7.1 的基础上分别引入三个中介变量，以检验相关中介效应是否存在及其强弱。

---

① 模型 7.2 ~ 模型 7.4 涵盖了前文第 4 ~ 6 章的回归分析，即前文已经发现控股股东股权质押与盈余预测质量、盈余管理和会计稳健性之间呈现显著的相关关系（即模型 7.2 ~ 模型 7.4 中 Pledge 的回归系数 β_1 显著），因而在本章中不再重复进行回归分析，也不再汇报该模型下的回归结果。

中介效应检验需要如下程序：

（1）采用模型 7.1 对股价暴跌风险与控股股东股权质押变量间关系进行测量，具体检验模型 7.1 中变量 Pledge 的回归系数 β_1 是否显著，若显著，继续进行第（2）步检验，否则终止检验。

（2）采用模型 7.2 ~ 模型 7.4 对中介变量与控股股东股权质押变量的关系进行测量，具体检验模型 7.2 ~ 模型 7.4 中 Pledge 的回归系数是否显著。

（3）采用模型 7.5 对股价暴跌风险变量与股权质押及中介变量间的关系同时进行测量，具体检验模型 7.5 中 Pledge 回归系数 β_1 和 BIAS、EM 和 CSCORE 的回归系数 β_2 是否显著。在 β_2 显著的情况下，若 β_1 不显著，则认为中介变量发挥了完全中介效应；若 β_1 显著，但其绝对值小于模型 7.1 中 β_1 的绝对值，则相应的中介变量发挥了部分中介效应。

需要说明的是，在检验 H7.2a ~ H7.2c 时，我们采用上市公司在控股股东股权质押期内的股价暴跌风险对质押期内的 BIAS、DA、RM 和 CSCORE 进行回归；在检验 H7.4a ~ H7.4c 时，我们采用上市公司在控股股东股权解押后的股价暴跌风险对质押期内的 BIAS、DA、RM 和解押后的 CSCORE 进行回归。特别地，在检验 H7.4a ~ H7.4c 时，由于解押后的样本量小于质押期内的样本量，我们分别按照上市公司解押后季度的先后顺序去对应质押期的各季度进行中介效应检验，以反映上市公司在控股股东股权解押后的季度内预测偏差"纠正"和应计项目"反转"效应。

7.4.3　变量定义

1. 被解释变量：股价暴跌风险

本章主要的被解释变量是上市公司的个股暴跌风险[①]。采用现有文献中常用来度量股价暴跌风险的三个指标——CRASH，NCSKEW 和 DUVOL。其中，CRASH 为一个哑变量，而 NCSKEW 和 DUVOL 是反映公司股票收益率的不对称性的连续变量。为计算这三个指标，首先，我们根据陈、宏和斯腾（Chen，

---

① 考虑到采用个股的实际收益率衡量公司个股是否发生暴跌会导致在牛市和熊市时期分别会确认过少和过多的暴跌事件（潘越等，2011），因此，目前学术研究中的股价暴跌并非一定指公司股价真的发生崩盘或暴跌（谢德仁等，2016），而是指公司股票收益呈现左偏的程度。

Hong and Stein，2001）、哈顿等（Hutton et al.，2009）的研究，对如下扩展的市场模型进行回归[①]：

$$r_{j,t} = \alpha_j + \beta_{1,j}\, \gamma_{m,t-1} + \beta_{2,j}\, \gamma_{i,t-1} + \beta_{3,j}\, \gamma_{m,t} + \beta_{4,j}\, \gamma_{i,t} + \beta_{5,j}\, \gamma_{m,t+1} + \beta_{6,j}\, \gamma_{i,t+1} + \varepsilon_{j,t}$$

$$(7.6)$$

在扩展的市场模型 7.6 中，分别考虑了滞后一期和领先一期的市场和行业的日收益率，分别用下标 $t-1$ 和 $t+1$ 表示。具体地，$r_{j,t}$ 是公司 j 日收益率，$r_{m,t}$ 是综合市场包含现金股利分配的日收益率，$r_{i,t}$ 是根据行业内所有公司流通市值加权平均计算的行业 i 日收益率，$r_{i,t-1}$ 是行业收益率，$r_{m,t-1}$ 是综合市场 $t-1$ 日包含现金股利分配的收益率，$\varepsilon_{j,t}$ 是随机扰动项，表示公司 j 日收益率未被市场和行业解释的部分。在运用该扩展的市场模型时，我们剔除了季度股票交易天数小于 30 日的公司，并据此计算上述三个指标。

首先，上述扩展的市场模型回归得到的残差 $e_{j,t}$ 表示公司个股收益率未被市场和行业所解释的部分，用该残差构建反映公司层面特定的日收益率：$W_{j,t} = \ln(1 + e_{j,t})$，即用 1 加上残差，然后取自然对数表示。参照马林和奥利弗（Marin and Oliver，2008）及陈国进和张贻军（2009）的研究，当 $W_{j,t}$ 偏离公司 j 当季度超额日收益率均值 3.09 个标准差以外所对应的交易日，定义为该交易日发生了一次股价暴跌，公式表示为：

$$W_{j,t} < \text{average}(W_{j,t}) - 3.09\, \sigma_j \qquad (7.7)$$

$\text{average}(W_{j,t})$ 和 σ_j 分别为公司 j 特定日收益率 $W_{j,t}$ 在季度内的均值和标准差。

当公司 j 的特定日收益率在一个季度内至少一次满足式（7.7），就说公司 j 在该季度经历过至少一次的暴跌，变量 CRASH 取值为 1，否则为 0。

其次，股票负收益偏态系数（NCSKEW，negative coefficient of skewness）和收益涨跌波动率（DUVOL，the down-to-Up volatility）的计算公式为：

$$\text{NCSKEW}_{j,t} = \left[-n(n-1)^{3/2} \sum R_{j,t}^3 \right] / \left[(n-1)(n-2) \left(\sum R_{j,t}^2 \right)^{3/2} \right]$$

$$(7.8)$$

---

① 我们也根据科密等（Kim et al.，2011a，b）中采用的扩展的市场模型 $r_{j,t} = \alpha_j + \beta_{1,j}\, \gamma_{m,t-2} + \beta_{2,j}\, \gamma_{m,t-1} + \beta_{3,j}\, \gamma_{m,t} + \beta_{4,j}\, \gamma_{m,t+1} + \beta_{5,j}\, \gamma_{i,t+2} + \varepsilon_{j,t}$ 计算股价暴跌变量，研究结论具有稳健性。

$$DUVOL_{j,t} = \ln\big[(n_u - 1)\sum_{down} R^2_{j,t}\big]/\big[(n_d - 1)\sum_{up} R^2_{j,t}\big] \qquad (7.9)$$

其中，n 表示公司 j 的股票每个季度内的有效交易天数，n_u 和 n_d 分别表示公司在该季度特定日收益率（$w_{j,t}$）分别为正和负的天数。$NCSKEW_{j,t}$ 是公司 j 在 t 季度收益率的负向偏度，其取值越大，代表收益率为负向偏度的程度越大，股价暴跌的风险也越高；$DUVOL_{j,t}$ 是公司 j 在 t 季度收益率的涨跌幅度，其取值越大，代表收益率的分布更倾向于左偏，股价暴跌的风险也越大。

2. 解释变量：控股股东股权质押

股权质押哑变量：若公司季末存在控股股东股权质押未解押的情况，则 CONT = 1，否则为 0；若控股股东股权已经解除质押，则 POST = 1，否则为 0。

3. 中介变量：盈余预测偏差、盈余管理与会计稳健性。

根据前文的研究，本章选择盈余预测偏差（BIAS1）作为盈余预测质量的代理变量，选取应计盈余管理和真实盈余管理程度作为盈余管理的代理变量，选取 CSCORE 作为会计稳健性的代理变量。

各中介变量的定义详见前述各章。

4. 控制变量

参照陈等（Chen et al.，2001）、宏和斯腾（Hong and Stein，2003）、胡通等（Hutton et al.，2009），我们控制了如下可能会影响公司股价暴跌风险的因素：滞后一期的股价暴跌风险、公司特有日收益率均值（AV_RET）、特有收益率标准差（SIGMA）、用"去趋势化的换手率"（DTURN）表示的投资者异质信念、公司透明度（OPACITY）、国有控股（SOE）、控股股东持股比例（TOP1）、公司规模（SIZE）、财务杠杆（LEV）、盈利能力（ROA）、成长性（MTB）。此外，我们也加入了年度、季度和行业哑变量，以分别控制年度固定效应、季度固定效应和时间固定效应。为避免变量异常值对研究结果的影响，我们对所有连续变量在 1% 和 99% 分位处进行 Winsorize 处理。

主要变量定义见表 7.3。

表 7.3   **主要变量定义**

类型	变量名称	变量符号	变量定义
被解释变量	股价暴跌风险 CrashRisk	$CRASH_{i,t}$	季度是否发生股价暴跌的哑变量
		$NCSKEW_{i,t}$	季度股票回报负向偏度
		$DUVOL_{i,t}$	季度股票回报的收益上下(涨跌)波动比率
解释变量	控股股东股权质押	TESTFIRM	试验组为1,控制组为0
		CONT	季末存在控股股东股权质押为1,否则为0
		POST	控股股东股权解押后一季度为1,否则为0
控制变量	上期股价暴跌	$CRASH_{i,t-1}$	CRASH 滞后值
	上期负向偏度	$NCSKEW_{i,t-1}$	NCSKEW 滞后值
	上期涨跌波动率	$DUVOL_{i,t-1}$	DUVOL 滞后值
	收益率均值	AV_RET	季度公司特有日收益率平均值
	收益率波动	SIGMA	季度内公司特有日收益率标准差
	去趋势换手率	DTURN	季度平均月换手率减上季度平均月换手率
	财务报告透明度	OPACITY	根据胡通等(Hutton et al.,2009)的研究,修正的 Jones 模型计算的前三季度操控性应计利润绝对值之和
	国有企业	SOE	对于国有控股企业为1,否则为0
	控股股东持股比例	TOP1	第一大股东持股比例
	公司规模	SIZE	总资产的自然对数
	负债率	LEV	总负债/总资产
	会计业绩	ROA	净利润/总资产
	成长机会	MTB	市值与账面价值之比
	年度哑变量	Year	属于当年度的样本,赋值为1,否则为0
	季度哑变量	Qua	属于当季度的样本,赋值为1,否则为0
	行业哑变量	Ind	属于某行业的样本,赋值为1,否则为0

7.5 实证结果与分析

7.5.1 描述性统计

表 7.4 汇报了主要变量的描述性统计。股价暴跌风险变量方面,CRASH 均值为 0.082,说明有 8.2% 的样本公司经历过暴跌。NCSKEW 的均值和中位数

分别为 -0.289 和 -0.263，DUVOL 的均值和中位数分别为 -0.174 和 -0.173，均值均小于中位数，数据分布表现为左偏，符合变量定义。同时，NCSKEW 和 DUVOL 的标准差分别为 0.686 和 0.474，说明这在不同公司及不同季度间的股价暴跌风险存在较大差异。股权质押变量方面，CONT 的均值为 0.588，表明样本公司中有 58.8% 的上市公司季度末存在控股股东股权质押，与现有文献研究中质押样本占全样本的比例较为接近；POST 的均值为 0.089，表明控股股东股权解押后的季度观测值占到全样本观测值的 8.9%，该比例较大，为我们检验上市公司在控股股东股权解押后的股价暴跌风险的变化提供了便利。

控制变量方面，OPACITY 均值和中位数分别为 0.255 和 0.206，说明全样本财务报告透明度高的公司多于财务报告透明度低的公司，最小值和最大值分别为 0.036 和 0.897，说明样本公司间的财务报告透明度存在较大差异。SOE 的均值为 0.459，说明国有控股公司占样本公司的 45.9%。LEV 的均值和中位数分别为 0.469 和 0.476，说明样本公司的负债水平较高，标准差为 0.214，较大的标准差说明样本公司之间的负债程度存在较大的差异。控股股东持股比例 TOP1 的均值为 0.365，最大值为 0.900，比成熟资本主义市场国家上市公司股东持股比例高，这与拉波塔等（La Porta et al.，1999）的研究结论一致。

7.5.2　相关性分析

表 7.5 列示了主要变量间的 Pearson 相关系数。从表 7.5 可以看出，三个股价暴跌风险变量（CRASH，NCSKEW 和 DUVOL）之间在 1% 的显著性水平上呈正相关，相关系数分别为 0.478、0.312 和 0.875，说明我们计算的股价暴跌风险变量具有一定的正确性和一致性。两个股价暴跌风险变量（NCSKEW 和 DUVOL）与股权质押期内（CONT）之间的相关系数为负，与解押后的时期（POST）的相关系数为正且显著，初步说明了控股股东股权质押期内具有较低水平的股价暴跌风险，而解押后的股价暴跌风险较高，初步证实了 H7.1b 和 H7.3a（H7.3b），但仍有待在控制其他因素影响后进一步进行多元回归分析。

表 7.4　　　　　　　　　　　主要变量描述性统计

变量名称	变量符号	观测数	均值	最小值	中位数	最大值	标准差
股价暴跌	CRASH	81002	0.082	0.000	0.000	1.000	0.275
负向偏度	NCSKEW	81002	−0.289	−2.253	−0.263	1.680	0.686
涨跌波动率	DUVOL	81002	−0.174	−1.321	−0.173	1.068	0.474
存在控股股东股权质押	CONT	81002	0.588	0.000	0.000	1.000	0.478
控股股权解押后一季度	POST	81002	0.089	0.000	0.000	1.000	0.285
收益率均值	AV_RET	81002	−0.122	−0.616	−0.091	−0.011	0.104
收益率波动	SIGMA	81002	0.046	0.015	0.043	0.111	0.018
财务报告透明度	OPACITY	81002	0.255	0.036	0.206	0.897	0.179
去趋势换手率	DTURN	81002	−0.001	−0.098	0.001	0.047	0.023
国有企业	SOE	81002	0.459	0.000	0.000	1.000	0.498
控股股东持股比例	TOP1	81002	0.365	0.003	0.344	0.900	0.157
公司规模	SIZE	81002	21.780	19.180	21.640	25.330	1.231
负债率	LEV	81002	0.469	0.053	0.476	0.997	0.214
会计业绩	ROA	81002	0.033	−0.256	0.033	0.189	0.062
成长机会	MTB	81002	2.037	0.705	1.510	9.475	1.502

从各中介变量看，盈余预测质量的反向指标——预测偏差（BIAS）与股价暴跌风险（CRASH 和 DUVOL）显著正相关，且通过了 5% 的显著性检验，说明盈余预测质量与股价暴跌风险负相关。盈余管理方面，应计盈余管理（DA）与股价暴跌风险（CRASH，NCSKEW 和 DUVOL）均呈现显著的正相关关系，而真实盈余管理（RM）与股价暴跌风险（CRASH，NCSKEW 和 DU-VOL）亦呈现出显著的正相关关系，但 RM 除与 CRASH 相关系数不显著外，与 NCSKEW 和 DUVOL 的两个相关系数分别大于 DA 与 NCSKEW 和 DUVOL 的相关系数（0.040 > 0.024，0.031 > 0.025），说明与应计盈余管理相比，真实盈余管理与股价暴跌风险之间的相关性更强。另外，滞后一期的 CSCORE 与未来的股价暴跌风险负相关，说明会计稳健性有助于抑制公司股价暴跌的风险，这与科密等（Kim et al.，2016）的发现一致。

控制变量方面（未示），AV_RET、DTURN、OPACITY、SIZE、MTB 分别与股价暴跌风险显著正相关，这与陈等（2001）、Hutton 等（2009）的研究发现一致。其余各变量间的相关系数绝对值大都在 0.5 以下，多元回归中不存在严重的多重共线性问题。

表 7.5

主要变量相关系数

变量符号	CRASH$_{i,t}$	NCSKEW$_{i,t}$	DUVOL$_{i,t}$	CONT$_{i,t}$	POST$_{i,t}$	BIAS$_{i,t-1}$	DA$_{i,t-1}$	RM$_{i,t-1}$	CSCORE$_{i,t-1}$
变量名称	股价暴跌哑变量	股票回报负向偏度	股票回报涨跌波动比	存在股权质押	解除质押后	盈余预测偏差	应计盈余管理	真实盈余管理	会计稳健性
CRASH$_{i,t}$	1 (0.000)	—	—	—	—	—	—	—	—
NCSKEW$_{i,t}$	0.478 *** (0.000)	1	—	—	—	—	—	—	—
DUVOL$_{i,t}$	0.372 *** (0.000)	0.875 *** (0.000)	1	—	—	—	—	—	—
CONT$_{i,t}$	−0.004 (0.605)	−0.017 ** (0.025)	−0.025 *** (0.000)	1	—	—	—	—	—
POST$_{i,t}$	0.003 (0.732)	0.017 ** (0.022)	0.022 *** (0.004)	0.870 *** (0.000)	1 (0.000)	—	—	—	—
BIAS$_{i,t-1}$	0.032 ** (0.042)	0.024 (0.129)	0.034 ** (0.027)	0.052 *** (0.001)	0.062 *** (0.000)	1 (0.000)	—	—	—
DA$_{i,t-1}$	0.022 *** (0.002)	0.024 *** (0.000)	0.025 *** (0.000)	0.01 (0.196)	0.01 (0.189)	−0.110 *** (0.000)	1 (0.000)	—	—
RM$_{i,t-1}$	0.002 (0.733)	0.040 *** (0.000)	0.031 *** (0.000)	0.042 *** (0.000)	0.043 *** (0.000)	0.181 *** (0.000)	0.268 *** (0.000)	1 (0.000)	—
CSCORE$_{i,t-1}$	−0.032 *** (0.000)	−0.055 *** (0.000)	−0.070 *** (0.000)	−0.053 *** (0.000)	−0.038 *** (0.000)	0.007 (0.632)	−0.021 *** (0.003)	0.023 *** (0.001)	1 (0.000)

注：除 CRASH、NCSKEW、DUVOL 三个股价暴跌风险变量和 CONT 与 POST 两个衡量股权质押股东股权质押变量采用当季度值外，其余变量均为滞后一期的取值；括号内为双侧 t 检验的 p 值；***、**、* 分别表示在 1%、5% 和 10% 的水平上显著。

7.5.3 多元回归结果分析

1. 控股股东股权质押期内的股价暴跌风险

表 7.6 列示了控股股东股权质押期内的股价暴跌风险的多元回归结果，以检验 H7.1。模型 1 的被解释变量是 $CRASH_{i,t}$，采用 Logit 方法回归；模型 2 和模型 3 的被解释变量分别是 $NCSKEW_{i,t}$ 和 $DUVOL_{i,t}$，采用 OLS 方法回归。模型 1 ~ 模型 3 的回归结果表明，TESTFIRM 的回归系数分别为 -0.078、-0.050 和 -0.043，且至少在 5% 的水平上显著，说明与非质押公司相比，上市公司在控股股东股权质押期内的股价暴跌风险较低，表明质押期内的控股股东有强烈的动机致力于维护公司股价和抑制股价暴跌风险，这与谢德仁等（2016）的发现一致，H7.1b 得到验证。

控制变量方面，TOP1 的回归系数为负，说明大股东持股比例越高，越有动力防范股价暴跌风险和维护公司股价。滞后一期的 CRASH（NCSKEW，DUVOL）、不透明度 OPACITY、公司规模 SIZE、市账比 MTB 与公司质押期内的股价暴跌风险均呈现不同程度的显著正相关，而总资产收益率 ROA 与公司质押期内的股价暴跌风险关系不显著，这与陈等（Chen et al.，2001）的研究结论一致。

表 7.6　　　　控股股东股权"质押期内"的股价暴跌风险

变量名称	变量符号	$CRASH_{i,t}$	$NCSKEW_{i,t}$	$DUVOL_{i,t}$
		股价暴跌哑变量	负向偏度	涨跌波动率
		（1）	（2）	（3）
质押公司	TESTFIRM	-0.078***	-0.050**	-0.043**
		(-2.694)	(-2.248)	(-1.988)
股价暴跌	$CrashRisk_{i,t-1}$	0.098***	0.065***	0.050***
		(2.912)	(7.658)	(5.930)
收益率均值	$AV\_RET_{i,t-1}$	9.113	6.188***	2.605***
		(0.910)	(5.181)	(2.775)
收益率波动	$SIGMA_{i,t-1}$	22.250	17.997***	6.289***
		(1.007)	(6.647)	(2.950)

变量名称	变量符号	$CRASH_{i,t}$	$NCSKEW_{i,t}$	$DUVOL_{i,t}$
		股价暴跌哑变量	负向偏度	涨跌波动率
		（1）	（2）	（3）
去趋势换手率	$DTURN_{i,t-1}$	− 3.182 ***	− 0.053	− 0.007
		（− 3.170）	（− 0.386）	（− 0.065）
财务报告透明度	$OPACITY_{i,t-1}$	1.151 ***	0.036	0.036
		（3.131）	（0.775）	（0.971）
国有企业	$SOE_{i,t-1}$	− 0.116 *	− 0.009	− 0.006
		（− 1.955）	（− 1.292）	（− 1.000）
控股股东持股比例	$TOP1_{i,t-1}$	− 0.252	− 0.054 **	− 0.021
		（− 1.483）	（− 2.559）	（− 1.286）
公司规模	$SIZE_{i,t-1}$	0.115 ***	0.009 **	0.009 ***
		（3.878）	（2.572）	（3.240）
负债率	$LEV_{i,t-1}$	− 0.341 **	0.022	0.012
		（− 2.442）	（1.303）	（0.936）
会计业绩	$ROA_{i,t-1}$	0.605	0.069	− 0.007
		（0.901）	（0.883）	（− 0.105）
成长机会	$MTB_{i,t-1}$	0.017	0.021 ***	0.019 ***
		（0.715）	（7.699）	（8.840）
常数项	Constant	− 3.051 ***	− 0.657 ***	− 0.447 ***
		（− 4.424）	（− 7.483）	（− 6.471）
年度、季度	Year、Qua	控制	控制	控制
行业	Ind	控制	控制	控制
伪 R^2/调整后 R^2	Pseudo/Adj R^2	0.036	0.060	0.062
卡方值/F 值	Chi^2/F	303.8	25.13	26.17
样本量	N	21912	21912	21912

注：括号为 z（t）计量；***、**、* 分别表示在 1%、5% 和 10% 的水平上显著。

2. 控股股东股权质押期内股价暴跌风险形成机制：盈余预测质量、盈余管理与会计稳健性的中介效应检验

表 7.7 汇报了各中介变量在控股股东股权质押与股价暴跌风险之间关系

的中介效应检验结果，以检验 H7.2a～H7.2c。需要说明的是，此部分检验的是中介变量对控股股东股权质押与质押期内股价暴跌风险之间关系的影响，因此，我们采用的是质押公司（TESTFIRM=1）与非质押公司（TESTFIRM=0）在质押前和质押期内的样本。

Panel A 是对盈余预测偏差中介效应的检验结果。从中可以看出，BIAS 的回归系数均为负（分别为 -4.217、-0.468 和 -0.618），且均通过了 1% 水平上的显著性检验，TESTFIRM 的系数符号未发生改变（为负，分别为 -0.052、-0.031 和 -0.032），至少在 10% 的水平上显著，但其绝对值分别小于表 7.6 中的 TESTFIRM 的回归系数（-0.078、-0.050 和 -0.043）的绝对值。因此，可以认为，盈余预测偏差在控股股东股权质押与质押期内的股价暴跌风险之间发挥了部分中介效应作用，即管理层在质押期前和质押期内发布的"乐观偏差"盈余预测有助于降低质押期内的股价暴跌风险，H7.2a 成立。

Panel B 是对盈余管理中介效应的检验结果[①]。从 Panel B 可以看出，盈余管理和控股股东股权质押变量同时放入股价暴跌风险的回归模型后，DA 的回归系数为负（分别为 -0.352、-0.045 和 -0.014），但不显著或在 5% 和 10% 的水平上显著；RM 的回归系数也为负（分别为 -0.017、-0.045 和 -0.016），均在 1% 的水平上显著。TESTFIRM 的回归系数在各回归模型下要么显著为正，要么不显著（改变了表 7.6 中 TESTFIRM 的回归系数符号和显著性），由此表明质押前和质押期内的应计盈余管理和真实盈余管理在控股股东股权质押与质押期内股价暴跌风险之间发挥了完全中介效应作用，或者说质押前与质押期内实施的正向盈余管理行为会提高质押期内的股价暴跌风险，即 H7.2b 得以证实。

Panel C 是对会计稳健性中介效应的检验结果。从中可以看出，将会计稳健性和控股股东股权质押变量同时放入股价暴跌风险的回归模型后，所有模型中的 CSCORE 的回归系数均显著为正（0.264、0.359 和 0.531），且分别在

---

① 需要说明的是，由于变量 OPACITY 是按照前三季度的 DA 之和计算而得，以表示会计信息不透明程度，为排除该因素可能对盈余管理中介效应的检验结果带来偏差，我们在检验盈余管理的中介效应的回归模型中未考虑变量 OPACTIY。

10%、1%和1%的水平上显著，而 TESTFIRM 的回归系数为负（−0.015、−0.026和−0.029），且分别通过了10%、1%和5%水平的显著性检验，但其绝对值分别小于表7.6中 TESTFIRM 在 CRASH、NCSKEW 和 DUVOL 下回归系数的绝对值，由此表明会计稳健性在控股股东股权质押与质押期内的股价暴跌风险之间发挥了部分中介效应作用，即上市公司管理层在控股股东质押期内采用"及时确认收益、延迟确认损失"的不稳健会计政策会提高质押期内的股价暴跌风险[①]，H7.2c 成立。

总的来说，表7.7的检验结果表明，控股股东股权质押至少通过盈余预测质量、盈余管理与会计稳健性三种途径影响了上市公司未来期间的股价暴跌风险，且盈余预测偏差和会计稳健性发挥了部分中介效应，但二者对控股股东股权质押期内股价暴跌风险的影响方向相反，盈余管理发挥了完全中介效应。或者说，管理层在控股股东股权质押前发布"乐观偏差"预测、进行正向的应计和真实盈余管理有助于降低质押期内的股价暴跌风险，但采用稳健的会计政策会提高质押期内的股价暴跌风险，H7.2a ~ H7.2c 均得以证实。

表 7.7　控股股东股权质押期内的股价暴跌、风险形成机制：中介效应检验

Panel A：盈余预测偏差对"质押期内"股价暴跌风险的中介效应检验

变量名称	变量符号	$CRASH_{i,t}$	$NCSKEW_{i,t}$	$DUVOL_{i,t}$
		股价暴跌哑变量	负向偏度	涨跌波动率
		(1)	(2)	(3)
预测偏差	$BIAS_{i,t}$	−4.217***	−0.468***	−0.618***
		(−2.674)	(−2.655)	(2.803)
质押公司	TESTFIRM	−0.052*	−0.031***	−0.032**
		(−1.842)	(−2.875)	(−1.975)

---

① 科密等（Kim et al., 2016）研究表明，会计稳健性有助于抑制上市公司股价暴跌风险。我们认为，科密等（Kim et al., 2016）是基于长期的视角得到研究结论。而我们基于一个短期的视角发现，稳健会计下的"及时确认损失、延迟确认收益"会提高上市公司的股价暴跌风险。因此，由于研究视角不同，研究结论可能会出现差异。

续表

变量名称	变量符号	CRASH$_{i,t}$	NCSKEW$_{i,t}$	DUVOL$_{i,t}$
		股价暴跌哑变量	负向偏度	涨跌波动率
		(1)	(2)	(3)
股价暴跌	CrashRisk$_{i,t-1}$	0.242***	0.060***	0.073***
		(2.830)	(3.363)	(4.071)
收益率均值	AV_RET$_{i,t-1}$	-33.547*	4.245*	2.449
		(-1.888)	(1.767)	(1.295)
收益率波动	SIGMA$_{i,t-1}$	-70.304*	13.655**	5.857
		(-1.785)	(2.573)	(1.400)
去趋势换手率	DTURN$_{i,t-1}$	-0.538	0.308	0.100
		(-0.261)	(1.204)	(0.495)
财务报告透明度	OPACITY$_{i,t-1}$	0.824***	0.163***	0.127***
		(2.818)	(4.062)	(4.010)
国有企业	SOE$_{i,t-1}$	-0.093	-0.001	0.004
		(-0.701)	(-0.049)	(0.317)
控股股东持股比例	TOP1$_{i,t-1}$	0.195***	0.023***	0.018***
		(3.113)	(2.841)	(2.919)
公司规模	SIZE$_{i,t-1}$	-0.099	-0.053	-0.017
		(-0.319)	(-1.316)	(-0.534)
负债率	LEV$_{i,t-1}$	-0.267	0.000	-0.018
		(-0.937)	(0.010)	(-0.664)
会计业绩	ROA$_{i,t-1}$	1.887	0.418**	0.271**
		(1.346)	(2.388)	(1.967)
成长机会	MTB$_{i,t-1}$	-0.020	0.015***	0.016***
		(-0.419)	(2.725)	(3.498)
常数项	Constant	-4.154***	-0.982***	-0.656***
		(-2.711)	(-4.331)	(-3.678)
年度、季度	Year、Qua	控制	控制	控制
行业	Ind	控制	控制	控制
伪R^2/调整后R^2	Pseudo/Adj R^2	0.036	0.034	0.033
卡方值/F值	Chi^2/F	149.1	53.72	53.71
样本量	N	21912	21912	21912

Panel B：盈余管理对"质押期内"股价暴跌风险的中介效应检验

变量名称	变量符号	CRASH$_{i,t}$		NCSKEW$_{i,t}$		DUVOL$_{i,t}$	
		股价暴跌哑变量		负向偏度		涨跌波动率	
		(1)	(2)	(3)	(4)	(5)	(6)
盈余管理	DA$_{i,t}$	-0.352	—	-0.045 **	—	-0.014 *	—
		(1.348)	—	(-1.982)	—	(-1.845)	—
质押公司	RM	—	-0.170 ***	—	-0.045 ***	—	-0.016 ***
		—	(-2.781)	—	(-2.754)	—	(-2.920)
质押公司	TESTFIRM	0.002	0.008 ***	-0.010 **	-0.004	0.008 ***	0.010
		(0.019)	(2.732)	(-2.113)	(-0.038)	(2.767)	(1.152)
股价暴跌	CrashRisk$_{i,t-1}$	0.146 **	0.146 **	-0.000	0.001	-0.006	-0.006
		(2.240)	(2.229)	(-0.019)	(0.087)	(-0.744)	(-0.691)
收益率均值	AV_RET$_{i,t-1}$	0.153 ***	0.155 ***	0.082 ***	0.081 ***	0.072 ***	0.071 ***
		(2.446)	(2.459)	(9.799)	(9.715)	(8.616)	(8.574)
收益率波动	SIGMA$_{i,t-1}$	-10.678	5.038 ***	1.854 *	-10.736	4.986 ***	1.821 *
		(-1.038)	(4.104)	(1.927)	(-1.044)	(4.062)	(1.893)
去趋势换手率	DTURN$_{i,t-1}$	-25.889	15.593 ***	4.740 **	-26.069	15.439 ***	4.640 **
		(-1.141)	(5.615)	(2.173)	(-1.149)	(5.559)	(2.127)
财务报告透明度	OPACITY$_{i,t-1}$	-3.030 ***	-0.124	-0.078	-3.062 ***	-0.121	-0.075
		(-2.745)	(-0.847)	(-0.681)	(-2.775)	(-0.831)	(-0.657)
国有企业	SOE$_{i,t-1}$	0.057 *	-0.006	-0.002	0.057 *	-0.006	-0.002
		(1.745)	(-1.413)	(-0.608)	(1.735)	(-1.537)	(-0.721)
控股股东持股比例	TOP1$_{i,t-1}$	-0.227	0.020	0.013	-0.228	0.017	0.011
		(-1.531)	(1.128)	(0.962)	(-1.535)	(0.940)	(0.786)
公司规模	SIZE$_{i,t-1}$	0.922	-0.051	-0.090	0.978	-0.012	-0.063
		(1.199)	(-0.572)	(-1.274)	(1.264)	(-0.132)	(-0.893)
负债率	LEV$_{i,t-1}$	-0.003	0.015 ***	0.014 ***	-0.003	0.015 ***	0.014 ***
		(-0.123)	(5.162)	(6.334)	(-0.139)	(5.324)	(6.498)
会计业绩	ROA$_{i,t-1}$	0.069 **	0.034 ***	0.025 ***	0.069 **	0.035 ***	0.026 ***
		(2.332)	(9.119)	(8.617)	(2.307)	(9.396)	(8.881)
成长机会	MTB$_{i,t-1}$	0.033	0.106 ***	0.109 ***	0.029	0.107 ***	0.109 ***
		(0.125)	(3.291)	(4.289)	(0.111)	(3.325)	(4.320)

续表

变量名称	变量符号	$CRASH_{i,t}$ 股价暴跌哑变量		$NCSKEW_{i,t}$ 负向偏度		$DUVOL_{i,t}$ 涨跌波动率	
		(1)	(2)	(3)	(4)	(5)	(6)
常数项	Constant	-2.124 ***	-0.366 ***	-0.232 ***	-2.114 ***	-0.353 ***	-0.223 ***
		(-2.763)	(-3.768)	(-3.046)	(-2.747)	(-3.624)	(-2.919)
年度、季度	Year、Qua	控制	控制	控制	控制	控制	控制
行业	Ind	控制	控制	控制	控制	控制	控制
伪 R^2/调整后 R^2	Pseudo/Adj R^2	0.044	0.035	0.037	0.044	0.036	0.038
卡方值/F 值	Chi²/F	578.8	66.24	77.15	577.4	56.34	57.27
样本量	N	21912	21912	21912	21912	21912	21912

Panel C：会计稳健性对"质押期内"股价暴跌风险的中介效应检验

变量名称	变量符号	$CRASH_{i,t}$ 股价暴跌哑变量	$NCSKEW_{i,t}$ 负向偏度	$DUVOL_{i,t}$ 涨跌波动率
		(1)	(2)	(3)
会计稳健性	$CSCORE_{i,t}$	0.264 *	0.359 ***	0.531 ***
		(1.943)	(2.574)	(2.852)
质押公司	TESTFIRM	-0.015 *	-0.026 ***	-0.029 **
		(-1.965)	(-2.821)	(-2.304)
股价暴跌	$CrashRisk_{i,t-1}$	0.014	0.067 ***	0.067 ***
		(0.176)	(9.340)	(9.185)
收益率均值	$AV\_RET_{i,t-1}$	-8.495	6.095 ***	2.543 **
		(-0.812)	(4.721)	(2.533)
收益率波动	$SIGMA_{i,t-1}$	-20.722	18.347 ***	6.485 ***
		(-0.896)	(6.292)	(2.855)
去趋势换手率	$DTURN_{i,t-1}$	-1.155	-0.033	0.009
		(-0.769)	(-0.183)	(0.064)
财务报告透明度	$OPACITY_{i,t-1}$	0.606 ***	0.055 **	0.030 *
		(3.615)	(2.420)	(1.713)
国有企业	$SOE_{i,t-1}$	-0.130 **	-0.014 *	-0.007
		(-2.118)	(-1.813)	(-1.243)

续表

变量名称	变量符号	CRASH$_{i,t}$	NCSKEW$_{i,t}$	DUVOL$_{i,t}$
		股价暴跌哑变量	负向偏度	涨跌波动率
		(1)	(2)	(3)
控股股东持股比例	TOP1$_{i,t-1}$	0.074 **	0.018 ***	0.017 ***
		(2.271)	(4.462)	(5.335)
公司规模	SIZE$_{i,t-1}$	−0.281	−0.065 ***	−0.029
		(−1.581)	(−2.892)	(−1.644)
负债率	LEV$_{i,t-1}$	−0.023	−0.038 *	−0.035 **
		(−0.142)	(−1.832)	(−2.173)
会计业绩	ROA$_{i,t-1}$	0.832	0.341 ***	0.179 **
		(1.062)	(3.566)	(2.408)
成长机会	MTB$_{i,t-1}$	0.044 *	0.018 ***	0.018 ***
		(1.769)	(6.071)	(7.661)
常数项	Constant	−2.579 ***	−0.869 ***	−0.610 ***
		(−3.452)	(−8.882)	(−8.014)
年度、季度	Year、Qua	控制	控制	控制
行业	Ind	控制	控制	控制
伪 R^2/调整后 R^2	Pseudo/Adj R^2	0.045	0.032	0.035
卡方值/F 值	Chi^2/F	557.7	13.65	14.98
样本量	N	21912	21912	21912

注：括号为 z（t）计量；*** 、** 、* 分别表示在 1%、5% 和 10% 的水平上显著。

3. 控股股东股权解押后的股价暴跌风险

表 7.8 的 Panel A 列示了质押公司和非质押公司在控股股东股权解押后的股价暴跌风险差异的多元回归结果，Panel B 列示了质押公司在控股股东股权解押后与质押期内股价暴跌风险变化的回归结果。在 Panel A 中，我们主要关注 TESTFIRM 的回归系数，根据 H7.3a，预计 TESTFIRM 的回归系数显著为正，即质押公司（试验组）在控股股东股权解押后的股价暴跌风险高于非质押公司（控制组）；而在 Panel B 中，我们主要关注 POST 的回归系数，根据 H7.3b，预计 POST 的回归系数显著为正，即质押公司在控股股东股权解押后的股价暴跌风险比质押期内高。

从表7.8 Panel A 横截面回归结果可知，TESTFIRM 的回归系数为正（分别为0.011、0.008 和0.010），且分别在5%、1%和1%的水平上显著，说明控股股东股权解押后的股价暴跌风险高于非质押公司，H7.3a 成立。

从表7.8 Panel B 时间序列回归结果可知，POST 的回归系数为正（分别为0.008、0.007 和0.004），且分别在5%、1%和10%的水平上显著，说明解押后的股价暴跌风险高于非质押公司（或质押期内），H7.3b 也成立。其他控股变量的回归结果系数符号及显著性与表7.7 类似。

表 7.8　　　　控股股东股权"解押后"的股价暴跌风险

Panel A：横截面分析

变量名称	变量符号	CRASH$_{i,t}$	NCSKEW$_{i,t}$	DUVOL$_{i,t}$
		股价暴跌哑变量	负向偏度	涨跌波动率
		（1）	（2）	（3）
质押公司	TESTFIRM	0.011 **	0.008 ***	0.010 ***
		(2.120)	(2.683)	(2.827)
股价暴跌	CrashRisk$_{i,t-1}$	0.174	0.092 ***	0.095 ***
		(1.373)	(8.036)	(8.267)
收益率均值	AV_RET$_{i,t-1}$	40.824 *	5.469 **	2.827 *
		(1.950)	(2.539)	(1.688)
收益率波动	SIGMA$_{i,t-1}$	80.550 *	15.278 ***	6.376 *
		(1.809)	(3.188)	(1.709)
去趋势换手率	DTURN$_{i,t-1}$	-1.933	0.331	0.169
		(-0.633)	(0.999)	(0.655)
财务报告透明度	OPACITY$_{i,t-1}$	0.296	0.019	0.022
		(1.037)	(0.529)	(0.779)
国有企业	SOE$_{i,t-1}$	-0.069	-0.002	-0.007
		(-0.771)	(-0.199)	(-0.828)
控股股东持股比例	TOP1$_{i,t-1}$	0.099	-0.003	0.018
		(0.347)	(-0.097)	(0.661)
公司规模	SIZE$_{i,t-1}$	0.137 ***	0.012 **	0.010 **
		(2.913)	(2.249)	(2.261)

续表

变量名称	变量符号	CRASH$_{i,t}$	NCSKEW$_{i,t}$	DUVOL$_{i,t}$
		股价暴跌哑变量	负向偏度	涨跌波动率
		(1)	(2)	(3)
负债率	LEV$_{i,t-1}$	− 0.705 ***	0.024	0.025
		(− 2.842)	(0.875)	(1.141)
会计业绩	ROA$_{i,t-1}$	− 0.054	0.142	0.051
		(− 0.048)	(1.098)	(0.513)
成长机会	MTB$_{i,t-1}$	0.048	0.020 ***	0.018 ***
		(1.298)	(4.527)	(5.180)
常数项	Constant	− 6.732 ***	− 0.886 ***	− 0.685 ***
		(− 5.497)	(− 5.993)	(− 5.954)
年度、季度	Year、Qua	控制	控制	控制
行业	Ind	控制	控制	控制
伪 R^2/调整后 R^2	Pseudo/Adj R^2	0.046	0.027	0.032
卡方值/F 值	Chi^2/F	216.2	58.80	67.75
样本量	N	19006	19006	19006

Panel B：时间序列分析

变量名称	变量符号	CRASH$_{i,t}$	NCSKEW$_{i,t}$	DUVOL$_{i,t}$
		股价暴跌哑变量	负向偏度	涨跌波动率
		(1)	(2)	(3)
解除质押后	POST	0.008 **	0.007 ***	0.004 *
		(2.126)	(2.928)	(1.750)
股价暴跌	CrashRisk$_{i,t-1}$	0.039	0.077 ***	0.079 ***
		(0.492)	(10.599)	(10.876)
收益率均值	AV_RET$_{i,t-1}$	8.124	5.185 ***	2.164 **
		(0.687)	(3.922)	(2.075)
收益率波动	SIGMA$_{i,t-1}$	15.588	15.059 ***	4.939 **
		(0.604)	(5.050)	(2.096)
去趋势换手率	DTURN$_{i,t-1}$	− 1.626	0.165	0.072
		(− 1.086)	(0.954)	(0.527)

变量名称	变量符号	CRASH$_{i,t}$	NCSKEW$_{i,t}$	DUVOL$_{i,t}$
		股价暴跌哑变量	负向偏度	涨跌波动率
		(1)	(2)	(3)
财务报告透明度	OPACITY$_{i,t-1}$	0.694 ***	0.055 **	0.043 **
		(4.045)	(2.465)	(2.431)
国有企业	SOE$_{i,t-1}$	− 0.175 ***	− 0.012	− 0.008
		(− 2.650)	(− 1.481)	(− 1.363)
控股股东持股比例	TOP1$_{i,t-1}$	− 0.259	− 0.021	− 0.005
		(− 1.428)	(− 0.930)	(− 0.283)
公司规模	SIZE$_{i,t-1}$	0.128 ***	0.009 **	0.009 ***
		(4.067)	(2.312)	(2.890)
负债率	LEV$_{i,t-1}$	− 0.260 *	0.037 **	0.030 **
		(− 1.719)	(2.076)	(2.111)
会计业绩	ROA$_{i,t-1}$	0.096	0.135	0.058
		(0.130)	(1.578)	(0.853)
成长机会	MTB$_{i,t-1}$	0.020	0.020 ***	0.019 ***
		(0.838)	(6.988)	(8.426)
常数项	Constant	− 3.768 ***	− 0.655 ***	− 0.458 ***
		(− 5.040)	(− 6.953)	(− 6.157)
年度、季度	Year、Qua	控制	控制	控制
行业	Ind	控制	控制	控制
伪 R^2/调整后 R^2	Pseudo/Adj R^2	0.048	0.027	0.031
卡方值/F 值	Chi^2/F	303.8	55.13	56.17
样本量	N	20459	20459	20459

注：括号内为 z（t）统计量；*** 、** 、* 分别表示在 1%、5% 和 10% 的水平上显著。

4. 控股股东股权解押后的股价暴跌风险变化机制

表 7.9 Panel A ~ Panel C 分别汇报了各中介变量在控股股东股权质押与上市公司在控股股东股权解押后股价暴跌风险之间关系的中介效应检验结果，以检验 H7.4a ~ H7.4c。

Panel A 是对盈余预测质量中介效应的检验结果。从 Panel A 可以看出，BIAS 的回归系数均为正（分别为 1.002、0.301 和 0.028），且分别通过了

5%、1%和10%水平的显著性检验，TESTFIRM 的回归系数符号仍为正（分别为0.008、0.005和0.005），且至少通过了10%的水平上的显著性检验，但其绝对值仍小于表7.8 Panel A 中的 TESTFIRM 的回归系数（0.011、0.008 和0.010）的绝对值。因此，可以认为，盈余预测质量在控股股东股权质押与解押后的股价暴跌风险之间的也发挥着部分中介效应作用，即随着质押前和质押期内的盈余预测"乐观偏差"得以"纠正"，解押后的股价暴跌风险有所提高，H7.4a 得以证实。

　　Panel B 是对盈余管理中介效应的检验结果。从 Panel B 可以看出，盈余管理和控股股东股权质押变量同时放入股价暴跌风险的回归模型后，DA 的回归系数为正（分别为0.056、0.114和0.078），但不显著或在10%和5%的水平上显著；RM 的回归系数也为正（分别为0.612、0.027和0.024），且均在1%的水平上显著。进一步考察发现，TESTFIRM 的回归系数在各模型下均不显著地为正或负，由此表明盈余管理在控股股东股权质押与股价暴跌风险之间的关系中发挥了完全中介效应作用，或者说，在控股股东股权解押后，随着质押前和质押期内的应计项目发生"反转"，真实盈余管理对解押后的上市公司产生的负面影响也逐渐显现，由此会提高上市公司在控股股东股权解押后的股价暴跌风险，H7.4b 得以证实。

　　Panel C 是对会计稳健性中介效应的检验结果。从 Panel C 可以看出，将会计稳健性和控股股东股权质押变量同时放入股价暴跌风险的回归模型后，所有模型中的 CSCORE 的回归系数均显著为负（－0.058、－0.063 和－0.060），但 TESTFIRM 的回归系数仍然为正，且至少在10%的水平上显著，但分别小于表7.8 Panel A 中变量 TESTFIRM 在 CRASH、NCSKEW 和 DUVOL 下的回归系数。由此表明会计稳健性在控股股东股权质押与"解押后"股价暴跌风险之间发挥了部分中介效应，即管理层在控股股东股权解押后采用稳健的会计政策，有助于降低上市公司在控股股东股权解押后的股价暴跌风险，这与科密等（Kim et al.，2016）一致，H7.4c 成立。

　　总的来说，表7.9 的回归结果表明。控股股东股权质押至少通过盈余预测质量、盈余管理与会计稳健性三种途径影响了上市公司在控股股东股权解押后的股价暴跌风险，且盈余预测偏差和会计稳健性发挥了部分中介效应，而盈余管理发挥了完全中介效应，H7.4a ~ H7.4c 得以证实。

表7.9 控股股东股权解押后的股价暴跌风险变化机制：中介效应检验

Panel A：盈余预测质量对"解押后"的股价暴跌风险的中介效应检验

变量名称	变量符号	CRASH$_{i,t}$	NCSKEW$_{i,t}$	DUVOL$_{i,t}$
		股价暴跌哑变量	负向偏度	涨跌波动率
		（1）	（2）	（3）
盈余预测偏差	BIAS$_{i,t-1}$	1.002**	0.301***	0.028*
		(1.971)	(2.871)	(1.901)
质押公司	TESTFIRM	0.008*	0.005***	0.005**
		(1.842)	(2.875)	(1.975)
股价暴跌	CrashRisk$_{i,t-1}$	0.193	0.070***	0.079***
		(0.669)	(2.961)	(3.345)
收益率均值	AV_RET$_{i,t-1}$	60.865	7.220	4.625
		(1.335)	(1.514)	(1.256)
收益率波动	SIGMA$_{i,t-1}$	122.481	19.671*	8.455
		(1.288)	(1.918)	(1.066)
去趋势换手率	DTURN$_{i,t-1}$	−0.954	−0.394	−0.504
		(−0.160)	(−0.622)	(−1.027)
财务报告透明度	OPACITY$_{i,t-1}$	0.322	0.019	0.028
		(0.542)	(0.244)	(0.469)
国有企业	SOE$_{i,t-1}$	0.455**	0.008	0.000
		(2.380)	(0.348)	(0.011)
控股股东持股比例	TOP1$_{i,t-1}$	0.645	0.031	0.042
		(1.071)	(0.421)	(0.726)
公司规模	SIZE$_{i,t-1}$	0.029	0.009	0.007
		(0.297)	(0.805)	(0.756)
负债率	LEV$_{i,t-1}$	−0.470	−0.038	−0.020
		(−0.897)	(−0.669)	(−0.462)
会计业绩	ROA$_{i,t-1}$	0.114	0.010	0.005
		(0.049)	(0.035)	(0.025)
成长机会	MTB$_{i,t-1}$	0.109	0.511**	0.363***
		(1.579)	(2.235)	(2.812)
常数项	Constant	0.030	0.024***	0.021***
		(0.400)	(2.594)	(2.865)

续表

变量名称	变量符号	CRASH$_{i,t}$ 股价暴跌哑变量	NCSKEW$_{i,t}$ 负向偏度	DUVOL$_{i,t}$ 涨跌波动率
		（1）	（2）	（3）
年度、季度	Year、Qua	控制	控制	控制
行业	Ind	控制	控制	控制
伪 R^2/调整后 R^2	Pseudo/Adj R^2	0.051	0.069	0.079
卡方值/F 值	Chi^2/F	86.97	74.70	84.37
样本量	N	19006	19006	19006

Panel B：盈余管理对"解押后"股价暴跌风险的中介效应检验

变量名称	变量符号	CRASH$_{i,t}$ 股价暴跌哑变量		NCSKEW$_{i,t}$ 负向偏度		DUVOL$_{i,t}$ 涨跌波动率	
		（1）	（2）	（3）	（4）	（5）	（6）
应计盈余管理	DA$_{i,t-1}$	0.056	—	0.114 **	—	0.078 *	—
		（0.113）	—	（1.994）	—	（1.754）	—
真实盈余管理	RM$_{i,t-1}$	—	0.612 ***	—	0.027 ***	—	0.024 ***
		—	（2.647）	—	（2.603）	—	（2.706）
质押公司	TESTFIRM	0.002	0.008	0.010	-0.004	0.008	0.010
		（0.019）	（0.732）	（1.113）	（-0.038）	（0.767）	（1.152）
股价暴跌	CrashRisk$_{i,t-1}$	0.176	0.093 ***	0.095 ***	0.173	0.093 ***	0.095 ***
		（1.385）	（8.132）	（8.317）	（1.365）	（8.116）	（8.293）
收益率均值	AV_RET$_{i,t-1}$	40.749 *	5.459 **	2.818 *	41.041 **	5.452 **	2.824 *
		（1.948）	（2.535）	（1.684）	（1.960）	（2.531）	（1.687）
收益率波动	SIGMA$_{i,t-1}$	80.210 *	15.292 ***	6.359 *	80.698 *	15.271 ***	6.362 *
		（1.803）	（3.191）	（1.706）	（1.812）	（3.186）	（1.706）
去趋势换手率	DTURN$_{i,t-1}$	-1.980	0.310	0.158	-1.922	0.312	0.161
		（-0.648）	（0.936）	（0.613）	（-0.630）	（0.941）	（0.626）
国有企业	SOE$_{i,t-1}$	0.105	-0.009	0.016	0.114	-0.007	0.017
		（0.367）	（-0.251）	（0.583）	（0.397）	（-0.212）	（0.624）
控股股东持股比例	TOP1$_{i,t-1}$	0.134 ***	0.012 **	0.010 **	0.131 ***	0.013 **	0.010 **
		（2.858）	（2.241）	（2.242）	（2.789）	（2.271）	（2.276）

续表

变量名称	变量符号	CRASH$_{i,t}$		NCSKEW$_{i,t}$		DUVOL$_{i,t}$	
		股价暴跌哑变量		负向偏度		涨跌波动率	
		（1）	（2）	（3）	（4）	（5）	（6）
公司规模	SIZE$_{i,t-1}$	- 0.684 ***	0.027	0.027	- 0.716 ***	0.029	0.028
		（- 2.762）	（0.971）	（1.241）	（- 2.896）	（1.024）	（1.277）
负债率	LEV$_{i,t-1}$	0.068	0.183	0.084	0.553	0.136	0.046
		（0.061）	（1.417）	（0.833）	（0.478）	（1.032）	（0.444）
会计业绩	ROA$_{i,t-1}$	0.049	0.020 ***	0.018 ***	0.053	0.020 ***	0.018 ***
		（1.345）	（4.547）	（5.215）	（1.452）	（4.510）	（5.188）
成长机会	MTB$_{i,t-1}$	1.020	1.015	1.016 **	1.212 ***	1.135 ***	1.454 **
		（0.976）	（0.925）	（2.281）	（2.419）	（2.325）	（2.498）
常数项	Constant	- 6.635 ***	- 0.856 ***	- 0.653 ***	- 6.546 ***	- 0.885 ***	- 0.683 ***
		（- 5.439）	（- 6.324）	（- 6.209）	（- 5.361）	（- 6.014）	（- 5.966）
年度、季度	Year、Qua	控制	控制	控制	控制	控制	控制
行业	Ind	控制	控制	控制	控制	控制	控制
伪 R^2/调整后 R^2	Pseudo/Adj R^2	0.046	0.028	0.033	0.046	0.027	0.035
卡方值/F 值	Chi^2/F	215.1	60.09	68.45	217.9	59.18	67.85
样本量	N	19006	19006	19006	19006	19006	19006

Panel C：会计稳健性对"解押后"股价暴跌风险的中介效应检验

变量名称	变量符号	CRASH$_{i,t}$	NCSKEW$_{i,t}$	DUVOL$_{i,t}$
		股价暴跌哑变量	负向偏度	涨跌波动率
		（1）	（2）	（3）
会计稳健性	CSCORE$_{i,t}$	- 0.508 **	- 0.063 **	- 0.060 *
		（- 2.120）	（- 1.996）	（- 1.844）
质押公司	TESTFIRM	0.010 *	0.002 **	0.007 **
		（1.904）	（2.270）	（2.208）
股价暴跌	CrashRisk$_{i,t-1}$	0.130	0.074 ***	0.059 ***
		（0.993）	（6.109）	（6.342）

续表

变量名称	变量符号	$CRASH_{i,t}$	$NCSKEW_{i,t}$	$DUVOL_{i,t}$
		股价暴跌哑变量	负向偏度	涨跌波动率
		(1)	(2)	(3)
收益率均值	$AV\_RET_{i,t-1}$	42.593 **	4.536 *	2.622
		(1.987)	(1.993)	(1.496)
收益率波动	$SIGMA_{i,t-1}$	82.353 *	13.943 ***	5.497
		(1.811)	(2.765)	(1.415)
去趋势换手率	$DTURN_{i,t-1}$	−2.313	0.159	0.077
		(−0.726)	(0.438)	(0.274)
财务报告透明度	$OPACITY_{i,t-1}$	0.146	0.011	0.024
		(0.488)	(0.282)	(0.806)
国有企业	$SOE_{i,t-1}$	−0.020	−0.038 ***	−0.028 ***
		(−0.379)	(−5.668)	(−5.549)
控股股东持股比例	$TOP1_{i,t-1}$	0.040	0.015	0.023
		(0.137)	(0.407)	(0.815)
公司规模	$SIZE_{i,t-1}$	0.103 *	0.004	0.002
		(1.782)	(0.621)	(0.417)
负债率	$LEV_{i,t-1}$	−0.669 **	−0.025	−0.014
		(−2.375)	(−0.731)	(−0.527)
会计业绩	$ROA_{i,t-1}$	−0.290	0.013	−0.065
		(−0.231)	(0.088)	(−0.555)
成长机会	$MTB_{i,t-1}$	0.058	0.013 **	0.013 ***
		(1.472)	(2.547)	(3.477)
常数项	Constant	−5.984 ***	−0.653 ***	−0.512 ***
		(−4.235)	(−3.642)	(−3.707)
年度、季度	Year、Qua	控制	控制	控制
行业	Ind	控制	控制	控制
伪 R^2/调整后 R^2	Pseudo/Adj R^2	0.042	0.039	0.045
卡方值/F 值	Chi^2/F	185.4	59.18	68.55
样本量	N	19006	19006	19006

注：括号内为 z（t）统计量；***、**、* 分别表示在1%、5%和10%的水平上显著。

7.6 稳健性检验

为使本章的研究结果更加可靠，我们进行了如下的稳健性检验。

7.6.1 改变回归分析方法

1. 使用全样本进行面板固定效应分析

我们也采用全样本进行面板数据分析。主要解释变量 SP_DUM 对于季末存在控股股东股权质押的观测为 1，否则为 0。未列示的回归结果显示，SP_DUM 的回归系数在 CRASH、NCSKEW 和 DUVOL 下都为负，且均通过了1% 水平上的显著性检验，这与谢德仁等（2016）的回归结果一致，说明我们采用季度数据分析的控股股东股权质押与股价暴跌风险之间的关系与采用年度数据的结果具有一致性，也就是说，处于质押期内上市公司控股股东会致力于采用能够降低股价暴跌风险的一系列措施来维护其控制权。

2. 使用双重差分模型分析

为使结论更加稳健，我们也采用模型 7.10 所表示的双重查分（DID，Difference in Difference）方法考察控股股东股权质押对上市公司股价暴跌风险的影响：

$$\text{CrashRisk}_{i,t} = \alpha_i + \alpha_t + \beta_1 \text{TREAT} + \beta_2 \text{POST} + \beta_3 \text{TREAT} \times \text{POST} + \varepsilon_{i,t}$$

$$(7.10)$$

其中，α_i 和 α_t 分别表示公司固定效应和季度固定效应，变量 CrashRisk、TESTFIRM、POST 的定义与前文一致。如果交乘项的系数显著为正，则表示与控制组公司相比，公司在控股股东股权解押后的股价暴跌风险有所提高。表 7.10 列示了 DID 分析的回归结果。从表 7.10 可知，交乘项 TESTFIRM × POST 的回归系数为正，且至少在 5% 的水平上显著，表明上市公司股价暴跌风险会随着控股股东"无质押"到"有质押"而提高。因此，前文研究结论是稳健的。

表 7.10　　　　　控股股东股权质押与股价暴跌风险：DID 分析结果

变量名称	变量符号	CRASH$_{i,t}$	NCSKEW$_{i,t}$	DUVOL$_{i,t}$
		股价暴跌哑变量	负向偏度	涨跌波动率
		（1）	（2）	（3）
质押公司	TESTFIRM	− 0.003 **	− 0.012 **	− 0.006 ***
		（− 2.004）	（− 2.406）	（3.005）
解除质押后	POST	0.002	0.012	0.000
		（0.006）	（0.010）	（0.007）
质押公司解除质押后	TESTFIRM × POST	0.006 ***	0.010 **	0.302 **
		（3.008）	（2.012）	（2.009）
控制变量	CVs	控制	控制	控制
年、季度、行业	Yearr、Qua、Ind	控制	控制	控制
伪 R^2/调整后 R^2	Pseudo/Adj R^2	0.113	0.104	0.120
卡方值/F 值	Chi^2/F	21.225	19.092	22.017
样本量	N	20459	20459	20459

注：括号内为 z（t）统计量；*** 、** 、* 分别表示在1%、5%和10%的水平上显著。

7.6.2　内生性问题

理论上，可能存在某类特征的上市公司容易被控股股东质押和通过质权人审核，而具有这类特征的公司也具有较低股价暴跌风险，导致遗漏变量和反向因果的内生性问题。鉴于此，我们采用两阶段（2SLS）模型予以解决。在第一阶段回归中，采用 Probit 回归方法，以质押期内季度虚拟变量（CONT）和解押后季度虚拟变量（POST）分别为被解释变量，以融资约束（FC）、资产担保能力（COLL）、信用评级（Z）、资本市场态势（BULL）、货币市场态势（MP）及公司特征（控股股东持股比例、产权性质、公司规模、负债率、盈利能力、公司年龄、成长性、审计意见、行业等）为自变量和控制变量，具体模型设计参见模型 3.1；在第二阶段，我们采用第一阶段回归得到的股权质押变量的预测值代替实际值重新对模型 7.1 进行回归，第二阶段的回归结果见表 7.11。从表 7.11 可知，CONT 预测值的回归系数在 1% 的水平上显著为负，POST 预测值的回归系数在 1% 的水平上显著为正，表明与非质押公司相比，控股股东股权质押期内的股价暴跌风险较低，解押后的股价暴跌风险较高，研究结论稳健。

表 7.11　控股股东股权质押与股价暴跌风险 2SLS 回归——第二阶段结果

变量名称	变量符号	(1) CRASH$_{i,t}$		(2) NCSKEW$_{i,t}$		(3) DUVOL$_{i,t}$	
		系数	Z 值	系数	T 值	系数	T 值
上一期股价暴跌风险	CrashRisk$_{i,t-1}$	0.009**	(2.076)	0.051***	(5.497)	0.046***	(5.025)
某季度存在股权质押的概率	CÔNT$_{i,t}$	-0.078***	(-2.993)	-0.009***	(-2.664)	-0.007***	(-2.721)
某季度为解除质押后的季度概率	PÔST$_{i,t}$	0.884***	(2.759)	0.383***	(2.585)	0.295***	(2.583)
收益率均值	AV_RET$_{i,t-1}$	0.992	(0.547)	1.375***	(4.605)	0.894***	(4.441)
收益率波动	SIGMA$_{i,t-1}$	-0.682	(-0.073)	9.159***	(5.672)	5.672***	(5.205)
去趋势换手率	DTURN$_{i,t-1}$	-4.201	(-1.359)	-0.81	(-1.518)	-0.288	(-0.801)
财务报告透明度	OPACITY$_{i,t-1}$	0.164	(0.804)	0.069*	(1.875)	0.042*	(1.704)
国有企业	SOE$_{i,t}$	-1.448	(-1.028)	-0.886***	(-3.329)	-0.637***	(-3.546)
控股股东持股比例	TOPI$_{i,t-1}$	0.016	(0.067)	-0.046	(-1.062)	-0.038	(-1.323)
公司规模	SIZE$_{i,t-1}$	-0.005	(-0.117)	0.029***	(4.114)	0.018***	(3.758)
负债率	LEV$_{i,t-1}$	1.343	(1.240)	0.701***	(3.416)	0.514***	(3.707)
会计业绩	ROA$_{i,t-1}$	-3.184	(-1.498)	-0.704*	(-1.721)	-0.562**	(-2.035)
成长机会	MTB$_{i,t-1}$	0.06	(1.621)	0.067***	(9.495)	0.047***	(10.016)
常数项	Constant	-3.969*	(-1.773)	-2.333***	(-5.545)	-1.531***	(-5.390)
年度、季度	Year, Qua	控制		控制		控制	
行业	Ind	控制		控制		控制	
伪 R²/调整后 R²	Pseudo/Adj R²	0.037		0.074		0.081	
卡方值/F 值	Chi²/F	261.9		25.96		28.19	
样本量	N	81002		81002		81002	

注：第 1 列括号内为 z 统计量，第 2 列和第 3 列括号内为 t 统计量；***、**、* 分别表示在 1%、5% 和 10% 的水平上显著。

7.7 本章小结

本章以 2004～2015 年我国沪、深两市 A 股非金融类上市公司为样本，研究了控股股东股权质押与股价暴跌风险之间的关系，并检验了盈余预测质量、盈余管理、会计稳健性在控股股东股权质押与股价暴跌风险间的中介效应。研究发现：（1）与非质押公司相比，上市公司在控股股东股权质押期内的股价暴跌风险较低，即控股股东股权质押与股价暴跌风险显著负相关，符合"控制权转移规避"假设，其原因在于，管理层在控股股东股权质押前和质押期内发布的"乐观偏差"盈余预测、实施的正向盈余管理行为和采用不稳健会计政策能够在"短期内"抑制质押期内的股价暴跌风险，使得处于控股股东股权质押期内的上市公司股价暴跌风险（与非质押公司相比）相对较低；（2）控股股东股权解押后，上市公司的股价暴跌风险随即提高，且高于非质押公司，其原因在于，管理层在控股股东股权质押前和质押期内发布的"乐观偏差"盈余预测在控股股东股权解押后得以"纠正"，管理层在控股股东股权质押前和质押期内实施的正向盈余管理所依赖的应计项目在解押后也将发生"反转"，同时，上市公司会计稳健性开始恢复到非质押状态的"正常"水平，由此导致控股股东股权解押后的上市公司股价暴跌风险（与非质押公司相比）相对较高。最后，我们在采用 2SLS 方法控制遗漏变量带来的内生性问题后，上述研究结论仍成立。

本章研究给我们的启示是：股权质押与股价暴跌风险之间的关系在质押期内和解押后截然相反，说明投资者一方面要认识到控股股东致力于降低公司股价暴跌风险而做的努力，另一方面也要密切关注控股股东股权解押后的行为，以防止股价暴跌的发生而引致投资损失。

8

研究结论、局限性与未来研究方向

8.1　研究结论

本书以我国 2004～2015 年沪、深两市 A 股非金融类上市公司为研究样本，运用迪琼（Dechow，1995）提出的修正 Jones 模型、巴苏（Basu，1997）提出的 Basu 模型、泊和司瓦库马（Ball and Shivakumar，2005）提出的应计——现金流模型和收益反转模型、堪和瓦茨（Khan and Watts，2009）提出的会计稳健性指数模型等模型，实证研究了控股股东股权质押对管理层盈余预测（代表信息披露行为）、盈余管理、会计稳健性（代表上市公司财务报告特征）和股价暴跌风险的影响。

通过本书的实证分析，我们得到如下几点发现：

第一，在控股股东股权质押的影响因素方面，融资动机是控股股东进行股权质押的首要动机，表现为融资约束程度越严重、资产担保能力越低、信用等级越低、现金流越少、公司治理和盈利能力越差的上市公司，其控股股东股权质押的动机和规模越大。此外，上市公司控股股东质押动机和质押规模在牛市时期大于熊市时期，货币政策宽松时期大于货币政策紧缩时期。

第二，在控股股东股权质押的经济后果方面，控股股东股权质押对上市公司管理层盈余预测、盈余管理、会计稳健性和股价暴跌风险都产生了显著影响。首先，管理层在控股股东质押期前会发布"好消息"和"乐观偏差"盈余预测，同时实施正向的应计和真实盈余管理行为，目的是帮助控股股东获得质押资格和更多的质押融资。其次，控股股东股权质押对上市公司会计稳健性会产生持续、动态的影响，表现为：从横截面分析看，与非质押公司相比，上市公司在质押前和质押期内具有较低的会计稳健性，解押后的会计稳健性恢复到与非质押公司基本一致的水平；从时间序列分析看，股权质押公司的会计稳健性在质押前最低，质押期内略有提高，解押后有显著提高。最后，控股股东股权质押不仅会直接影响上市公司股价暴跌风险，还会通过管理层盈余预测、盈余管理和会计稳健性三种途径间接影响上市公司的股价暴跌风险，表现为与非质押公司相比，股权质押公司在控股股东股权质押期内具有相对更低的股价暴跌风险；而待到控股股东股权解除质押后，上市公司的股价暴跌风险又会随即上升，且高于非质押公司；同时，盈余预测和会计稳健性发挥了部分中介效应，而盈余管理发挥了完全中介效应。这意味着，上市公司在控股股东在质押期内所具有的降低的股价暴跌风险实际上是控股股东规避其控制权转移的一个"缓兵之计"。

根据上述研究结论，提出如下建议：

第一，建立健全上市公司融资渠道。由于融资约束是促使上市公司控股股东进行股权质押的主要动因，而资产担保能力低和信用等级低的公司不能通过传统融资渠道获得资金，导致控股股东不得不进行股权质押。因此，我国应逐步建立和完善包括正式融资和非正式融资在内的多样化融资体现，以缓解企业融资约束。

第二，质权人应加强事前审查和事后监督。一方面，控股股东为获得质押资格和更多的质押融资，会要求管理层在其质押前发布"好消息"和"乐观偏差"盈余预测，同时也可能进行正向的盈余管理来操纵利润，因此，质权人应加强对质押业务的尽职调查，防范上市公司事前的机会主义信息披露（特别是管理层盈余预测）行为和财务报告操纵（特别是盈余管理）行为；另一方面，控股股东股权质押会受市场态势影响，因此，质权人应根据出质股权质量等方面因素（而不是简单采用上市板块或行业）设定动态质押率，通过实时监测质押股票市值来保障自身利益。

第三，中小投资者和机构投资者应认识到控股股东股权质押与上市公司信息披露策略（管理层盈余预测）、会计信息质量（盈余管理、会计稳健性）和股价暴跌风险的关系，从而可以根据控股股东股权质押所处的阶段推断控股股东的动机，进而采取不同的投资策略。

8.2 局限性与未来研究方向

尽管本书对中国上市公司股权质押行为的影响因素和经济后果进行了较为全面和深入的分析,但由于数据的限制仍存在如下方面的一些局限性:

(1)本书所分析的股东的股权质押,仅仅是指在国家股权登记结算中心有过登记的上市公司股份被质押情况,并未涵盖在国家工商行政管理部门登记的非上市公司的股权质押。

(2)由于上市公司股权质押信息披露的不完备性,可能会影响本文实证分析结果。

(3)鉴于控股股东在上市公司中扮演着十分重要和关键的角色,本书对上市公司股权质押的分析还仅限于控股股东的质押,并采用上市公司第一大股东作为控股股东的替代变量,这与控股股东相关研究存在一定的差异。

(4)本书的实证研究发现,上市公司在控股股东股权质押期间具有较低的股价暴跌风险,但理论研究中的股价暴跌风险与实际发生暴跌存在一定的差异,所以,投资者在投资这类股票时仍然应该保持应有的谨慎;同时,尽管投资于股权质押类股票有风险,但机会与风险可能并存。例如,考虑到大股东为防范其控制权被转移而进行市值管理,以及政府不愿意看到股权质押爆仓危及金融系统的流动性而采取一些稳定市场的措施,如果投资者事先在股价接近或已经跌破"警戒线"或"平仓线"时买入,投资者就有望从大股东的自救和政府救市行为中等待股价的回升从而获益。因此,股权质押是一把"双刃剑",其在为控股股东或上市公司拓宽资金来源的同时,也会由于上市公司经营不当或管理漏洞而导致上市公司经营过程中不确定性因素的增加,引发股价暴跌,甚至发生控股股东发生变更的风险。因此,控股股东应慎用股权质押进行融资。

我们认为,为满足中国上市公司及其股东的融资需求,应坚持发展股权质押贷款,完善相关制度设计,但还需要从以下几方面努力:

(1)进一步健全股权质押服务体系,加快建设网络信息平台,发展市场化的中介机构对上市公司股权价值进行评估。

(2)完善质权人利益保障体系,提高质权人监督上市公司及质押股东的行为，加强对质押资金用途和流向的监督。

（3）完善现行股权质押法律和制度，逐步规范和明确可质押股权范围，包括应将控股股东股权质押比例和质押股东在股东大会上的投票权限定在合理的范围内等。

鉴于控股股东在中国上市公司中具有重要作用，而股权质押已成为上市公司和控股股东的重要融资来源，本研究关注了控股股东股权质押对上市公司信息披露、会计信息质量和个股股价暴跌风险的影响，但这几个话题仅仅是局部问题，未来研究方向包括从中观层面研究股权质押对整个金融市场和证券市场的影响，未来的研究还需要从更为宏观的视角把握股东股权质押的经济后果，以及研究金融机构质权人在股权质押业务上的收益与风险。

附　录

附录1

表 2. 2　　　　　　中国上市公司股东股权质押的年度分布

Panel A：中国上市公司历年质押规模

年份	质押公司数（家）	历年上市公司数（家）	占上市公司比例（％）	按市场类型划分		股数（亿股）	质押次数（次）	市值（亿元）
				沪市（家）	深市（家）			
2004	149	1373	10. 85	99	52	92. 46	412	555. 73
2005	256	1377	18. 59	170	88	184. 58	438	784. 08
2006	261	1421	18. 37	169	94	188. 84	462	1039. 70
2007	259	1530	16. 93	160	101	206. 81	529	2936. 50
2008	325	1604	20. 26	188	139	288. 17	710	2911. 50
2009	366	1700	21. 53	202	166	398. 26	977	4172. 40
2010	413	2063	20. 02	181	233	412. 55	1061	5334. 50
2011	567	2342	24. 21	196	374	555. 05	1607	7236. 30
2012	690	2494	27. 67	221	471	747. 18	2119	6695. 90
2013	893	2489	35. 88	242	652	915. 29	2808	9394. 40
2014	1025	2613	39. 23	243	784	1169. 30	4073	13776. 00
2015	1157	2728	42. 41	343	1002	1605. 50	4504	33522. 00
合计	—	—	—	—	—	6764. 00	19700	88358. 00

Panel B：股权质押次数的具体划分（对 Panel A 中第 8 列"质押次数"的具体细分）

单位：家

年份	板块			出质人类型		控股股东性质				质权人类型		
	主板	中小板	创业板	控股股东	其他股东	国有	中央	地方	民营	银行	证券	其他
2004	244	168	0	264	148	136	5	131	276	368	0	44
2005	286	152	0	292	146	165	7	158	273	379	0	59
2006	287	175	0	334	128	144	5	139	318	395	0	67
2007	354	175	0	402	126	146	4	142	383	425	0	104
2008	445	265	0	568	142	174	18	156	536	545	1	164
2009	577	400	0	771	206	207	13	194	770	698	3	276
2010	483	540	38	829	232	200	13	187	861	634	11	416
2011	540	934	133	1202	405	252	12	240	1355	764	2	841
2012	707	1171	241	1537	582	271	15	256	1848	921	38	1160
2013	681	1547	580	1972	836	288	17	271	2520	999	870	939
2014	853	2310	910	2928	1144	338	20	318	3735	1228	2124	721
2015	1041	2303	1160	3310	1194	277	19	258	3721	1316	2514	674
合计	6498	10140	3062	14409	5289	2598	148	2450	16596	8672	5563	5465

Panel C：年度质押次数

年度	均值	中位数	最小值	最大值	质押次数最大值对应的公司及代码
2004	2.51	2	1	6	鲁商置业，*ST 金化（600722）
2005	2.70	2	1	8	平高电气（600312）
2006	2.94	2	1	11	吉林敖东（000603）
2007	5.07	3	1	33	新湖中宝（600208）
2008	5.16	3	1	20	新湖中宝，士兰微（600460）
2009	6.16	4	1	38	新湖中宝

年度	均值	中位数	最小值	最大值	质押次数最大值对应的公司及代码
2010	5.40	4	1	27	新湖中宝,上海莱士
2011	6.65	4	1	40	新湖中宝
2012	8.20	5	1	64	上海莱士(002252)
2013	7.26	5	1	34	上海莱士
2014	8.42	6	1	62	上海莱士
2015	4.93	4	1	19	新湖中宝
合计	5.45	4	1	64	

注：数据来源同图 2.1~图 2.4。

表 2.3　　　　　上市公司控股股东股权质押的质权人分布　　　　　单位：家

年份	自然人	普通公司	信托(投资)	证券公司	银行	合计
2004	1	11	9	0	244	265
2005	13	25	20	0	437	495
2006	9	18	32	1	453	513
2007	10	41	56	0	498	605
2008	13	40	131	1	607	792
2009	35	41	212	3	733	1024
2010	27	40	355	13	667	1102
2011	60	22	789	3	799	1673
2012	71	34	1069	38	953	2165
2013	61	61	841	921	1117	3001
2014	43	67	552	2215	1320	4197
2015	92	54	389	2317	1219	4071
合计	435	454	4455	5512	9047	19903

注：数据来源同图 2.2。

表 3.1　　　　　　　股东股权质押与其他融资工具的融资规模比较　　　　　单位：亿元

项目	2004 年	2005 年	2006 年	2007 年	2008 年	2009 年
股权质押	222.292	313.632	415.88	1174.60	1164.60	1668.96
银行借款	10721.430	11789.530	14472.94	19585.48	25361.98	30863.69
公司债	45.000	177.000	160.00	300.80	1143.75	1807.00
首发	342.460	52.730	1642.56	4469.96	1034.38	1882.97
项目	2010 年	2011 年	2012 年	2013 年	2014 年	2015 年
股权质押	2133.800	2894.520	2678.36	3757.76	5510.40	13408.80
银行借款	37221.460	46512.660	53427.35	61503.80	67595.88	75571.89
公司债	1157.900	2605.100	6597.85	5754.40	6446.35	1169.60
首发	4885.830	2705.280	995.05	0.00	668.89	1578.29

表 4.13　　　　　　　　　　　中国上市公司业绩预告制度演变

时间	制度	发布机构	政策文件	具体要求
1998 年 12 月	年报预亏	证监会	《股票发行与交易管理暂行条例》	发生连续三年亏损或当年可能发生重大亏损的情况，应在年报披露前及时发布年报业绩预警
2000 年 12 月	当年亏损	上交所深交所	—	对当年（2000 年）发生亏损的情况，应在会计期间结束后两个月内业绩预告
2001 年 7 月	中报预亏	上交所深交所	《关于做好 2001 年中期报告的通知》	如果预计 2001 年中报将出现亏损或业绩大幅度下降，应在 7 月 31 日前及时发布预告
2001 年 12 月	年报预警	上交所深交所	《关于做好 2001 年年度报告工作的通知》	增加"预亏、预增、业绩大幅度上升"的业绩预告要求。具体要求在 2001 年会计年度结束后，如果上市公司预计可能发生亏损，或者盈利水平较上年度发生大幅度变动（会计利润增减 50% 或以上）（基数较小公司可予以豁免），应当在年度结束后 30 个工作日及时刊登业绩公告

时间	制度	发布机构	政策文件	具体要求
2002 年 6 月	季报预告	证监会	—	确定"前一季度预告后一季度业绩"的原则
2006 年 5 月	年度预告	上交所	《上海证券交易所股票上市规则》第五次修订	增加"扭亏为盈",规定业绩预告公告的刊登时间最迟不得晚于该报告期结束后一个月
2006 年 7 月	年报和季报	深交所	《深圳证券交易所业绩预告、业绩快报披露工作指引》	若深交所主板上市公司净利润为负,扭亏为盈,或业绩变动(上升或下降)幅度超过 50%,则发布业绩预告

注：①部分资料来源于张翼和林小驰（2005）、李常青和滕明慧（2013）以及宋云玲等（2011）。

②豁免标准为：税前每股收益绝对值低于 0.05 元。

参 考 文 献

中文文献

［1］艾大力，王斌．论大股东股权质押与上市公司财务：影响机理与市场反应［J］．北京工商大学学报报，（社会科学版），2012，27（4）：72－76.

［2］白晓宇．上市公司信息披露政策对分析师预测的多重影响研究［J］．金融研究，2009（4）：92－112.

［3］白雪莲，张俊瑞，王鹏．分析师预测与管理层盈余预测策略［J］．山西财经大学学报，2012（7）：87－95.

［4］蔡宁，魏明海．"大小非"减持中的盈余管理［J］．审计研究，2009（2）：40－49.

［5］蔡宁．信息优势、择时行为与大股东内幕交易［J］．金融研究，2012（5）：179－192.

［6］陈国进，张贻军，王磊．股市崩盘现象研究述评［J］．经济学动态，2008（11）：116－120.

［7］陈国进，张贻军．异质信念、卖空限制与我国股市的暴跌现象研究［J］．金融研究，2009（4）：80－91.

［8］陈国进，张贻军，刘淳．机构投资者是股市暴涨暴跌的助推器吗？［J］．金融研究，2010（11）：45－59.

［9］陈翔宇，万鹏．代理成本、媒体关注与股价暴跌风险［J］．会计与经济研究，2016，30（3）：45－65.

［10］程六兵，刘峰．银行监管与信贷歧视——从会计稳健性的视角［J］．会计研究，2013（1）：28－34，95.

［11］陈焰华．质押资金投向、股权质押与公司绩效——基于我国上市公

司控股股东股权质押的实证研究［D］．浙江工商大学硕士学位论文，2015.

［12］陈佳．民营上市公司大股东股权质押的盈余管理动机研究［D］．湘潭大学硕士学位论文，2015.

［13］陈潇楠．上市公司财务重述与大股东股权质押［D］．南京大学硕士学位论文，2015.

［14］董红星．大股东控制与会计稳健性——来自中国 A 股上市公司的实证检验［J］．山西财经大学学报，2009，31（1）：117－124.

［15］丁宏娇．外部治理环境、控股股东股权质押与现金股利政策——基于 2007～2012 年 A 股上市公司经验数据［D］．浙江工商大学硕士学位论文，2015.

［16］高敬忠，周晓苏．管理层盈余预告消息性质与预告方式操控性选择［J］．商业经济与管理，2009（11）：89－96.

［17］高敬忠，韩传模，王英允．控股股东行为与管理层业绩预告披露策略——以我国 A 股上市公司为例［J］．审计与经济研究，2013（4）：75－83.

［18］顾小龙，李天钰，辛宇．现金股利、控制权结构与股价崩盘风险［J］．金融研究，2015（5）：152－169.

［19］顾小龙，辛宇．实际控制人的股权特征与股价崩溃风险［J］．当代财经，2016（1）：48－62.

［20］龚琼．我国上市公司大股东股权质押的动机及后果［J］．当代经济，2016（20）：12－13.

［21］郝项超，梁琪．最终控制人的股权质押损害公司价值么？［J］．会计研究，2009（7）：57－63.

［22］何娜娜．控股股东股权质押对公司绩效的影响分析［D］．湖南大学硕士学位论文，2010.

［23］贺国生，谢锋，肖瑶．国有、民营控股公司股价对"好"信息的不同反应分析［J］．金融研究，2013（11）：167－179.

［24］黄志忠，韩湘云．大股东股权质押、资金侵占与盈余管理［J］．当代会计评论，2014，7（2）：19－34.

［25］黄莉．国内信托公司股权质押融资业务风险管理研究［D］．上海交通大学 MBA 论文，2013.

［26］胡奕明，林文雄，李思琦，谢诗蕾．大贷款人角色：我国银行具有监督作用吗？［J］．经济研究，2008（10）：52 – 64.

［27］胡志华．上市公司股权结构与股权质押相关关系的实证研究［D］．新疆财经大学硕士学位论文，2009.

［28］姜付秀，马云飙，王运通．退出威胁能抑制控股股东私利行为吗？［J］．管理世界，2015（5）：147 – 159.

［29］李旎，郑国坚．市值管理动机下的控股股东股权质押融资与利益侵占［J］．会计研究，2015（5）：42 – 49.

［30］李馨子，肖土盛．管理层业绩预告有助于分析师盈余预测修正吗？［J］．南开管理评论，2015，18（2）：30 – 35.

［31］李永伟．控股股东股权质押动机及经济后果研究［D］．复旦大学博士学位论文，2007.

［32］李永伟，李若山．上市公司股权质押下的"隧道挖掘"——明星电力资金黑洞案例分析［J］．财务与会计，2007（1）：39 – 42.

［33］李增泉，卢文彬．会计盈余的稳健性：发现与启示［J］．会计研究，2003（2）：19 – 27.

［34］李增泉，孙铮，王志伟．"掏空"与所有权安排——来自我国上市公司大股东资金占用的经验证据［J］．会计研究，2004（12）：3 – 13.

［35］李增福，郑友环．避税动因的盈余管理方式比较——基于应计项目操控和真实活动操控的研究［J］．财经研究，2010（6）：80 – 89.

［36］李增福，郑友环，连玉君．股权再融资、盈余管理与上市公司业绩滑坡——基于应计项目操控与真实活动操控方式下的研究［J］．中国管理科学，2011（2）：49 – 56.

［37］李志文，宋云玲．中国上市公司盈余和盈余构成的错误定价——来自 A 股市场的经验证据［J］．中国会计评论，2009（1）：53 – 66.

［38］黎来芳．商业伦理、诚信义务与不道德控制——鸿仪系"掏空"上市公司的案例研究［J］．会计研究，2005（11）：8 – 14.

［39］廖理，刘碧波，郦金梁．道德风险、信息发现与市场有效性——来自于股权分置改革的证据［J］．金融研究，2008（4）：146 – 160.

［40］廖凯敏，陈焰华，丁宏娇，张瑞雪，董陈萍，李蓉．控股股东股权

质押对现金股利分配倾向的影响研究［J］. 中国管理信息化，2014（17）：116－118.

［41］刘永涛，翟进步，王玉涛. 新会计准则的实施对企业盈余管理行为的影响——来自中国上市公司的实证证据［J］. 经济理论与经济管理，2011（11）：55－67.

［42］刘运国，吴小蒙，蒋涛. 产权性质、债务融资与会计稳健性——来自中国上市公司的经验证据［J］. 会计研究，2010（1）：43－50.

［43］刘媛. 大股东股权质押对上市公司价值的影响——以亚星化学为例［D］. 浙江财经大学硕士学位论文，2013.

［44］刘维奇，牛晋霞，张信东. 股权分置改革与资本市场效率——基于三因子模型的实证检验［J］. 会计研究，2010（3）：65－72，97.

［45］刘文军. 会计稳健性与银行借款合约［J］. 山西财经大学学报，2014（7）：105－114.

［46］吕长江，肖成民. 民营上市公司所有权安排与掏空行为——基于阳光集团的案例研究［J］. 管理世界，2006（10）：28－38.

［47］陆正飞，魏涛. 配股后业绩下降：盈余管理后果与真实业绩滑坡［J］. 会计研究，2006（8）：52－59，97.

［48］陆正飞，王鹏. 同业竞争、盈余管理与控股股东利益输送［J］. 金融研究，2013（6）：179－192.

［49］马永强，赖黎，曾建光. 盈余管理方式与信贷资源配置［J］. 会计研究，2014（12）：39－45，95.

［50］毛新述，戴德明. 会计制度改革、盈余稳健性与盈余管理［J］. 会计研究，2009（12）：38－46，96.

［51］莫小东，蔡幸. 控股股东增持：宣告动因背后的私人动因［J］. 投资研究，2016（3）：119－129.

［52］潘越，戴亦一，林超群. 信息不透明、分析师关注与个股暴跌风险［J］. 金融研究，2011（9）：138－151.

［53］齐伟山，欧阳令南. 超额应计项目的反转特征与市场价值评估［J］. 管理科学，2005（1）：74－78.

［54］权小锋，吴世农，尹洪英. 企业社会责任与股价崩盘风险："价值

利器"或"自利工具"？[J]．经济研究，2015（11）：49-64．

[55] 屈文洲，谢雅璐，叶玉妹．信息不对称、融资约束与投资—现金流敏感性——基于市场微观结构理论的实证研究 [J]．经济研究，2011（6）：105-117．

[56] 任和．大股东股权质押动机及经济后果研究 [J]．商业会计，2014（12）：75-76．

[57] 宋云玲，李志文，纪新伟．从业绩预告违规看中国证券监管的处罚效果 [J]．金融研究，2011（6）：136-149．

[58] 施丹，姜国华．会计信息在公司债信用等级迁移中的预测作用研究 [J]．会计研究，2013（3）：43-50．

[59] 沈红波，寇宏，张川．金融发展、融资约束与企业投资的实证研究 [J]．中国工业经济，2010（6）：55-64．

[60] 沈华玉，吴晓晖．上市公司违规行为会提升股价崩盘风险吗 [J]．山西财经大学学报，2017（1）：83-94．

[61] 沈烈，张西萍．新会计准则与盈余管理 [J]．会计研究，2007（2）：2-58．

[62] 苏冬蔚，熊家才．股票流动性、股价信息含量与 CEO 薪酬契约 [J]．经济研究，2013（11）：56-70．

[63] 唐宗明，蒋位．中国上市公司大股东侵害度实证分析 [J]．经济研究，2002（4）：44-50．

[64] 陶洪亮，申宇．股价暴跌、投资者认知与信息透明度 [J]．投资研究，2011（10）：66-77．

[65] 谭燕，吴静．股权质押具有治理效用吗？——来自中国上市公司的经验证据 [J]．会计研究，2013（2）：45-53．

[66] 田昆儒，王晓亮．定向增发、盈余管理与长期股票收益 [J]．财贸研究，2014（5）：147-156．

[67] 佟岩，王化成．关联交易、控制权收益与盈余质量 [J]．会计研究，2007（4）：75-82，96．

[68] 王斌，蔡安祥，冯洋．大股东股权质押、控制权转移风险与公司业绩 [J]．系统工程理论与实践，2013，33（7）：1762-1773．

［69］王斌，宋春霞．大股东股权质押、股权性质与盈余管理方式［J］．华东经济管理，2015，29（8）：118－128.

［70］王俊秋，花贵如，姚美云．投资者情绪与管理层业绩预告策略［J］．财经研究，2013（10）：76－90.

［71］王化成，曹丰，叶康涛．监督还是掏空：大股东持股比例与股价崩盘风险［J］．管理世界，2015（2）：45－57，187.

［72］王彦超．融资约束、现金持有与过度投资［J］．金融研究，2009（9）：121－133.

［73］王冲，谢雅璐．会计稳健性、信息不透明与股价暴跌风险［J］．管理科学，2013，26（1）：68－79.

［74］王化成，佟岩．控股股东与盈余质量——基于盈余反应系数的考察［J］．会计研究，2006（2）：66－74，97.

［75］王新红，李妍艳．大股东股权特征与股权质押：基于中小板上市公司的分析［J］．商业研究，2016（6）：116－121.

［76］王艳艳，于李胜，王晓珂．会计稳健性、贷款抵押与银企所有权模式［J］．会计研究，2014（12）：11－17，95.

［77］王玉涛，王彦超．业绩预告信息对分析是预测行为有影响吗？［J］．金融研究，2012（6）：193－206.

［78］王玉春，张玲玉．企业盈余管理行为对信贷融资的影响［J］．商业经济与管理，2016（4）：90－97.

［79］王志诚，赵士波，田昆．股票质押贷款的实证研究［J］．经济科学，2002（1）：73－84.

［80］王擎．股市暴涨暴跌的界定及比较——以中国、美国、英国、日本股市为例［J］．财经科学，2011（8）：17－25.

［81］王志诚．股票质押贷款质押率评定的 VaR 方法［J］．金融研究，2003（12）：64－71.

［82］王庆文．会计盈余质量对未来会计盈余及股票收益的影响——基于中国股票市场的实证研究［J］．金融研究，2005（10）：141－152.

［83］闻岳春，夏婷．大股东股权质押对公司价值影响的机理分析与研究综述［J］．上海金融学院学报，2016（2）：5－13.

[84] 吴德胜, 王栋. 中国业绩型股权激励公告前的盈余操纵 [J]. 审计与经济研究, 2015 (5): 66 – 75.

[85] 吴静. 控股股东股权质押等于"掏空"吗?——基于中国上市公司股权质押公告的实证分析 [J]. 经济论坛, 2016 (8): 65 – 70.

[86] 吴克平, 于富生. 新会计准则对盈余管理影响的实证研究 [J]. 山西财经大学学报, 2013 (2): 107 – 115.

[87] 夏立军, 陈信元. 市场化进程、国企改革策略与公司治理结构的内生决定 [J]. 经济研究, 2007, 471 (7): 82 – 95, 136.

[88] 解维敏, 方红星. 金融发展、融资约束与企业研发投入 [J]. 金融研究, 2011 (5): 171 – 183.

[89] 谢金贤. 台湾上市公司董事会股权结构及持股质押因素与企业风险因素、经营绩效关联性之研究 [D]. 厦门大学博士学位论文, 2001.

[90] 谢获宝, 张茜, 李艳华. 盈余稳健性: 内涵、影响因素、使用度和政策建议 [J]. 华东经济管理, 2012, 26 (4): 97 – 100.

[91] 谢雅璐, 王冲. 媒体治理、信息不对称与股价暴跌风险 [J]. 山西财经大学学报, 2014, 36 (7): 36 – 47.

[92] 谢雅璐. 会计稳健性与管理层盈余预测策略——来自中国证券市场的实证研究 [J]. 山西财经大学学报, 2012, 34 (9): 104 – 114.

[93] 谢德仁. 会计准则、资本市场监管规则与盈余管理之遏制: 来自上市公司债务重组的经验证据 [J]. 会计研究, 2011 (3): 19 – 26, 94.

[94] 谢德仁, 郑登津, 崔宸瑜. 控股股东股权质押是潜在的"地雷"吗? [J]. 管理世界, 2016 (5): 128 – 140.

[95] 谢德仁, 廖珂, 郑登津. 控股股东股权质押与开发支出会计政策稳性选择 [J]. 会计研究, 2017 (3): 30 – 38.

[96] 谢德仁, 陈运森. 金融生态环境、产权性质与负债的治理效应 [J]. 经济研究, 2009 (5): 118 – 129.

[97] 辛宇, 李天钰, 吴雯敏. 上市公司的并购、估值与股价崩溃风险研究 [J]. 中山大学学报 (社会科学版), 2015 (3): 200 – 212.

[98] 徐朝辉, 周宗放. 融资需求驱动下的盈余管理对公司信用风险的影响研究 [J]. 管理评论, 2016 (7): 12 – 21.

［99］徐焱军，刘国常．年内各季度盈余管理程度的差异［J］．山西财经大学学报，2010，32（8）：110－117．

［100］徐寿福，贺学会，陈晶萍．股权质押与大股东双重择时动机［J］．财经研究，2016（6）：74－86．

［101］徐昕，沈红波．银行贷款的监督效应与盈余稳健性——来自中国上市公司的经验证据［J］．金融研究，2010（2）：102－111．

［102］杨棉之，李鸿浩，刘骁．盈余持续性、公司治理与股价崩盘风险——来自中国证券市场的经验证据［J］．现代财经，2017（1）：27－39．

［103］杨世忠．企业会计信息供需博弈关系分析［J］．会计研究，2007（4）：34－40．

［104］于蔚，汪淼军，金祥荣．政治关联和融资约束：信息效应与资源效应［J］．经济研究，2012（9）：125－139．

［105］叶康涛，陆正飞．中国上市公司股权融资成本影响因素分析［J］．管理世界，2004（5）：127－131，142．

［106］叶颖玫．信息披露质量与股价暴跌风险［J］．会计论坛，2016（1）：108－122．

［107］于忠泊，田高良，张咏梅，曾振．会计稳健性与投资者保护：基于股价信息含量视角的考察［J］．管理评论，2013（3）：146－158．

［108］章卫东．定向增发新股与盈余管理——来自中国证券市场的经验证据［J］．管理世界，2010（1）：54－63，73．

［109］张先忧．现代企业股权融资的若干思考［J］．上海金融，2008（1）：61－64．

［110］张兆国，刘永丽，谈多娇．管理者背景特征与会计稳健性——来自中国上市公司的经验证据［J］．会计研究，2011（7）：11－18，97．

［111］张祥建，郭岚．盈余管理与控制性大股东的"隧道行为"——来自配股公司的证据［J］．南开经济研究，2007（6）：76－93．

［112］张然，张鹏．中国上市公司自愿业绩预告动机研究［J］．中国会计评论，2011，9（1）：3－20．

［113］张翼，林小驰．公司治理结构与管理层盈余预测［J］．中国会计评论，2005（2）：241－252．

［114］张桂枝. YH 公司股权质押前后大股东利益侵占程度变动研究
［D］. 湖南大学 MPACC 论文, 2014.

［115］张陶勇, 陈焰华. 股权质押、资金投向与公司绩效——基于我国
上市公司控股股东股权质押的经验数据［J］. 南京审计学院学报, 2014 (6):
63 – 70.

［116］张龙平, 潘临, 欧阳才越, 熊家财. 控股股东股权质押是否影响
审计师定价策略?——来自中国上市公司的经验证据［J］. 审计与经济研究,
2016 (6): 35 – 45.

［117］张子健, 陈效东. 控股股东、现金股利与会计稳健性［J］. 管理
评论, 2013 (10): 153 – 165.

［118］郑国坚, 林东杰, 林斌. 大股东股权质押、占款与企业价值［J］.
管理科学学报, 2014, 17 (9): 72 – 87.

［119］周玮, 徐玉德. 会计稳健性与公司债务融资行为研究［J］. 财政
研究, 2014 (7): 72 – 75.

［120］周冬华, 赵玉洁. CEO 权力、董事会稳定性与管理层业绩预告
［J］. 当代财经, 2013 (10): 118 – 129.

［121］皱萍. 股价崩盘风险与资本结构调整——来自我国上市公司的经
验证据［J］. 投资研究, 2013 (12): 119 – 135.

［122］朱茶芬, 李志文. 国家控股对会计稳健性的影响［J］. 会计研究,
2008 (5): 38 – 45, 95.

［123］刘旻, 蒋正华, 王建伟. 中国上市公司盈利管理与股票价格关系
的实证研究［J］. 系统工程, 2005 (4): 39 – 43.

［124］谢华, 黄必一. 我国上市公司盈余管理对股价影响的实证分析
［J］. 上海金融学院学报, 2010 (5): 74 – 80.

英文文献

［1］Aboody, D. , Kasznik, R. CEO Stock Option Awards and the Timing of
Corporate Voluntary Disclosures ［J］. *Journal of Accounting and Economics*, 2000,
29 (1): 73 – 100.

[2] Aharony J. , Lee C. J. , Wong T. J. Financial packaging of IPO firms in China [J]. *Journal of Accounting Research*, 2000, 38 (1): 103 – 126.

[3] Ahmed, A. S. , Duellman, S. Accounting Conservatism and Board of Director Characteristics: An Empirical Analysis [J]. *Journal of Accounting and Economics*, 2007, 43 (2 –3): 11 –437.

[4] Ahmed, A. S. , Duellman, S. Managerial Overconfidence and Accounting Conservatism [J]. *Journal of Accounting Research*, 2013, 51 (1): 1 –30.

[5] Ajinkya, B. B. , Gift M. J. Corporate Managers' Earnings Forecasts and Asymmetrical Adjustments of Market Expectations [J]. *Journal of Accounting Research*, 1984, 22 (2): 425 –444.

[6] Ajinkya, B. , Bhojraj, S. , Sengupta, P. The Association between Outside Directors, Institutional Investors and the Properties of Management Earnings Forecasts [J]. *Journal of Accounting Research*, 2005, 43 (3): 343 –376.

[7] Altman. I. Financial Ratios, Discriminant Analysis and the Prediction of Corporate Bankruptcy [J]. *Journal of Finance*, 1968, 23 (4): 589 –609.

[8] Andreou, P. C. , Antoniou, C. , Horton, J. , Louca, C. Corporate Governance and Firm-specific Stock Price Crashes [J]. *European Financial Management*, 2016, 22 (5): 916 –956.

[9] Asija, A. , Marisetty, V. B. , Rangan, S. Do Insiders Who Pledge Their Shares Manipulate Reported Earnings? [R]. Working Paper. MIT Asia Conference in Accounting, 2016.

[10] Asquith, P. , Beatty, A. , Weber, J. Performance Pricing in Bank Debt Contractsp [J]. *Journal of Accounting and Economics*, 2005, 40 (1 –3): 101 –128.

[11] Baik, B. O. K. , Farber, David B. , Lee, S. A. M. CEO Ability and Management Earnings Forecasts [J]. *Contemporary Accounting Research*, 2011, 28 (5): 1645 –1668.

[12] Baginski, S. P. Intra – industry Information Transfers Associated with Management Forecasts of Earnings [J]. *Journal of Accounting Research*, 1987, 25 (2): 196 –216.

239

［13］Baginski, S. P. , Hassell J. M. The Market Interpretation of Management Earnings Forecasts as a Predictor of Subsequent Financial Analyst Forecast Revision ［J］. *The Accounting Review*, 1990, 65 (1): 175 – 190.

［14］Baginski, S. P. , Hassell, J. M. , Kimbrough, M. D. The Effect of Legal Environment on Voluntary Disclosure: Evidence from Management Earnings Forecasts Issued in U. S. and Canadian Markets ［J］. *The Accounting Review*, 2002, 77 (1): 25 – 50.

［15］Baginski, S. P. , Hassell, J. M. , Wieland, M. M. An Examination of the Effects of Management Earnings Forecast Form and Explanations on Financial Analyst Forecast Revisions ［J］. *Advances in Accounting*, 2011, 27 (1): 17 – 25.

［16］Balakrishnan, K. , Billings, M. B. , Kelly, B. , Ljungqvist, A. Shaping Liquidity: On the Causal Effects of Voluntary Disclosure ［J］. *The Journal of Finance*, 2014, 69 (5): 2237 – 2278.

［17］Ball, R. , Brown, P. An Empirical Evaluation of Accounting Income Numbers ［J］. *Journal of Accounting Research*, 1968, 6 (2): 159 – 178.

［18］Ball, R. , Kothari, S. P. , Robin, A. The Effect of International Institutional Factors on Properties of Accounting Earnings ［J］. *Journal of Accounting and Economics* 2000, 29 (1): 1 – 51.

［19］Ball, R. , Robin, Ashok, Wu, Joanna Shuang. Incentives Versus Standards: Properties of Accounting Income in Four East Asian Countries ［J］. *Journal of Accounting and Economics*, 2003, 36 (1 – 3): 235 – 270.

［20］Ball, R. , Shivakumar, L. Earnings quality in UK Private Firms: Comparative Loss Recognition Timeliness ［J］. *Journal of Accounting and Economics*, 2005, 39 (1): 83 – 128.

［21］Ball, R. , Bushman, R. M. , Vasvari, P. The Debt – Contracting Value of Accounting Information and Loan Syndicate Structure ［J］. *Journal of Accounting Research*, 2008, 46 (2): 247 – 287.

［22］Ball, R. , Jayaraman, Shivakumar. Audited Financial Reporting and Voluntary Disclosure as Complements: A Test of the Confirmation Hypothesis ［J］.

Journal of Accounting and Economics, 2012, 53 (1 – 2): 136 – 166.

[23] Basi, B. A., Carey, K. J., Twark, R. D. A Comparison of the Accuracy of Corporate and Security Analysts' Forecasts of Earnings [J]. *The Accounting Review*, 1976, 51 (2): 244 – 254.

[24] Beaver, W. H., Ryan, S. G. Conditional and Unconditional Conservatism: Concepts and Modeling [J]. Review of Accounting studies 2005, 10: 269 – 309.

[25] Bernard, L., Stober, T. The Nature and Amount of Information in Cash Flows and Accruals [R]. Working Paper, 1989.

[26] Bester, H. Screening vs. Rationing in Credit Markets with Imperfect Information [J]. *The American Economic Review*, 1985, 75 (4): 850 – 855.

[27] Besanko D, Thakor AV. Collateral and Rationing: Sorting Equilibria in Monopolistic and Competitive Credit Markets [J]. *International Economic Review*, 1987, 28 (3): 671 – 689.

[28] Bliss, J. H. *Management Through Accounts* [M]. The Ronald Press Co, New York, 1924.

[29] Botosan, C. A. Disclosure Level and the Cost of Equity Capital [J]. *The Accounting Review*, 1997, 72 (3): 323 – 349.

[30] Botosan, C. A., Plumlee, M. A. A Re – examination of Disclosure Level and the Expected Cost of Equity Capital [J]. *Journal of Accounting Research*, 2002, 40 (1): 21 – 40.

[31] Botsari A, Meeks G. Do Acquirers Manage Earnings Prior to a Share for Share Bid? [J]. *Journal of Business Finance and Accounting*, 2008, 35 (5 – 6): 633 – 670.

[32] Brandt L., Li H. Bank Discrimination in Transition Economies: Ideology Information, or Incentives [J]. *Journal of Comparative Economics*, 2003, 31 (3): 387 – 413.

[33] Brockman P., Khurana I. K., Martin X. Voluntary Disclosures around Share Repurchases [J]. *Journal of Financial Economics*, 2008, 89 (1): 175 – 191.

[34] Burgstahler D., Dichev I. Earnings Management to Avoid Earnings De-

crease and Losses［J］. *Journal of Accounting and Economics*, 1997, 24 (1): 99 – 126.

［35］ Bushman, R. M. , Piotroski, Joseph D. , Smith, Abbie J. What Determines Corporate Transparency? ［J］. *Journal of Accounting Research*, 2004, 42 (2): 207 – 252

［36］ Bushman, R. M. , Piotroski, J. D. Financial Reporting Incentives for Conservative Accounting: the Influence of Legal and Political Institutions ［J］. *Journal of Accounting and Econoimcs*, 2006, 42: 107 – 148.

［37］ Bushee, B. J. , Noe, C. F. Corporate Disclosure Practices, Institutional Investors, and Stock Return Volatility ［J］. *Journal of Accounting Research*, 2000, 38: 171 – 202.

［38］ Callen L. J. Asymmetry of Information, Wealth Appropriation, Bank Loan Covenants and the Signalling Role of Conservatism ［R］. Working Paper, 2011.

［39］ Chaney, P. K. , Lewis C. M. Earnings management and firm valuation under asymmetric information ［J］. *Journal of Corporate Finance*, 1995, 1 (3 – 4): 319 – 345.

［40］ Chen A. L. , Kao L. F. , Chen Y. K. , Chen W. Y. Share Collateralization by Directors and Corporate Governance ［J］. *Zhongshan Management Review*, 2013, 21 (2): 299 – 337.

［41］ Chen, Q. I. , Hemmer, T. , Zhang, Y. U. N. On the Relation between Conservatism in Accounting Standards and Incentives for Earnings Management ［J］. *Journal of Accounting Research*, 2007, 45 (3): 541 – 565.

［42］ Chen, J. Z. , Lobo G. J. , Wang Y. , Yu L. Loan Collateral and Financial Reporting Conservatism: Chinese Evidence ［J］. *Journal of Banking and Finance*, 2013, 37 (12): 4989 – 5006.

［43］ Cheng, Q. , Warfield, T. Equity incentives and Earnings Management ［J］. *The Accounting Review*, 2005, 80: 441 – 476.

［44］ Cheng, Q. , K. Lo. Insider Trading and Voluntary Disclosures ［J］. *Journal of Accounting Research*, 2006, 44 : 815 – 848.

［45］Cheng, Q. , Luo, T. , Yue, H. Managerial Incentives and Management Forecast Precision ［J］. *The Accounting Review*, 2013, 88 (5): 1575 – 1602.

［46］Chi, W. , Lisic, L. L, Pevzner, M. Is Enhanced Audit Quality Associated with Greater Real Earnings Management? ［J］. *Accounting Horizons*, 2011, 25 (2): 315 – 335.

［47］Claessens, S. I. Exporiation of Minority Shareholders: Evidence from East Aisa Policy Research Paper ［M］. World Bank. Washington D. C.

［48］Claessens, S. , l. , Djankov, Simeon, Lang, Larry H. P. The Separation of Ownership and Control in East Asian Corporations ［J］. *Journal of Financial Economics*, 2000, 58 (1 – 2): 81 – 112.

［49］Claessens, S. , Djankov, Simeon, Fan, Joseph P. H. , Lang, Larry H. P. Disentangling the Incentive and Entrenchment Effects of Large Shareholdings ［J］. *The Journal of Finance*, 2002, 57 (6): 2741 – 2771.

［50］Clarkson, P. M. Auditor Quality and the Accuracy of Management Earnings Forecasts ［J］. *Contemporary Accounting Research*, 2000, 17 (4): 595 – 622.

［51］Collins, D. W. , P. Hribar. Earnings Based and Accrual Based Market Anomalies: One Effect or Two? ［J］. *Journal of Accounting and Economics*, 2000, 29 (1): 101 – 123.

［52］Cohen, D. , Dey, A. , Lys, T. Real and Accrual Based Earnings Management in the Pre – and Post-Sarbanes-Oxley Periods ［J］. *The Accounting Review*, 2008, 83 (3): 757 – 787.

［53］Cohen, D. A. , Zarowin P. Accrual – Based and Real Earnings management Activities Around Seasoned Equity Offerings ［J］. *Journal of Accounting and Economics*, 2010, 50 (1): 2 – 19.

［54］Costello, A. M. , Moerman, R. W. The Impact of Financial Reporting Quality on Debt Contracting: Evidence from Internal Control Weakness Reports ［J］. *Journal of Accounting Research*, 2011, 49 (1): 97 – 136.

［55］Dai, B. , Yang, F. Monetary Policy, Accounting Conservatism and Trade Credit ［J］. *China Journal of Accounting Research*, 2015, 8 (4): 295 – 313.

［56］DeAngelo, L. E. Accounting Numbers as Market Valuation Substitutes:

A Study of Management Buyouts of Public Stockholders [J]. *The Accounting Review*, 1986, 61 (3): 400 – 420.

[57] Dechow, P. M. , Sloan R. , Sweeney, A. Detecting Earnings Management [J]. *The Accounting Review*, 1995, 70 (2): 193 – 225.

[58] Dechow, P. M. , Sloan, Richard G. , Sweeney, A. P. Causes and Consequences of Earnings Manipulation: An Analysis of Firms Subject to Enforcement Actions by the SEC [J]. *Contemporary Accounting Research*, 1996, 13 (1): 1 – 36.

[59] Dechow, P. M. , Skinner D. J. Earnings Management: Reconciling the Views of Accounting Academics, Practitioners, and Regulators [J]. *Accounting Horizons*, 2000, 14 (2): 235 – 250.

[60] Dechow, P. M. , Richardson, S. A. , Tuna, A. I. Are Benchmark Beaters Doing Anything Wrong? [R]. Working Paper, University of Michigan, 2000.

[61] Dechow, P. M. , Dichev, D. The Quality of Accruals and Earnings: the Role of Accural Estimation Errors [J]. *The Accounting Review*, 2002, 77: 35 – 39.

[62] Dechow, P. , Ge, Weili, Schrand, Catherine. Understanding Earnings Quality: A Review of the Proxies, Their Determinants and Their Consequences [J]. *Journal of Accounting and Economics*, 2010, 50 (2 – 3): 344 – 401.

[63] Diamond, D. W. , Verrecchia, R. E. Disclosure, Liquidity, and the Cost of Capital [J]. *The Journal of Finance*, 1991, 46 (4): 1325 – 1359.

[64] Ducharme L. L. , Malatesta P. H. , Sefcik S. E. , Earnings management, Stock Issues and Shareholder Lawsuits [J]. *Journal of Financial Economics*, 2004, 71 (1): 27 – 49.

[65] Duke, J. C. , H. G. Hunt. An Empirical Examination of Debt Covenant Restrictions and Accounting Related Debt Proxies [J]. *Journal of Accounting and Economics*, 1990, 12 (1 – 3): 45 – 63.

[66] Dou, Y. , Masulis, R. , Zein, J. Shareholer Wealth Consequence of Insider Pledging of Company Stock as Collateral for Personal Loans [R]. Working Paper, 2015.

[67] Doyle, J. , Ge, E. , McVay, S. Accruals Quality and Internal Control

over Financial Reporting [J]. *The Accounting Review*, 2007, 82 (5): 1141 – 1170.

[68] Erickson, M. , Wang, S. W. Earnings Management by Acquiring Firms in Stock for Stock Mergers [J]. *Journal of Accounting and Economics*, 1999, 27 (2): 149 – 176.

[69] Fang C. J. , Yang Y. C. , Lo S. Y. The Relationship between Accounting Accruals Uncertainty and Audit Opinion: the Influence of Composition and Collateralized Shares of Board Members [J]. *Journal of Contemporary Accounting*, 2010, 11 (2): 115 – 150.

[70] Fan, J. P. H. , Wong T. J. Corporate Ownership Structure and the Informativeness of Accounting Earnings in East Asia [J]. *Journal of Accounting and Economics*, 2002, 33: 401 – 425.

[71] Fazzari, S. , Hubbard, R. G. , Petersen, B. C. Financing Constraints and Corporate Investment [J]. *Brookings Papers on Economic Activity*, 1988 (1): 141 – 195.

[72] Feltham, G. A. , Ohlson, J. A. Residual Earnings Valuation With Risk and Stochastic Interest Rates [J]. *The Accounting Review*, 1999, 74 (2): 165 – 183.

[73] Francis, J. , LaFond, R. , Olsson, P. , Schipper, K. The Market Pricing of Accruals Quality [J]. *Journal of Accounting and Economics*, 2005, 39 (2): 295 – 327.

[74] Francis, B. , H. , Iftekhar, Li L. Firms' Real Earnings Management and Subsequent Stock Price Crash Risk [R]. Working Paper, 2011.

[75] Field, L. , M. Lowry, Shu S. Does Disclosure Deterior Trigger Litigation? [J]. *Journal of Accounting and Economics*, 2005, 39 (3): 487 – 507.

[76] Friedman, E. , Johnson, S. , Mitton, T. Propping and Tunneling [J]. *Journal of Comparative Economics*. 2003, 31 (4): 732 – 750.

[77] Goh, B. W. , Lim, C. Y. , Lobo, G. J. , Tong, Y. H. Conditional Conservatism and Debt versus Equity Financing [J]. *Contemporary Accounting Research*, 2016, 34 (1): 216 – 251.

[78] Gong, G. , Louis, H. , Sun, A. X. Earnings Management and Firm

Performance Following Open – Market Repurchases [J]. *The Journal of Finance*, 2008, 63 (2): 947 –986.

[79] Graham, J. R., Harvey, C. R., Rajgopal, S. The Economic Implications of Corporate Financial Reporting [J]. *Journal of Accounting and Economics*, 2005, 40 (1 –3): 3 –73.

[80] Graham, J. R., Li, S., Qiu, J. Corporate Mis – reporting and Bank Loan Contracting [J]. *Journal of Financial Economics*, 2008, 89: 44 –61.

[81] Gunny, K. A. The Relation between Earnings Management using Real Activities Manipulation and Future Performance: Evidence from Meeting Earnings Benchmarks [J]. *Contemporary Accounting Research*, 2010, 27 (3): 855 –888.

[82] Hadlock, C. J., Pierce, J. R. New Evidence on Measuring Financial Constraints: Moving Beyond the KZ Index [J]. *The Review of Financial Studies*, 2010, 23 (5): 1909 –1940.

[83] Harris, M., A. Raviv. The Theory of Capital Structure [J]. *Journal of Finance*, 1991, 46: 297 –355.

[84] Hassell, J. M., Jennings, R. H., Lasser. D. J. Management Earnings Forecasts: their Usefulness as a Source of Firm Specific Information to Security Analysts [J]. *The Journal of Financial Research*, 1988, 11 (4): 303 –320.

[85] Haw, I. M., Hu, B., Hwang, L. S., Wu, W. Ultimate Ownership, Income Management, Legal and Extra – Legal Institutions [J]. *Journal of Accounting Research*, 2004, 42 (2): 423 –462.

[86] Huang C. M., Su H. M., Lee Y. H. The Association between Corporate Internal Supervisory and Default Risk [J]. *Zhongshan Management Review*, 2008, 83: 1 –32.

[87] Healy, P. M. The Effect of Bonus Schemes on Accounting Decisions [J]. *Journal of Accounting and Economics*, 1985, 7: 85 –107.

[88] Healy, P. M., Hutton, Palepu. Stock Performance and Intermediation Changes Surrounding Sustained Increases in Disclosure [J]. *Contemporary Accounting Research*, 1999, 16 (3): 485 –520.

[89] Healy, P., Palepu K. Information Asymmetry, Corporate Disclosure,

and the Capital Markets: A Review of the Empirical Disclosure Literature [J]. *Journal of Accounting and Economics*, 2001, 31: 405 – 440.

[90] Hirst. Auditor Sensitivity to Earnings Management [J]. *Contemporary Accounting Research*, 1994, 11 (1): 405 – 422.

[91] Hirst, D. E., Koonce, Lisa, Venkataraman, Shankar. Management Earnings Forecasts: A Review and Framework [J]. *Accounting Horizons*, 2008, 22 (3): 315 – 338.

[92] Hutton, A., Miller G., Skinner D. The Role of Supplementary Statements with Management Earnings Forecasts [J]. *Journal of Accounting Research*, 2003, 41: 867 – 890.

[93] Hutton, A., Stocken P. 2007. Effect of Reputation on the Credibility of Management Forecast [R]. Boston College and Dartmouth College. Working Paper, 2007.

[94] Huang Z., Xue Q. Re-Examination of the Effect of Ownership Structure on Financial Reporting: Evidence from Share Pledges in China [J]. *China Journal of Accounting Research*, 2016, 1: 1 – 16.

[95] Hu, J., Li, A. Y., Zhang, F. Does Accounting Conservatism Improve the Corporate Information Environment? [J]. *Journal of International Accounting*, Auditing and Taxation, 2014, 23 (1): 32 – 43.

[96] Hui, K. W., Matsunaga, S., Morse, D. The Impact of Conservatism on Management Earnings Forecasts [J]. *Journal of Accounting and Economics*, 2009, 47 (3): 192 – 207.

[97] Jensen, M. C., Mechling, W. H. Theory of the Firm: Managerial Behavior, Agency Costs and Ownership Structure [J]. *Journal of Financial Economics*, 1976, 3 (4): 305 – 360.

[98] Jensen, M. C. Agency Costs of Overvalued Equity [J]. *Financial Management*, 2005, 34 (1): 5 – 19.

[99] Jiang, J. X. Beating Earnings Benchmarks and the Cost of Debt [J]. *The Accounting Review*, 2008, 83 (2): 377 – 416.

[100] Jimenez, G., Salas, V., Saurina, J. Determinants of Collateral

[J]. *Journal of Financial Economics*, 2006, 81: 255 –281.

[101] Johnson, La Porta R. , Lopez – De – Silanes F. Tunneling [J]. *American Economic Review*, 2000, (90): 22 –27.

[102] Jones. Earnings Management during Import Relief Investigations [J]. *Journal of Accounting Research*, 1991, 29 (2): 193 –228.

[103] Kaplan S. N. , Zingales L. Do Investment – Cash Flow Sensitivities Provide Useful Measures of Financial Constraints? [J]. *Quarterly Journal of Economics*, 1997, 112 (1): 169 –215.

[104] Kang S. H. , Sivaramakrishnan K. Issues in Testing Earnings Management and an Instrumental Variable Approach [J]. *Journal of Accounting Research*, 1995, 33 (2): 353 –367.

[105] Kao, L. F. , Chiou J. R. The Effect of Collateralized Shares on Informativeness of Accounting Earnings [J]. *NTU Management Review*, 2002, 12: 127 –162.

[106] Kao, L. F. , Chen A. L. Directors' Share Collateralization, Earnings Management and Firm Performance [J]. *Taiwan Accounting Review*, 2007, 6 (2): 153 –172.

[107] Kao, H. , Wei, T. The Effect of IFRS, Information Asymmetry and Corporate Governance on the Quality of Accounting Information [J]. *Asian Economic and Finance Review*, 2004, 2 (4): 226 –256.

[108] Kao, L. , Chiou, J. , Chen, A. The Agency Problems, Firm Performance and Monitoring Mechanisms: the Evidence from Collateralized Shares in Taiwan [J]. *Corporate Governance International Review*, 2004, 12 (3): 389 –402.

[109] Karamanou, I. , Vafeas N. The Association between Corporate Boards, Audit Committees, and Management Earnings Forecasts: An Empirical Analysis [J]. *Journal of Accounting Research*, 2005, 43 (3): 453 –486.

[110] Kasznik, R. , Lev, B. To Warn or not to Warn: Management Disclosures in the face of an Earnings Surprise [J]. *The Accounting Review*, 1995, 70: 113 –134.

[111] Kasznik, R. On the Association between Voluntary Disclosure and

Earnings Management [J]. *Journal of Accounting Research*, 1999, 37 (1): 57 – 81.

[112] Kirschenheiter, M. , Melumad, N. D. Can "Big Bath" and Earnings Smoothing Co – exist as Equilibrium Financial Reporting Strategies? [J]. *Journal of Accounting Research*, 2002, 40 (3): 761 – 796.

[113] Khan, M. , Watts, R. L. Estimation and Empirical Properties of a Firm – year Measure of Accounting Conservatism [J]. *Journal of Accounting and Economics*, 2009, 48 (2 – 3): 132 – 150.

[114] Kim O. , Verrecchia R. E. Trading Volume and Price Reactions to Public Announcements [J]. *Journal of Accounting Research*, 1991, 29 (2): 302 – 321.

[115] Kim, O. , Verrecchia, R. E. Market Liquidity and Volume around Earnings Announcements [J]. *Journal of Accounting and Economics*, 1994, 17 (1 – 2): 41 – 67.

[116] Kim J. B. , Li Y. , Zhang L. Corporate Tax Avoidance and Stock Price Crash Risk: Firm – Level Analysis [J]. *Journal of Financial Economics*, 2011a, 100 (3): 639 – 662.

[117] Kim J. B. , Tsui J. S. L, Yi C. H. The Voluntary Adoption of International Financial Reporting Standards and Loan Contracting around the World [J]. *Review of Accounting Studies*, 2011b, 16 (4): 779 – 811.

[118] Kim J. B. , Zhang L. Financial Reporting Opacity and Expected Crash Risk: Evidence from Implied Volatility Smirks [J]. *Contemporary Accounting Research*, 2014, 31 (3): 851 – 875.

[119] Kim J. B. , Zhang L. Accounting Conservatism and Stock Price Crash Risk: Firm – level Evidence [J]. *Contemporary Accounting Research*, 2016, 33 (1): 412 – 441.

[120] Kim, Y. , Li, S. , Pan, C. , Zuo, L. The Role of Accounting Conservatism in the Equity Market: Evidence from Seasoned Equity Offerings [J]. *The Accounting Review*, 2013, 88 (4): 1327 – 1356.

[121] Kim, J. B. , Wang, Z. , Zhang, L. CEO Overconfidence and Stock Price Crash Risk [J]. *Contemporary Accounting Research*, 2016, 33 (4):

1720 - 1749.

[122] Kothari S. P. , Leone, J. , Wasley, A. , E. Performance Matched Discretionary Accrual Measures [J]. *Journal of Accounting and Economics*, 2005, 39: 163 -197.

[123] Kothari, S. P. , Shu, S. S. , Wysocki, P. Do Managers Withhold Bad News? [J]. *Journal of Accounting Research*, 2009, 47 (1): 241 -276.

[124] Kraft A. Management Earnings Forecasts, Insider Trading, and Information Asymmetry [J]. *Journal of Corporate Finance*, 2014, 26 : 96 - 123.

[125] Kross W. J. , Ro B. T. , Suk I. Consistency in Meeting or Beating Earnings Expectations and Management Earnings Forecasts [J]. *Journal of Accounting and Economics*, 2011, 51 (1): 37 -57.

[126] La Porta, R. F. , Lopez – De – Silanes, Sleife A. Corporate Ownership around the World [J]. *Journal of Finance*, 1999, 54: 471 -517.

[127] La Porta, R. , Lopez – de – Silanes, F. , Shleifer, A. , Vishny, R. Investor Protection and Corporate Governance [J]. *Journal of Financial Economics*, 2000, 58 (1 -2): 3 -27.

[128] Lang, M. , Lundholm R. Cross – Sectional Determinants of Analyst Ratings of Corporate Disclosures [J]. *Journal of Accounting Research*, 1993, 31 (2): 246 -271.

[129] Lang, M. H. , Lundholm, R. J. Voluntary Disclosure and Equity Offerings: Reducing Information Asymmetry or Hyping the Stock? [J]. *Contemporary Accounting Research*, 2000, 17 (4): 623 -662.

[130] Lara, J. M. , Osma, B. , Penalva, F. Board of Directors' Characteristics and Conditional Accounting Conservatism: Spanish Evidence [J]. *European Accounting Review*, 2007, 16 (4): 727 -755.

[131] Lara, J. M. , Osma, B. , Penalva, F. Accounting Conservatism and Corporate Governance [J]. *Review of Accounting Studies*, 2009, 14 (1): 161 -201.

[132] Lara G. , J. M. , García Osma, B. , Penalva, F. Conditional Conservatism and Cost of Capital [J]. *Review of Accounting Studies*, 2011, 16 (2):

247 – 271.

[133] Lara G. , J. M. , García Osma, B. , Penalva, F. Accounting Conservatism and Firm Investment Efficiency [J]. *Journal of Accounting and Economics*, 2016, 61 (1): 221 – 238.

[134] LaFond R. , Roychowdhury, S. Managerial Ownership and Accounting Conservatism [J]. *Journal of Accounting Research*, 2008 (46): 101 – 135.

[135] LaFond, R. , Watts, R. The Information Role of Conservatism [J]. *The Accounting Review*, 2008, 83 (2): 447 – 478.

[136] Laux, C. , Laux, V. Board Committees, CEO Compensation, and Earnings Management. [J] *The Accounting Review*, 2009, 84 (3): 869 – 891.

[137] Li, F. Annual Report Readability, Current Earnings, and Earnings Persistence [J]. *Journal of Accounting and Economics*, 2008, 45 (2 – 3): 221 – 247.

[138] Lin, H . Accounting Discretion and Managerial Conservatism: An Intertemporal Analysis [J]. *Contemporary Accounting Research*, 2006, 23 (4): 1017 – 1041.

[139] Lin M. F. , Liang J. W. , Chin C. L. Corporate Owner ship Structure and Foreign Ownership [J]. *Zhongshan Management Review*, 2010, 18 (1): 101 – 142.

[140] Livnat, J. , Zarowin P. The Incremental Information Content of Cash Flow Components [J]. *Journal of Accounting and Economics*, 1990, 13 (1): 25 – 46.

[141] Louis, H. Earnings Management and the Market Performance of Acquiring Firms [J]. *Journal of Financial Economics*, 2004, 74 (1): 121 – 148.

[142] Margetis, S. L. Earnings Management Surrounding Straight and Convertible Debt [D]. Doctorial Dissertation, University of South Florida, Tampa, United States of America, 2004.

[143] Martin, X. , Roychowdhury, S. Do Financial Market Developments Influence Accounting Practices? Credit Default Swaps and Borrowers' Reporting Conservatism [J]. *Journal of Accounting and Economics*, 2015, 59 (1): 80 – 104.

[144] Mandelker, G. Risk and Return: the Case of Merging Firms [J].

Journal of Fiancial Economics, 1974, 1: 303 – 336.

[145] McVay, V. S. , Nagar, V. W. Trading Incentives to Meet the Analyst Forecast [J]. *Review of Accounting Studies*, 2006, 11 (4): 575 – 598.

[146] Moerman, R. W. The Role of Information Asymmetry and Financial Reporting Quality in Debt Contracting: Evidence from the Secondary Loan Market [R]. Working Paper University of Chicago, 2005.

[147] Myers, S. C. , Majluf, N. S. Corporate Financing and Investment Decisions When firms have Information that Investors Do Not Have [J]. *Journal of Fiancial Economics*, 1984, 13 (2): 187 – 221.

[148] Nagar, V. , Nanda, Dhananjay, Wysocki, Peter. Discretionary Disclosure and Stock Based Incentives [J]. *Journal of Accounting and Economics*, 2003, 34 (1 – 3): 283 – 309.

[149] Noe, C. F. Voluntary Disclosures and Insider Transactions [J]. *Journal of Accounting and Economics*, 1999, 27 (3): 305 – 326.

[150] Ohlson, J. A. Earnings, Book Values, and Dividends in Equity Valuation [J]. *Contemporary Accounting Research*, 1995, 11 (2): 661 – 687.

[151] Ofek, E. , Richardson, M. The IPO Lock – up Period Implications for Maket Efficiency and Downward Sloping Demand Curves [R]. Working Paper, New York University, 2000.

[152] Pagan, A. R. , Sossounov, K. A. A Simple Framework for Analyzing Bull and Bear Markets [J]. *Journal of Applied Econometrics*. 2003, 18 (1): 23 – 46.

[153] Park, M. S. , Park, T. Insider Sales and Earnings Management [J]. *Journal of Accounting and Public Policy*, 2004, 23 (5): 381 – 411.

[154] Patell, J. M. Corporate Forecasts of Earnings Per Share and Stock Price Behavior: Empirical Tests [J]. *Journal of Accounting Research*, 1976, 14 (2): 246 – 276.

[155] Penman. An Empirical Investigation of the Voluntary Disclosure of Corporate Earnings Forecasts [J]. *Journal of Accounting Research*, 1980, 18 (1): 132 – 160.

［156］Perry, S. E. , Williams T. H. Earnings Management Preceding Management Buyout Offers ［J］. *Journal of Accounting and Economics*, 1994, 18 (2): 157 - 179.

［157］Piotroski, J. D. Value Investing: The Use of Historical Financial Statement Information to Separate Winners from Losers ［J］. *Journal of Accounting Research*, 2000, 38: 1 -41.

［158］Pownall, G. , Wasley, C. , Waymire, G. The Stock Price Effects of Alternative Types of Management Earnings Forecasts ［J］. *The Accounting Review*, 1993, 68 (4): 896 -912.

［159］Qiang, X. The Effects of Contracting, Litigation, Regulation, and Tax Costs on Conditional and Unconditional Conservatism: Cross - Sectional Evidence at the Firm Level ［J］. *The Accounting Review*, 2007, 82 (3): 759 -796.

［160］Rajan, R. G. , Zingales, L. What Do We Know about Capital Structure? Some Evidence from International Data ［J］. *The Journal of Finance*, 1995, 50 (5): 1421 -1460.

［161］Rajan, R. , Winston, A. Covenants and Collateral as Incentives to Monitor ［J］. *Journal of Finance*, 1995, 50 (4): 1113 -1146.

［162］Rangan, S. Earnings Management and the Performance of Seasoned Equity Offerings ［J］. *Journal of Financial Economics*, 1998, 50 (1): 101 -122.

［163］Richardson, A. J. , Welker, M. Social Disclosure, Financial Disclosure and the Cost of Equity Capital ［J］. *Accounting, Organizations and Society*, 2001, 26 (7): 597 -616.

［164］Rogers, J. L. , Stocken, P. C. Credibility of Management Forecasts ［J］. *The Accounting Review*. 2005, 80 (4): 1233 -1260.

［165］Rogers, J. L. Disclosure Quality and Management Trading Incentives ［J］. *Journal of Accounting Research*, 2008, 46 (5): 1265 -1296.

［166］Rogers, J. L. , Skinner, D. J. , Buskirk, V. A. Shareholder Litigation and Changes in Disclosure Behavior ［J］. *Journal of Accounting and Economics*, 2009, 47 (1): 136 -156.

［167］Roland, A. , Michael, P. Insider Share Pledeging and Firm Risk

[R]. Working Paper, 2015.

[168] Rosenbaum, P. , Rubin D. B. The Central Role of the Propensity Score in Observational Studies for Causal Effects [J]. *Biometrika*, 1983, 70: 41 – 55.

[169] Roychowdhury, S. Earnings Management through Real Activities Manipulation [J]. *Journal of Accounting and Economics*, 2006, 42 (3): 335 – 370.

[170] Shivakumar, L. Do Firms Mislead Investors by Overstating Earnings before Seasoned Equity Offerings? [J]. *Journal of Accounting and Economics*, 2000, 29 (3): 339 – 371.

[171] Shleifer, A. , Vishny, R. Large Shareholders and Corporate Control [J]. *Journal of Political Economy*, 1986, 94: 461 – 488.

[172] Skinner, A. Why Firms Voluntarily Disclose Bad News? [J]. *Journal of Accounting Research*, 1994, 32 (1): 38 – 60.

[173] Sok – Hyon, Kang. , K. Sivaramakrishnan. Issues in Testing Earnings Management and an Instrumental Variable Approach [J]. *Journal of Accounting Research*, 1995, 33 (2): 353 – 367.

[174] Subramanyam, K. R. The Pricing of Discretionary Accruals [J]. *Journal of Accounting and Economics*, 1996, 22 (1 – 3): 249 – 281.

[175] Sun, Y. , Xu, W. The Role of Accounting Conservatism in Management Forecast Bias [J]. *Journal of Contemporary Accounting & Economics*, 2012, 8 (2): 64 – 77.

[176] Tan, L. Creditor Control Rights, State of Nature Verification, and Financial Reporting Conservatism [J]. *Journal of Accounting and Economics*, 2013, 55 (1): 1 – 22.

[177] Teoh, S. H. , Welch, I. , Wong, T. J. Earnings Management and the Long – Run Market Performance of Initial Public Offerings [J]. *The Journal of Finance*, 1998a, 53 (6): 1935 – 1974.

[178] Teoh, S. H. , Welch, I. , Wong, T. J. Earnigs Management and the Underperformance of Seasoned Equity Offerings [J]. *Journal of Finance*, 1998b, 50: 63 – 99.

[179] Titman, S. , Wessels, R. The Determinants of Capital Structure

Choice [J]. *The Journal of Finance*, 1988, 43 (1): 1 - 19.

[180] Wang R. Z. , Ogartaigh C. O. , Zijl T. V. A Signaling Theory of Accounting Conservatism [R]. Working Paper, 2009.

[181] Watts, R. Conservatism in Accounting. Part I: Explanations and Implications [J]. *Accounting Horizons*, 2003a, 17 (3): 207 - 221.

[182] Watts, R. L. Conservatism in Accounting Part II: Evidence and Research Opportunities [J]. *Accounting Horizons*, 2003b, 17 (4): 287 - 301.

[183] Watts, R. , Zimmerman, J. *Positive Accounting Theory* [M]. New Jersey: Prentice - Hall, 1986.

[184] Waymire, G. Additional Evidence on the Information Content of Management Earnings Forecasts [J]. *Journal of Accounting Research*, 1984, 22 (2): 703 - 718.

[185] Whited, T. M. , Wu, G. Financial Constraints Risk [J]. *The Review of Financial Studies*, 2006, 19 (2): 531 - 559.

[186] Williams, P. A. The Relation between a Prior Earnings Forecast by Management and Analyst Response to a Current Management Forecast [J]. *The Accounting Review*, 1996, 71 (1): 103 - 115.

[187] Womack, K. L. Do Brokerage Analysts' Recommendations have Investment Value [J]. *Journal of Finance*, 1996, 51 (1): 137 - 167.

[188] Yeh, Y. H. , Chen, K. , Yu - Hui, S. Ultimate Control and Exporpriation of Minority Shareholders: New Evidence from Taiwan [J]. *Academic Economic Papers*, 2003, 31 (3): 263 - 299.

[189] Zang, A. Y. Evidence on the Trade - Off between Real Activities Manipulation and Accrual - Based Earnings Management [J]. *The Accounting Review*, 2012, 87 (2): 675 - 703.

[190] Zhang J. The Contracting Benefits of Accounting Conservatism to Lenders and Borrowers [J]. *Journal of Accounting and Economics*, 2008, 45: 27 - 54.

后 记

本书是由笔者在厦门大学攻读博士学位和在香港中文大学会计学院从事助理研究工作期间的研究成果。借此机会，我首先要感谢自己的导师——厦门大学财务管理与会计研究院的强欣荣副教授在论文选题、开题，以及后续的撰写、修改、定稿、送审、预答辩及答辩过程中给予我的悉心教导和帮助，以及香港中文大学 吴毓武 教授给予我学业与事业方面的指导与关心！遗憾的是，本书尚未出版，吴老师已经长眠。感恩吴老师在我于香港从事助理研究期间给予我的种种关心与帮助，想起吴老师在饱尝各种坎坷后依然能够乐观地对待生活、从容地看待生命、辩证地看待科学研究，又想想自己所从事的与吴老师相同的教育事业，下定决心在自己以后的人生和学术道路上，应该像吴老师一样绝不知难而退，把自己的人生活得有 sense，有 taste，有 exposure！

其次，我也要感谢财务与管理研究院的曲晓辉教授和叶建明教授、管理学院刘峰教授和陈少华教授等老师对我的指导。特别要感谢曲教授创办的《当代会计评论》能够接收拙文，给予我一次境外参加学术会议的机会，最终帮助我能够顺利完成在厦大的学业！感谢刘峰与陈少华教授在我求学过程中以及毕业后给予的各种无私帮助，感谢叶教授在我求职过程中给予的各种帮助。还要感谢管理学院和财会院所有能够有幸参与他们课堂的老师们，包括傅元略老师、陈汉文老师、杜兴强老师、蔡宁老师、陈亚盛老师等等！感谢厦大给予的宝贵的学习时光！

同时，我也要感谢我现在的工作单位——重庆工商大学会计学院各位领导与同事给予我的各种指导与关心，特别是孙芳城校长（教授）科研团队项目提供的经费支持。当然，也要感谢我的学生们，通过教学和与学生沟通实现教学相长、以教促学和以教促研，并期待用自己的研究带动未来的教学，希望本书的出版能够成为自己事业的一个良好开端。

当然，还要非常感谢经济科学出版社的编辑李军老师在本书出版过程中给予的各种指正，他们细致和认真的工作是本书质量的有力保障。

家如明灯指引我前行，最后，还要感谢我的父母多年来含辛茹苦的养育和先生多年来背后默默地支持，我的每一次成长与蜕变都离不开他们的包容、理解与鼓励。

能在厦门大学完成从自我否定到自我完善、修复、成长的过程是人生一大幸事，同时，能够有幸加入重庆工商大学会计学院工作从事自己心目中理想的教师职业也称心如意！永远感激厦门大学和重庆工商大学！感谢所有为我付出和支持我的人！相信自己一定能够带着厦门大学所学所思，自信沉稳，淡定从容，以一个成熟的心态和姿态在教师的岗位上踏实进取、不懈努力！

蒋秋菊

2019 年 6 月于重庆工商大学图书馆